D0887174

Pour la famille,

De la V'limeuse à Dingo

Une course comme une aventure humaine.

Bonne lecture !

Damien [signature]

Damien De Pas

Carl Mailhot   Dominique Manny

De la
V'limeuse à Dingo

avec la participation
d'Évangéline, Noémie et Sandrine De Pas

Préface de Franco Nuovo

Groupe Nautique
Grand-Nord et Bas-Saint-Laurent

De la V'limeuse à Dingo est une publication
du Groupe Nautique Grand-Nord et Bas-Saint-Laurent

Conception graphique de la couverture : œuvre collective

Descriptif des photos de la couverture, page 1
1. En médaillon : La *V'limeuse* sous voiles dans la Baie des Chaleurs, 1981
(photo Carl Mailhot)
2. *Dingo* au départ de la Transat 6.50, La Rochelle, septembre 2001
(photo Sandrine De Pas)
Couverture page 4 : autoportrait par Sandrine De Pas

Photos intérieures :
Évangéline, Noémie et Sandrine De Pas,
Dominique Manny, Sylvain Dumais.

© Groupe Nautique Grand-Nord et Bas-Saint-Laurent
Dépôt légal, 2e trimestre 2003
Bibliothèque nationale du Québec
Bibliothèque nationale du Canada

Diffusion au Canada :
Groupe Nautique Grand-Nord et Bas-Saint-Laurent
4878 Jeanne-Mance, Montréal (Québec), H2V 4J7

Site Internet :
oceanenergie.com

Diffusion en France :
Les Éditions du Plaisancier
43, Porte du Grand Lyon - 1700 NEYRON
Tel. 04 72 01 58 68 - Fax 04 72 01 58 69

Catalogage avant publication de la Bibliothèque nationale du Canada
De Pas, Damien, 1978-
    De la V'limeuse à Dingo : l'Atlantique en solitaire sur un 6,50 mètres
    ISBN 2-9804473-2-3
    1. Mini-Transat (2001). 2. De Pas, Damien, 1978- . 3. Dingo (Voilier).
4. Courses de bateaux à voiles. 5. Navigation à voile en solitaire.
I. Mailhot, Carl, 1937- . II. Manny, Dominique, 1956- .
III. Groupe nautique Grand-Nord et Bas-Saint-Laurent. IV. Titre.
GV832.D4 2003   797.1'4   C2003-940703-9

PRÉFACE

Le V'limeux*

Aujourd'hui, Damien a 20 ans. Un bail déjà qu'il est revenu de sa longue route autour du monde sur la V'limeuse.

À huit ans, il s'embarquait avec ses parents et ses trois sœurs pour un long voyage à bord d'un voilier. La mer, au début, le rendait malade. Si malade qu'il était prêt à se saborder dans l'espoir de mettre fin à ses insupportables nausées. Et puis, la pêche et les manœuvres ont guéri ce que n'était parvenu à faire aucun comprimé. Le mal envolé, Damien a vogué. Pendant six ans.

Ça fait un moment maintenant que la famille a jeté sac à terre. Carl et Dominique ont travaillé à la rédaction de La V'limeuse, *leur récit de voyage, et à sa publication. Les filles ont retrouvé la civilisation et ses plaisirs. Quant à Damien, il continue à rêver.*

Je l'ai croisé le week-end dernier à la marina Gosselin de Saint-Paul-de-l'île-aux-Noix. Un jeune homme comme tant d'autres : short, chaussures de trekking aux pieds, Ray-Ban sur la tête. Un jeune homme comme tant d'autres, dis-je, à l'exception de ce regard qui le trahit. Damien regarde au loin. Il veut retrouver la mer, le grand large, se mesurer aux éléments et aux hommes. Damien rêve de course océanique.

Ce n'est pas courant chez nous, pas autant qu'en France, par exemple. On n'a pas de tradition. Peu de nos marins ont entendu le chant de ces sirènes. Il y a eu Mike Birch, devenu au fil des ans une légende. Il y a eu Roufs...

Damien De Pas, le v'limeux, compte faire comme eux. Comme eux et aussi comme Autissier, Parlier, Bourgnon, Perron. Et comme

---

*Article paru le 5 mai 1999 dans Le Journal de Montréal

9

Autissier, Parlier, Bourgnon, Perron, comme tous ces navigateurs, il commencera par la Mini-Transat. Il la fera, si tout va bien, en 2001.

La Mini-Transat pour les non-familiers des courses au large, c'est le début, la rampe de lancement. Pour pouvoir grimper, plus tard, sur des machines de courses de 60 pieds qui flirtent avec les 30 nœuds et qui accélèrent comme n'importe quel bateau à moteur, pour espérer faire un jour la Route du Rhum, la Around Alone ou le Vendée Globe, faut d'abord passer par elle. On n'y échappe pas. La Mini-Transat est une course en solitaire sur des bateaux de 6,50 mètres (21 pieds). Elle va de Brest à la Guadeloupe* avec escale aux Canaries. C'est petit 6,50 mètres (21 pieds). Tout petit. Et c'est grand, l'Atlantique. Très grand.

En 2001, Damien courra. J'en suis sûr. Il ne pense qu'à ça. Il s'entraîne. Les plans du prototype sont achetés. Afin de se familiariser avec les matériaux, il travaille déjà chez « SN composite », une firme de Châteauguay, où le voilier serait fabriqué. La quête aux commanditaires est commencée. Essentielle, effrénée, parce qu'on ne peut songer à une telle épreuve sans être supporté, financé.

Si tout va comme prévu, au printemps de l'an 2000, le bateau sera à l'eau. Débutera alors l'entraînement intensif, les étapes de qualification, d'autres courses, la Mini-Fasnet, la 6.50 Open, la Transgascogne. Après quoi, Damien y sera.

Pourquoi donc raconter cette histoire ? Pourquoi Damien ? Parce que j'aime les bateaux ; oui, bien sûr ! Les courses en bateau, aussi. Mais surtout parce que Damien, ce jeune homme, comme tant d'autres de 20 ans, veut d'abord tripper et prendre son pied. Or, il veut aussi se dépasser, se mesurer aux éléments qu'il sait, en toute humilité et à cause de son passé, indomptables. Parce qu'il y a de la noblesse dans ce désir de vouloir lutter, dans la brise et les vagues, contre la fatalité. Parce ce que s'il est assez patient et obstiné pour solidement lier les uns aux autres les maillons de sa chaîne, Damien touchera son rêve du doigt. Et que son rêve est grand, grand comme un océan.

Franco Nuovo
chroniqueur, *Le Journal de Montréal*

Note des auteurs : Le parcours de la Mini-Transat a été modifié pour 2001 : départ de La Rochelle et arrivée à Bahia, au Brésil.

Prologue

Des conquérants en sandales (Carl)

Nous étions partis depuis bientôt quatre ans. Le temps filait doucement sous la coque de notre bonne vieille *V'limeuse* et rien au monde ne semblait nous détourner de notre occupation du moment : aller là où le vent voulait bien nous conduire.

Je repense souvent à ces années de grâce où, curieusement, le mot bonheur ne fut jamais prononcé. Nous ne cherchions sans doute pas de satisfaction de ce côté. Je crois plutôt que nous répondions au seul instinct qui commande d'avancer. Comme si nous avions renoué sur l'eau avec l'esprit des grandes migrations de jadis.

Les enfants qui grandissaient à nos côtés se retrouvaient parfois seuls au milieu des océans, de jour comme de nuit, beau temps, mauvais temps. Ces moments où nous leur confions la barre, à tour de rôle, allaient au-delà du simple répit que Dominique et moi nous accordions. Ils faisaient figure de rituel. Accéder au pont et prendre la commande du bateau pendant deux heures pouvait devenir une façon de se lancer dans la vie.

C'est ainsi qu'un matin d'avril 1990, au petit jour, en plein océan Indien, Damien a décidé que la *V'limeuse* n'était pas assez rapide, ou du moins pouvait aller plus vite. Il avait onze ans et je me plais aujourd'hui à faire un lien entre cet instant précis et son goût récent pour la course au large.

Je ne veux pas insinuer que Damien répondait déjà à l'appel du large ou même du destin. Je ne pense pas non plus qu'il s'emmerdait ferme avec ses parents et ses trois sœurs et cherchait à en finir au plus tôt avec ce long voyage. Peut-être devinait-il tout simplement qu'on peut tirer un meilleur parti du vent et de l'architecture navale en général.

Par goût personnel pour la fatalité, je me fais maintenant un malin plaisir à ériger ce moment d'une traversée en un attachant symbole plutôt qu'en vocation instantanée.

Il faut retourner quelques années en arrière pour détecter les signes avant-coureurs de son attirance pour les coursiers des mers. Ils se seraient produits, je crois, lors de notre séjour en Polynésie française, fin 1987 début 1988. Je le vois encore près de notre mouillage à Raïatea, avec son petit copain Épinson, en train de faire régater leurs modèles réduits de multicoques. J'avais été frappé par leur ingéniosité et leur sens inné de la récupération, pour ne pas dire leur côté sans-abri à fouiller les poubelles. Des rebuts de polystyrène étaient utilisés pour fabriquer coques et flotteurs des « tris » ou catamarans et les voiles étaient coupées dans des sacs d'emplettes en plastique aux couleurs du supermarché local.

L'aspect le plus drôle de leur mini « match racing » était la façon de récupérer leurs bateaux, une fois largués. Ils commencèrent par les lancer d'une petite anse en réglant la voilure selon l'orientation du vent. Et de courir à toutes jambes pour les attraper sur la rive d'en face. Mais les bolides déviaient souvent de leur trajectoire, avec une attirance naturelle pour l'Australie, et devaient être rattrapés au plus vite par une annexe à moteur, la nôtre en maintes occasions. Ils choisirent finalement la méthode du chien en laisse, c'est-à-dire en déroulant un long fil à pêche qu'ils reprenaient pour les faire revenir en marche arrière.

Plusieurs mois plus tard, alors que nous approchions la Nouvelle-Calédonie, une rencontre en mer confirma que notre moussaillon n'avait rien contre la saine rivalité. Cette fois, la régate se déroula « grandeur nature » entre notre goélette et un catamaran battant pavillon américain, une catégorie peu compatible avec la nôtre, mais bon. Ces occasions de naviguer à vue avec un autre bateau sont tellement rares dans certaines parties du monde qu'on peut aller jusqu'à les provoquer. Ainsi, il nous est arrivé au cours de nos navigations, en apercevant un triangle blanc sur ces vastes océans, de modifier notre route pour saluer ces âmes perdues.

Le voilier yankee se trouvait derrière notre étrave à cinq ou six encablures lorsque quelqu'un à bord le signala. Visiblement, il faisait cap aussi sur Nouméa, la capitale, et nous avons commencé aussitôt à mettre du charbon dans la machine. Pendant que Damien préparait le spi et le grand fisherman, je descendis à l'intérieur actionner le treuil de la quille pivotante ; nous naviguions par à peine dix nœuds de vent, au grand largue, sur mer plate, et pouvions sans risque la remonter d'un cran ou deux et améliorer ainsi notre vitesse d'un bon demi-nœud.

Sans grande surprise, l'adversaire grignota peu à peu notre avance mais, rendu à notre hauteur, il fut loin de nous laisser sur place. La *V'limeuse*, parée de sa toilette des grands jours, se laissa admirer à loisir. Damien, à la manière des cadets de marine qu'on voit juchés dans la mâture des grands voiliers en parade, se hissa jusqu'aux plus hautes barres de flèche et s'y tint immobile tout le temps que nous avancions côte à côte, comme figé dans un garde-à-vous solennel. À notre arrivée au quai, le skipper se dit surpris de voir notre goélette glisser si aisément par faible brise et que, bref, nous nous étions fièrement défendus.

Nous avons continué à allonger les milles, à débarquer ici et là comme des conquérants en sandales, à virer des caps, à remettre certaines escales à plus tard, à laisser une chaîne d'îles sur tribord, un banc de dauphins sur l'autre amure, à se shooter au bleu turquoise après avoir longé des barrières de corail et embouqué des passes, à passer d'un hémisphère à l'autre, Gros-Jean comme devant, à peaufiner nos réglages, à multiplier les envois de spi, cette magnifique voile crainte par tant de plaisanciers que nous hissions, empannions et affalions en s'offrant de grands frissons, tant parfois la manœuvre était audacieuse. Notre bateau aurait pu se traîner, ressembler à un gros veau de vingt tonnes si nous l'avions utilisé comme simple moyen de transport. Mais la *V'limeuse* faisait partie de la famille et nous nous acharnions comme des possédés à attraper ce dont elle raffolait : le vent.

On dit souvent que les personnes bien en chair sont d'un naturel plus aimable afin de faire oublier leur poids. N'était-ce pas notre cas, à la différence que plus nous étions lourds, plus nous cherchions à aller vite. Tout cela est peut-être ma faute finalement. J'aurais construit un voilier plus léger et performant que la passion de Damien serait demeurée la pêche, qui sait.

Revenons à ce mois d'avril 1990, dans l'océan Indien, et à cette traversée entre l'archipel des Chagos et, 1 300 milles plus au sud, l'île de Rodrigues. J'ai déjà évoqué dans les pages de notre récit* cette météo infecte qui nous tint tête pendant une semaine. J'aimerais rappeler que la parcelle de terre qu'elle nous permit d'atteindre prit dans nos cœurs la taille d'un royaume. Ce fut pour nous la confirmation parfaite que toute chose durement gagnée acquiert une valeur qu'aucune fortune ne peut égaler.

En ce début d'automne dans l'hémisphère sud, nous venions tout juste de lever l'ancre après une escale de presque deux mois dans l'atoll Salomon. Il m'en reste le souvenir ineffaçable d'une villégiature haut de gamme. Sauf que ces farnientes épisodiques ont le don de ramollir les ardeurs d'un équipage. D'autant plus qu'il fallait retrouver à pied levé notre aplomb marin face à l'armée de grains violents postés à l'horizon. J'aurais pu rassembler mon petit monde sous les cocotiers et lui faire le briefing suivant : « Les dernières prévisions météorologiques ne sont pas très bonnes pour les jours à venir. Cependant, les instructions que j'ai reçues sont formelles : j'ai ordre de vous remettre au pas, recrues de mes fesses. Alors on enfile gentiment l'armure par-dessus son short de plage et on accourt se faire disloquer au large. Des questions ? »

Pris au dépourvu, nous avons rentré la tête dans les épaules durant les premiers jours et subi l'assaut du mauvais temps. Avec notre poids lourd tout acier, nous avions tout de même la couenne assez dure et ce n'était qu'un mauvais moment à passer. Mais il fallait distinguer deux niveaux à l'inconfort; celui vécu de l'intérieur et l'autre sur le pont. Autrement dit, il y avait ceux qui étaient roulés dans le baril et la personne de quart qui l'enfourchait. Les uns mijotaient en position allongée dans l'humidité ambiante et les odeurs, toisant la cuisine d'un regard mauvais. Le barreur en selle, lui, avait au moins le privilège de participer à cette atmosphère de rodéo, mordant la

---

* *La V'limeuse autour du monde*, tome 2

16

poussière sous forme de cinglants paquets d'eau salée qui savaient repérer sur des milles à la ronde la petite ouverture dans un collet de ciré.

Au bout du deuxième ou troisième jour à se faire ainsi tabasser, certains ont commencé à montrer les dents. Il y eut aussitôt revirement de situation. D'assiégés, nous devenions attaquants.

Nous avancions alors à plus ou moins cinq nœuds sur un bord de près serré, deux ris dans la grand-voile et foc numéro deux à l'avant, dans des vents soutenus de trente nœuds avec rafales à quarante. À cette vitesse déjà, l'étrave qui venait s'écraser contre les trains de vagues résonnait de l'intérieur comme une grosse caisse.

Damien, qui était à la barre, me demanda d'envoyer la trinquette génoise, familièrement appelée notre voile turbo. Sur une goélette franche comme la *V'limeuse*, cette voile est hissée entre les deux mâts sur l'étai qui monte jusqu'au deuxième étage de barres de flèche. Raison pour laquelle on la désigne également comme voile d'étai. Elle offre une grande surface au vent, ce qui la fait très puissante tout en étant très basse et agréable à manœuvrer, vu son emplacement au milieu du pont.

Sous l'impulsion, la *V'limeuse* s'ébroua comme une jeune pouliche et prit de la vitesse. Le regretté Éric Tabarly a déjà écrit qu'un nœud de plus dans ces conditions peut faire toute la différence entre le raisonnable et les risques de casse. Je m'en suis souvenu aussitôt, tellement le gréement tremblait sous les chocs. La chevauchée fantastique dura quelques heures à peine, mais nous avions eu, Damien et moi, largement le temps de nous faire plaisir.

Le panneau de descente s'est entrouvert à un moment donné et l'on nous supplia de revenir au mode croisière. Avec les bruits amplifiés, la vie devenait intenable sous le pont.

Ce régime se prolongea jusqu'au matin du huitième jour. Je sommeillais à l'intérieur. Alors que l'aurore émergeait dans la grisaille, je sentis que ça n'allait pas là-haut, comme si la voilure était passée à contre. J'ai pensé que Damien, mal réveillé, avait fait une erreur à la barre. La scène qui s'offrit à mes yeux en ouvrant le panneau continue de me hanter aujourd'hui. Celle d'un enfant aux prises avec la puissance des éléments qui se demande, même en vendant chèrement sa peau, ce que la vie continue d'exiger de lui.

Le bateau dérivait toujours, incapable de retrouver son équilibre. Était-ce dû à ma fatigue, le spectacle du ciel et de la mer me parut ce matin-là d'une grande désolation, d'une profonde indifférence devant tant de patience et de don de soi.

Nous avons tenté sans succès de reprendre le cap. Aux abords du grain responsable, l'hésitation du vent se prolongeait, mettant nos nerfs à l'épreuve.

Il finit pourtant par tourner en notre faveur. Le temps se dégagea peu à peu. Avec les premiers rayons du soleil, il fut possible d'envoyer toute la toile et filer plein travers au vent, l'allure favorite de la *V'limeuse*.

Il restait quatre-vingts milles pour atteindre Rodrigues. Si nous voulions trouver la passe avant la tombée de la nuit, à dix-huit heures sous cette latitude, il faudrait marcher à une moyenne de neuf nœuds. Nous sommes arrivés à Port Mathurin à l'heure dite, fiers d'avoir remporté cette course contre la montre.

Quand je repense aujourd'hui à toute cette équipée de l'océan Indien, je me dis que Damien en a tiré deux enseignements importants, utiles pour son avenir. Bien sûr, il pouvait se faire frondeur et se jouer du mauvais temps comme il l'avait démontré en réclamant plus de voilure. Mais le moment venu, des forces supérieures pouvaient aussi prendre le dessus et se jouer de lui.

Ainsi la mer trempait le caractère, peu importe l'âge, encourageant dans la foulée et au même titre, l'audace et l'humilité.

I

NAISSANCE DE *DINGO*

Il ne t'est jamais donné un rêve
sans le pouvoir de le réaliser

Richard Bach

Parti de loin (Damien)

Atlantique Sud. À 600 milles de Salvador de Bahia, au Brésil.

Il est bien noir, celui-là ! Le grain me rattrape, je veux réduire au bon moment pour ne pas trop perdre de vitesse. Bientôt, je me retrouve cramponné à la barre : à fond Léon, c'est là que c'est bon ! Je file à 12 nœuds de moyenne, avec des surfs incroyables à 18 nœuds. Ouf ! Je suis fier de mon coup. J'ai réussi à affaler le spi, dérouler le gennaker et prendre un ris dans la grand-voile avant l'arrivée des premières rafales. Grâce à cette anticipation, je ne me suis pas fait surprendre avec trop de voilure et maintenant je fonce avec un bateau bien équilibré.

Le nuage est de plus en plus menaçant. Je m'attends à le voir éclater sur ma tête à tout moment. Mais non, *Dingo* va aussi vite que lui. Du rarement vu. Cette fois-ci, tous les éléments semblent vouloir

21

me propulser vers la ligne d'arrivée. Avec un bon angle face au déplacement de cet énorme nuage, mon bateau navigue au grand largue, son allure favorite, et je vis quelques heures de bonheur intense.

D'aussi loin que je me souvienne, j'ai toujours été friand de vitesse. La preuve, cette photo de moi à la barre d'un Zodiac sur le fleuve, devant la maison à Tracy. Trois ans à peine et je m'éclate en doublant un paquebot avec un trente chevaux entre les mains. Aujourd'hui je me retrouve en course vers le Brésil, entouré d'une cinquantaine de concurrents de 12 nationalités différentes. Tous aussi mordus que moi et assez dingues pour traverser l'Atlantique sur des 6,50 mètres.

Ma passion pour les voiliers et la mer n'a pas toujours été aussi évidente. En fait, je peux dire que je suis parti de loin car je détestais la voile à mes débuts. Je me revois à six ans au large des côtes du Portugal. Couché sur le plancher de la *V'limeuse*, j'étais terrassé par la peur et retenait mes tripes. Les mâts tremblaient, le bateau gîtait, tapait dans les vagues. Allait-il chavirer ? Angoissé, je ne pouvais empêcher mon corps de faire une chose bien naturelle dans de telles conditions : vomir. On essayait de me nourrir tant bien que mal, mais je recrachais le tout.

Peu de temps après, j'ai été confronté à un choix décisif. Toujours malade aux Canaries, deux options s'offraient à moi pour rejoindre les Antilles : l'avion ou le bateau. Il était hors de question de me séparer de ma famille. C'est donc à partir de là que tout a changé.

Durant cette traversée de vingt-six jours, j'allais découvrir un autre visage de la mer. Nous naviguions dans la douceur des alizés et j'observais d'un œil différent ce qui se passait autour de moi. J'étais fasciné par ces petits poissons auxquels on ne croit pas vraiment jusqu'au jour où on les voit voler. J'en ramassais sur le pont chaque matin et j'imaginais les autres espèces qui nageaient sous notre bateau. Je rêvais de les attraper. Ma passion pour la pêche est née à ce moment.

Je peux dire aujourd'hui que les poissons m'ont sauvé et moi, comme un gros salaud, je les remerciais en les mettant dans la poêle à frire. Grâce à eux, j'ai développé la patience, l'observation, l'analyse et la mise au point de différents systèmes de chasse et de pêche. Plus tard, durant notre voyage autour du monde, ils m'ont aussi permis, indirectement, de surmonter ma gêne et de vivre des expériences inoubliables avec d'autres pêcheurs. À 10 ans, ce n'est pas évident d'aller tourner autour d'un bateau de pêche sur lequel on ne connaît personne, en espérant décrocher une invitation. Les capitaines me regardaient avec le sourire, se demandant si j'étais même capable de sortir une grosse prise accrochée au bout d'une ligne dormante. Une fois en mer, sur ces bateaux où nous étions une dizaine à pêcher autour du plat-bord, il fallait me faire accepter d'eux et suivre leur cadence. Cette vie s'ajoutait à notre navigation en famille, c'était mon domaine privé, le seul auquel mes sœurs n'avaient pas accès.

Pour en revenir à ma première traversée à bord de la *V'limeuse*, il y a autre chose qui a changé. Au lieu de passer mes journées couché, je les passais maintenant sur le pont. J'ai commencé à comprendre les efforts exercés sur le bateau et à analyser ses mouvements. J'aidais mon père aux manœuvres, ce qui m'a donné de l'assurance. Mon mal de mer devait être purement psychologique car, curieusement, je n'ai jamais plus été malade.

Par la suite, notre long voyage m'a permis d'approfondir ma relation avec la mer. Elle est si belle, mystérieuse et si dangereuse à la fois. Je me rappelle certains coups de vent. La grosseur des vagues m'impressionnait beaucoup. Je me demandais toujours si la mer allait continuer encore longtemps à se gonfler ainsi. J'avais peur de toutes ces tonnes d'eau qui suivaient leur chemin sans se soucier du petit bateau jaune sur leur route. Malgré les vingt tonnes et la robustesse de notre coque en acier, il arrivait toujours un moment où nous devions lever le pied. Très tôt, j'ai appris qu'on subit la force des éléments, on ne les surmonte pas. De même, on dit souvent « affronter » les éléments, mais ce n'est surtout pas un affront. Plutôt un grand respect.

Avec le temps, les milles filaient sous notre coque et sans m'en rendre compte je m'attachais à ce monde liquide. Il devenait familier au point où je ne pesais plus les risques encourus. Mes sorties sur les bateaux de pêche en sont un bel exemple. Certaines nuits où il ventait fort et que je me trouvais une quarantaine de milles au large de l'île Rodrigues, dans l'océan Indien, ma mère avait de la difficulté à fermer l'œil. Et Dieu sait qu'elle ne s'inquiète pas souvent ! De mon côté, j'étais dans mon élément sans ressentir la présence du danger.

Le gros temps qui m'effrayait jadis a fini par me procurer de bonnes sensations. Aujourd'hui, j'aime la montée d'adrénaline. Je m'organise alors pour garder mon calme et prendre les décisions adéquates. Bien naviguer dans le baston, c'est stimulant et beau à la fois. La difficulté est de prendre le recul nécessaire. Lorsque je me détache de cette souffrance qu'endure mon bateau, de l'humidité, du froid et de la fatigue, je suis hypnotisé par la beauté des éléments autour de moi. Je pourrais rester des heures à regarder le jeu des vagues, dicté par la puissance du vent. Je ne connais pas grand-chose qui me procure autant de sensations fortes.

C'est pour cette raison, probablement, que j'ai trouvé si difficile le retour sur la terre ferme, à 14 ans, à la fin de notre voyage. La vie me semblait tout à coup bien fade. Terminées les longues glissades sur les vagues, les nuits blanches à remonter des dizaines de poissons en espérant toujours en attraper un plus gros, les séances de chasse sous-marine dans les lagons et d'escalade dans les mâts de la *V'limeuse*, pour voir plus loin. À présent, j'avais comme horizon un grand tableau vert ou une cour d'école où les jeunes passaient plus de temps à se taper dessus qu'à jouer ensemble. J'arrivais d'un autre monde et ça se voyait. Quelques têtes fortes prenaient un plaisir fou à se moquer de moi à cause de mon style vestimentaire ou parce que je ne m'exprimais pas selon les expressions à la mode.

J'avais juste envie de les envoyer promener et de tout planter là. Mais j'ai pilé sur mon orgueil, décidé à me faire une place au milieu des plus cools. Je me rappelle un cours d'éducation physique où nous devions faire une série de *push-up*. J'ai établi le record de ma classe. Après, curieusement, je ne me prenais plus de claques derrière la tête dans les escaliers.

La routine m'a vite ennuyé mais, pour être honnête, le retour à l'école n'a pas eu que des mauvais côtés. Des amis, j'en voulais des vrais et pour longtemps, des copains que je ne serais pas obligé de laisser deux semaines plus tard, parce que nous décidions de lever l'ancre. J'ai donc fait mes trips de gang. Tout compte fait, je peux dire que c'était bien, sans plus, et que ces années ne m'ont pas marqué. Mais comme il y a du bon à toute situation, cette période a sans doute développé mon côté social, mes relations avec les filles, par exemple. Point non négligeable.

J'avais donc été capable de me réintégrer au système, simplement par volonté. À ce sujet, je dois avouer que notre plus belle victoire a été de prouver à quelques professeurs sceptiques que nous pouvions revenir sur les bancs d'école après six ans d'absence, comme si de rien n'était. Oui, deux petites heures par jour sur le bateau nous avaient suffi. Nos parents ont fait notre éducation comme tout ce qu'ils ont entrepris, avec passion.

La motivation de réussir ses études finit pourtant par disparaître s'il n'y a pas autre chose derrière : un intérêt, un projet, un rêve. Cinq ans plus tard, l'école ne correspondait plus à mes attentes. Je ne voyais pas trop où je m'en allais. À la fin de mon secondaire, on m'a fait passer un test d'orientation. Devinez les résultats ! J'étais prédisposé à une carrière de chauffeur d'autobus !

Aujourd'hui, à la barre de *Dingo*, je souris en pensant que les orienteurs n'avaient pas tout à fait tort. En tout cas, ils me voyaient aux commandes de quelque chose...

Mon bateau surfe toujours sur les vagues. En fixant longuement son sillage, je revois le chemin parcouru depuis 1998, l'année où mon projet a commencé. J'avais 19 ans et cherchais à retourner vers le large sans trop savoir de quelle manière. Je régatais sur les bateaux des copains, au lac des Deux-Montagnes, mais j'en avais marre de virer autour de trois bouées ou de travailler la semaine entre quatre murs. J'étais à l'emploi de Mystère Catamaran, à Blainville. Huit mois à confectionner des voiles. Motivant au début, mais tout se gâte lorsqu'il n'y a plus de défi. J'adore apprendre, me dépasser, trouver des nouvelles techniques de travail et diriger une équipe. J'avais donné beaucoup pour que tout roule bien dans cette voilerie, mais ça n'a pas suffi. La Mini-Transat me trottait dans la tête. Un matin, en buvant mon café, j'ai téléphoné au patron : « Yves, je ne rentre pas aujourd'hui, il faut que je réfléchisse… » Il a compris. Partir travailler de reculons à mon âge, ce n'était pas normal. Alors pourquoi ne pas me tourner vers ce qui m'attirait vraiment : la course au large.

J'étais certain que cette décision était la bonne, mais elle soulevait plein d'interrogations. Je n'avais aucune expérience dans ce domaine et ne savais pas par où commencer, ni quoi faire pour gagner ma vie tout en lançant un projet de cette importance. J'éprouvais le besoin d'en parler et mes parents me paraissaient les mieux placés pour me conseiller. Après toutes nos années passées en mer, nous étions restés très liés et avions gardé l'habitude de discuter en famille. Ils venaient de terminer l'écriture de leur récit de voyage et rénovaient la *V'limeuse*.

Comme j'avais du temps libre, je suis allé leur donner un coup de main.

Le lancement d'une amitié (Carl)

En ce début octobre 1998, les travaux sur la *V'limeuse* vont bon train. Certains jours, nous nous retrouvons à plusieurs entre ses flancs et ça bourdonne comme dans une ruche. Le métal résonne de coups répétés et des bruits d'outils électriques tranchent dans les voix et les rires. Une silhouette grimpe parfois l'échelle avec un bout de contreplaqué. Je n'en reviens pas de cette belle palette d'énergie, réunie sur la foi de notre seule réputation. Étonnant comme un bateau, même arrêté, peut continuer à faire des vagues. Ce nom inscrit à l'étrave, en noir sur jaune, tisse toujours sa toile et attrape de temps en temps un promeneur imprudent. Il s'était simplement approché pour nous saluer et le voilà soudainement pris dans nos travaux de réfection.

Dominique et Jean-François sont accroupis dans les cales d'avant. Masque au visage, ils piquent et brossent à la ponceuse afin de remettre le métal à nu. Près d'eux, je dirige le boyau d'aspirateur qui rejette la poussière de rouille par un panneau du pont. Richard, un programmeur doué, prend en main toute l'électricité qu'il faut refaire à neuf. Mario, ex-machiniste chez Pratt et Whitney, dispose de quelques jours et nous les offre en attendant de filer vers l'Amérique du Sud dans son *camper* Volkswagen. Nous referons aussi une nouvelle table à cartes et c'est à lui que revient la tâche de démolir l'ancienne. Tout près, à l'arrière du bateau, Stan est le maître d'œuvre des travaux d'ébénisterie. Au départ, son rôle devait se limiter à nous aménager un nouveau carré, c'est-à-dire réaliser une spacieuse banquette en U qui vient enserrer la table. Mais nous abusons ouvertement de lui. C'est un secret pour personne, il a mis la main dans un engrenage il y a quelques mois et c'est maintenant l'épaule qui est en train d'y passer.

En mai, j'ai pris la décision, anodine en apparence, de neutraliser la progression de la rouille sous les planchers. Certaines cales étaient plus atteintes que d'autres mais, tant qu'à s'y mettre, nous ferions une révision complète de l'état de l'acier, de l'avant jusqu'à l'arrière. Mal nous en prit. Les trappes de visite devinrent de véritables pièges. En voulant les agrandir pour avoir un meilleur accès, c'est tout le plancher qui a été arraché. La rouille remontait ensuite derrière un comptoir ou sous la douche. Que faut-il faire ? Pas de chance, Carl est dans les parages avec sa pince-monseigneur et intervient froidement. C'est la cuisine et la toilette qu'il faudra du coup refaire complètement. Sa blonde ne répond plus de sa folie destructrice et prie pour qu'il ne s'amène pas avec le chalumeau et s'attaque à l'acier.

Si j'avais su, en opérant ce simple ménage, que j'allais entreprendre la période la plus désespérante de ma vie, je me serais débarrassé sur-le-champ de mon bateau. Cinq ans plus tard, j'ignore toujours si nous réussirons à nous en sortir et à mettre à l'eau pour l'été 2003. Tout n'a pas été vain toutefois dans cet interminable calme où l'énergie, la motivation et l'argent nous ont manqué à mi-chemin. Che Guevara disait ceci pour justifier l'action révolutionnaire : « Du brasier qui s'élève, il ne faut retenir que la lumière. » Dans le cas qui nous concerne, il est ressorti de mon exercice de démolition une rencontre avec un être d'exception, qu'autrement nous n'aurions jamais eu la chance de connaître.

Voici comment Stan Michalski est entré dans notre vie.

Nous sommes en octobre 1997, rue des Tourterelles, dans un quartier de Longueuil appelé Collectivité Nouvelle. Le téléphone sonne alors que la famille prolonge le repas du soir en bavardages habituels. Noémie se lève et va répondre. La conversation se déroule à distance et nous échappe partiellement. Revenue à table, elle nous dit que le type en question cherche à se procurer le tome 2 de notre récit. « Il n'est pas encore paru, que je lui ai dit, mais vous tombez pile, le lancement a lieu demain soir à la bibliothèque Saint-Sulpice et vous êtes invité. »

La salle de lecture de cet édifice de la rue Saint-Denis est un lieu privilégié, une oasis de calme à deux pas de la circulation où l'esprit peut assouvir son besoin de culture entre la lumière des hauts vitraux et le bois clair de ses tables massives. Peu de gens savent que tout événement littéraire peut s'y tenir en échange d'un déboursé minime.

Notre « cinq à sept » est une façon de parler puisque cette belle fête se poursuit jusqu'à 23 heures. Comme il y a deux ans et demi, lors du premier lancement, nous en ressortons complètement étourdis après la ronde infernale des dédicaces. C'est une tradition à laquelle nous n'échappons pas facilement et, de surcroît, Dominique et moi mettons un point d'honneur à ne pas signer « Bon vent ! » à tout le monde. Bref, entre deux demandes, nous avons à peine le temps de relever la tête pour saluer un ami ou une connaissance perdue de vue depuis vingt ans.

Stan est au rendez-vous, cherchant une ouverture parmi ceux qui réclament quelques mots en guise de souvenir. Il l'obtient enfin et se présente timidement à moi comme un amoureux des bateaux. À l'exception que lui, me confie-t-il, navigue en pensée sur des modèles réduits qu'il assemble minutieusement. Pendant qu'on me tire par la manche, il réussit à me laisser nom et numéro de téléphone. Si j'ai besoin d'un coup de main, je n'ai qu'à lui faire signe.

Les mois passent sans que je donne suite à son offre. Le contraire m'aurait étonné car je ne réponds jamais à ces propositions, même si je décèle chez la personne un réel désir de s'impliquer. D'abord peut-elle vraiment m'aider, quelles sont ses disponibilités, est-elle habile de ses mains, sait-elle se servir d'une ponceuse, d'un pinceau ou cherche-t-elle un peu de distraction les fins de semaine ? Depuis que nous sommes perçus comme des personnages, je me méfie de certaines approches, pas toujours évidentes, qu'il faut lire ainsi : « On est venu vérifier sur place si vous êtes à la hauteur de l'image véhiculée par vos livres et... oui, vous avez passé le test. » Ou bien : « Désolé, mais je trouve que l'écriture vous allait mieux. »

C'est à peu près ce que Richard, en sortant du rang, nous laissera entendre après une assez longue période d'essai. Dommage tout de même car nous perdons un bonhomme extrêmement brillant, drôle, branché, mais qui, je suppose, possède autant de facilité à se débrancher quand le jeu à l'écran ne l'amuse plus. C'est forcé, la loi de la moyenne garantit ce genre de situation et je peux vivre avec ça. Qui me dit, après tout, que je ne suis pas décevant quelque part.

Enfin, qui est ce Michalski ? D'où sort-il et que fait-il dans la vie ? Le nom est intrigant, mais l'accent ne laisse aucun doute : il est aussi québécois que moi. De toute façon, je n'ai pas encore décidé par quel bout j'allais commencer dans la *V'limeuse*. Et les choses en seraient probablement restées à ce point. Sauf que c'était mal connaître Stan. Quand il a une chose dans la tête, elle devient très dure, j'aurai l'occasion de m'en rendre compte. Il me relança une fois, deux fois au téléphone et la troisième fut la bonne. Il allait bientôt prendre une semaine de vacances et, de mon côté, j'avais pris la décision de refaire le carré arrière.

Ce fut le début de son association « à but non lucratif » avec votre humble serviteur. Je l'aurais sincèrement souhaitée moins longue pour lui, mais je ne pouvais prévoir ce qui allait m'arriver.

Ma santé déclina et, conséquemment, les activités ralentirent, cessèrent parfois et la rumeur que la *V'limeuse* était à vendre commença à courir. J'en étais mal pour Stan. Il avait entre-temps terminé le carré, formé comme je l'ai dit d'une vaste banquette en U, prête à recevoir les coussins. D'une chose à l'autre, leur confection fut reportée, puis c'est l'argent qui manqua. Cette touche finale à son travail lui aurait fait sûrement plaisir. Notre rythme anormalement lent n'a jamais pour autant refroidi son ardeur. Même lorsque nous faisions relâche les mois d'hiver, Stan travaillait au chaud dans l'atelier de son employeur. Il nous concoctait des petites merveilles d'ingéniosité et de raffinement dans lesquelles il glissait différentes essences de bois exotiques comme pour nous redonner le goût de partir. Il passa plus de cent heures à fabriquer la table du carré, un bijou que nous verrions dans un yacht de grand luxe.

J'arrête ici la description de ce qu'il fait avec ses mains pour vous parler surtout de ce qu'il fait avec sa tête. Car je ne serais pas surpris d'apprendre un matin en ouvrant le journal que cet homme menait une double vie. Pas conjugale, non. Au strict plan du travail. Ça irait à peu près comme ceci : « Sous le couvert d'un ouvrier modeste, marié et père de deux enfants, préposé officiellement à l'entretien de 70 salons funéraires de la région de Montréal et des environs, s'est caché durant toutes ces années un esprit doté d'une culture encyclopédique, enseignant sa science avec un rare don de synthèse aux professeurs de niveaux supérieurs. » Ou bien, si on veut parodier le monde du crime organisé, on pourrait soupçonner Stan d'opérer sous le couvert d'une façade, c'est-à-dire de posséder des capacités intellectuelles prodigieuses qu'il gère secrètement derrière un comptoir de dépanneur. Personne ne s'attend à trouver là de la « dope » aussi puissante, capable de développer chez vous une forte dépendance.

Si, de notre côté, nous trouvions difficilement la cadence, pour lui l'engagement se renouvelait chaque fin de semaine, quoi qu'il advienne. La valeureuse Mazda rouge, écrasée sous sa charge d'outils et de bouts de bois, venait se garer près de l'échelle. Ti-loup et Loula, notre couple de fidèles « pitous », l'accueillaient avec force battements de queue et moi avec quelques grosses blagues et un petit « pack de six ». C'était peu, mais de bon cœur. Surtout que Stan n'arrivait jamais les mains vides. En plus de nous donner son temps, il en profitait pour nous apporter quelques bons livres, nous offrir une boîte de maquereau mariné au vin blanc Saupiquet ou un paquet de thé vert et le dernier numéro de la revue Géo.

Nous n'avons pas seulement reconstruit avec des matériaux neufs, nous en avons profité pour améliorer le côté pratique et l'ergonomie des anciens aménagements. On ne vit pas sur un bateau pendant quinze ans sans en tirer quelques leçons.

J'ai hâte de naviguer, ne serait ce que pour venir me glisser derrière la nouvelle table à cartes, si parfaite et belle au coup d'œil qu'on a envie de la toucher. J'ai hâte de fricoter un plat dans la cuisine, devenue un coin de resto scintillant avec son comptoir tout inox, pour ensuite aller me reposer dans la cabine des maîtres, partiellement réaménagée. J'ai surtout hâte d'embarquer Stan et de lui faire traverser la grande bleue. J'en meurs d'envie pour lui.

Mais revenons à cette période heureuse, début octobre 1998, où les travaux progressent à vue d'œil. Même Damien, en chômage depuis peu, est venu se joindre à nous. Ses dernières expériences dans le milieu du travail l'ont confronté durement à une réalité : on a beau aimer les bateaux, encore faut-il apprécier les conditions dans lesquelles ils sont construits. Il ne demandait pourtant pas aux patrons d'être des romantiques, il les croyait fiers et exigeants. Et je comprends parfaitement cette réaction d'un jeune gars de vingt ans, nullement prêt à bâillonner ses valeurs, qui se remet en quête d'un idéal. Je lui ai trouvé un petit passe-temps qui facilite la réflexion. C'est ce que j'appelle « la thérapie du gros six cylindres », parlant du moteur diesel de la *V'limeuse*, hissé à l'extérieur au moyen d'une grue télescopique, qu'il dégraisse et nettoie patiemment avant de le rafraîchir d'une peinture neuve.

Sans doute y trouve-t-il matière à critiquer, une fois de plus, l'excès de poids de notre valeureuse goélette. À ses yeux, la *V'limeuse* fait image de dinosaure devant les nouvelles générations de voiliers. Avec ses tonnes d'acier, de bois et de matériel divers, elle a davantage été conçue pour briser la glace que pour surfer sur le dos des vagues. Et comme pour appuyer ses convictions, il fait circuler à l'heure de la pose le dernier numéro d'un magazine de voile où il est question de la Mini-Transat. « Regardez-moi le cul de ces bateaux, les gars ! Dix pieds de large pour une longueur de coque de 21 pieds ! On dirait des 60 pieds open miniatures. Moi, ces petits bolides me font tripper de plus en plus. »

Quelque chose se prépare. Jamais Damien n'a été aussi allumé.

De la rouille plein les yeux (Dominique)

Après plus de cinq années consacrées à l'écriture, nous avons repris le chemin du bateau. Et tandis que Carl allongeait une liste déjà imposante de travaux, condamnant ici le safran, là le guindeau, je me suis agenouillée devant la première cale, dans un geste de tendresse envers notre vieille compagne.

Depuis des semaines, les galettes de métal oxydé fusent de tout bord tout côté dans un vacarme si étourdissant que je bénis chaque jour la patience de nos voisins de marina. Lorsque je sors du ventre de la bête, retirant mon protecteur d'oreilles, de la rouille plein les yeux, j'en profite pour m'excuser du bruit. On me répond avec le sourire, un regard entendu vers ce bateau qui a parcouru le monde et auquel on pardonne tous les excès.

Je suis surprise qu'il reste encore quelque épaisseur de tôle après ces heures de combat. Mais il vient toujours un moment où le marteau ne pique plus qu'un métal encore sain, prêt pour l'opération suivante : le brossage. Masque et puissant ventilateur s'ajoutent alors à mon équipement et bientôt la *V'limeuse* crache au loin, soulagée, sa sombre traînée de poussière métallique.

Malgré les apparences, le mal est moindre que nous le craignions. J'aurais préféré toutefois que Carl applique sept ou huit couches de brai-époxy dans les cales, lors de la construction, au lieu d'une seule, ce qui nous éviterait tout ceci. Mais personne ne l'a conseillé à l'époque et nous devons nous résigner à payer aujourd'hui pour des erreurs commises vingt ans plus tôt.

J'avais juré qu'on ne m'y reprendrait plus. Mon dos garde encore les traces des jours passés à dérouiller les cales en Afrique du Sud. J'attaque pourtant ce combat avec philosophie, par petites doses. Lorsque mon corps me rappelle à l'ordre, je pose le pic à rouille, m'adosse quelques instants sur la cloison la plus proche, et réfléchis à des lendemains bien imprécis. J'éprouve une sorte de bonheur malgré le découragement, comme si de ces gestes répétés jusqu'à la douleur naîtra forcément quelque chose de bon.

Ceux qui nous questionnent sur nos projets, persuadés de voir dans tout ce remue-ménage les signes de futures navigations, repartent souvent déçus. Nous évitons de confirmer un grand départ. La *V'limeuse* à elle seule justifie notre sueur, peu nous importe l'avenir.

Une fois de plus, je fais confiance au présent. Gigantesque ouverture entre deux voyages, il m'aspire jour après jour dans les entrailles du bateau. Il me tient là, courbée au fond de ma mine, l'air de dire que les pierres précieuses ont toujours habité la noirceur du monde.

Lorsque ma lampe éclaire les recoins humides et obscurs, il me semble en effet découvrir, liés aux odeurs de fer oxydé, non pas seulement le signe du temps, mais aussi la clef d'une richesse oubliée. Un trésor fait de toutes ces petites misères auxquelles on croit échapper en se tournant vers le confort, mais dont l'absence nous prive d'une irremplaçable forme de bonheur.

En arrachant un morceau de plancher pourri, ici et là, j'entends parfois le bruit du vent qui hurle en pleine mer et celui des vagues déferlant sur le pont. De quelle manière notre bonheur s'est-il enticé de ces moments d'angoisse extrême ? Comment pouvait-il préférer l'enfer au paradis ? À moins que l'un n'existe pas sans l'autre. Et qu'à trop fuir les flammes, on s'écarte aussi du ciel.

Il est loin le ciel couvert d'étoiles depuis que nous avons enfilé nos pantoufles au coin du feu. La mer vous manque-t-elle ? me demande-t-on encore aujourd'hui. Oui... pour les nuits surtout.

Seuls nos esprits ont hissé les voiles. Ils nous ont entraînés loin de la banlieue où nous écrivions, nous donnant l'illusion de voyager encore au fil des mots. Des îles ont pris forme, des calmes et des tempêtes rythmé la naissance de chacun de nos tableaux. L'écriture libérait les images. Des centaines de bulles remontées des souvenirs. La *V'limeuse* devenait une histoire.

Le premier tome, qui racontait la moitié du voyage, est paru deux ans et demi après notre retour. Nous avions choisi d'être à la fois éditeur et distributeur pour satisfaire à nos propres exigences, persuadés de réussir aussi bien, sinon mieux, que les maisons établies. Cette partie plus technique de la naissance d'un livre nous stimulait, mettait fin à des mois d'immobilité, de solitude devant l'écran. Chaque étape apportait son lot de nouveaux contacts : séparation couleur des photos, maquette de la couverture, imprimerie, etc. À la fin, nous courions les libraires, nos caisses de livres sous le bras, heureux comme des gamins lorsque *La V'limeuse* trônait dans une vitrine.

La récréation a duré six mois. Lorsque la cloche a sonné et qu'il a fallu se rasseoir pour écrire le deuxième tome, nos corps ont regimbé, impatients d'en finir avec ce voyage intérieur. À leur résistance s'ajoutait un début de lassitude. Le plaisir du retour, étiré sur les premières années, s'étiolait peu à peu. La vie en société finissait par nous atteindre, même si, de l'avis de ceux qui nous connaissaient, nous avions gardé un rythme étonnamment lent.

Était-ce un hasard ? De l'autre côté de l'écran, l'équipage semblait, lui aussi, fatigué. Durant sa dernière année de navigation, il manifestait son désir de rentrer à la maison, essoufflé de courir le monde sans but précis.

Peut-être obéissons-nous à un cycle de cinq ans, au-delà duquel nous avons besoin de changement, et que la même impulsion qui nous a ramenés au pays nous indique, aujourd'hui, qu'il est temps de bouger.

Quoi qu'il en soit, nous avons finalement accouché du tome 2, baptisé au champagne, lui aussi, afin qu'il navigue sous une bonne étoile. *La V'limeuse autour du monde* pouvait tailler sa route dans l'imaginaire des lecteurs, y créant ses propres vagues, suscitant parfois des passions nouvelles ou des vocations inattendues. Nous en avions des échos ici et là, une lettre touchante, un courriel ou une visite au bateau, pour nous remercier d'avoir pris la peine d'écrire.

Ces témoignages nous faisaient plaisir. Ils s'ajoutaient à la satisfaction d'avoir enfin tourné la page tout en préservant de l'oubli notre grand voyage en famille. Cette tranche de notre vie nous apparaissait de plus en plus précieuse à mesure que les enfants vieillissaient, devenaient adultes et nous quittaient.

Bientôt nous serons seuls tous les deux. Devant, il n'y a rien de précis. Ni rêve ni repos. Un espace vierge, translucide, où seule la *V'limeuse* nous guide. Ainsi, chaque matin nous venons la retrouver au Port de plaisance de Longueuil, espérant qu'elle nous pardonne ce long séjour sur la terre ferme et qu'en la sauvant nous allons nous sauver aussi.

Notre journée de travail terminée, nous marchons ensemble au bord de l'eau pendant que les chiens fouillent le terrain dans l'espoir de surprendre une marmotte. Ce soir, un petit voilier remonte le fleuve, tirant des bords à contre-courant. Il me fait penser à toutes ces espèces vivantes dont la ténacité nous émeut. Au pouvoir de ces pas que l'on met l'un devant l'autre et qui finissent toujours par nous mener très loin, pour peu qu'on s'acharne. Au courage…

L'éducation de quatre jeunes enfants sur un bateau ne m'a jamais paru une aventure bien périlleuse. À ceux qui me trouvaient brave, je répondais que le courage est relatif, et qu'il en fallait plus à mes yeux pour élever une famille en ville que pour sillonner le monde à la voile.

Ce que nous affrontons au large est tangible. La mer et le vent nous ébranlent parfois, mais en dix ans de navigation jamais notre vie n'a été menacée. Et puis, une fois de retour, nous relâchons la garde.

Dans son dernier livre, *Tamata ou l'alliance*, Bernard Moitessier l'appelait la bête. Celle qui s'attaque à nous de l'intérieur, dont chaque morsure nous arrache une part de vitalité. Cette maladie mortelle qui s'en prend aujourd'hui à mon compagnon, à l'homme que j'aime, et envers laquelle j'éprouve la plus grande frousse de ma vie. Courageuse, moi?

Non. Désemparée.

Salon nautique de Paris (Dominique)

Le froid a mis un terme aux travaux sur la *V'limeuse*. De retour sur la rue des Tourterelles, nous pouvons consacrer les mois d'hiver à d'autres projets. La promotion de nos livres en France est un de ceux-là. Ce sera bien grâce à eux si nous réussissons notre prochaine échappée. Où irons-nous? Nous n'en savons toujours rien. Ce que nous voulons, avant tout, c'est quitter le confort du condo, tapis mur à mur, où depuis bientôt cinq ans nous nous réveillons un peu plus engourdis chaque matin.

D'ailleurs, plus rien ne nous retient à Longueuil. Sandrine et Noémie ont terminé leur secondaire et manifesté aussitôt leur goût d'en finir avec la routine. Fin août, elles ont entassé quelques vêtements dans un sac à dos, embrassé les petits copains, les copines et pris l'avion pour l'Europe. On se reverra au printemps, nous ont-elles annoncé, du haut de leurs 17 ans tout juste sonnés. C'est bien. J'ai l'air cool comme ça, mais au fond je m'inquiète. Non pas que je ne doute pas de leur force. Surtout à deux, elles sont quasi-invulnérables. Des sourires à désarmer le pire voyou. Non, mais j'ai peur parfois que ce monde qu'elles ont appris à découvrir comme foncièrement bon ne leur tende quelques pièges, profitant de leur trop grande confiance.

Aux dernières nouvelles, le voyage se passe bien. Aussitôt arrivées en France, elles sont descendues à La Rochelle où débutait le Grand Pavois, un important salon nautique à flot. Les livres de *La V'limeuse* y étaient présentés pour la première fois et la présence de nos deux jeunes ambassadrices fut certainement pour beaucoup dans l'accueil chaleureux qu'ils reçurent.

À la suite des bonnes critiques parues dans les magazines de voile, le *momentum* est parfait pour une visite au Salon Nautique de Paris. La famille y sera presque au complet, puisque Damien nous accompagne et que les jumelles, toujours en France, nous rejoindront là-bas. Il manquera seulement Évangéline, en voyage au Viêtnam.

Pour Damien, qui cherche sa voie dans le monde des bateaux et de la mer, cette grande foire internationale du nautisme est une occasion unique de rencontrer les intervenants du milieu, skippers, coureurs, constructeurs, etc., tout en visitant les tout derniers modèles de voiliers.

L'un de nos amis, Louis Roy, se joindra aussi à nous. Lorsque nous avons fait sa connaissance, il y a moins d'un an, il souhaitait se construire un Damien II, comme la *V'limeuse*. Carl l'a déconseillé de se lancer dans une telle aventure. Il existe aujourd'hui tellement de bateaux plus modernes, plus performants et surtout plus simples à manœuvrer qu'une goélette de 20 tonnes à quille relevable ! Tout en poursuivant ses recherches du voilier idéal, Louis a ensuite eu l'idée de partir sa propre entreprise. Très habile de ses mains, il en avait assez de travailler pour les autres comme « homme à tout faire », de la rénovation à la conciergerie, et préférait mettre ses talents au profit de cette passion nouvelle pour les bateaux.

C'est donc une fière équipe de Québécois qui débarque à l'assaut de Paris. On pourrait faire apparaître au-dessus de nos têtes, non pas la crête rouge du coq dans l'annonce de la rôtisserie Saint-Hubert B.B.Q., mais un verre de vin rouge, un « chti canon » comme disent Louis de Funès et Jean Carmet dans *La soupe au chou*.

Nos quartiers généraux sont établis rue Lepic, à quelques mètres du Moulin Rouge. Un quartier très vivant, animé de jour comme de nuit. Il n'est pas rare de se faire réveiller en sursaut par une engueulade ou un bruit de vitre explosée. Mais quel plaisir de descendre la rue chaque matin en y trouvant les fruits, le café et les croissants chauds. Privilège que nous devons à la gentillesse de Jean et Valérie, des amis de la famille qui ont aussi une maison en Bretagne et nous laissent la clé de leur appartement durant leur absence.

Nous partageons les lieux avec un jeune étudiant. Bien que prévenu de l'arrivée des cousins d'Amérique, il est un peu décontenancé devant l'ampleur de l'invasion, surtout lorsque la sonnette d'entrée annonce une nouvelle visite le soir suivant et qu'il aperçoit, du haut des marches, la tête de Sandrine…

En trois mois de voyage, les jumelles ont affiné leur *look* bohème. Les cheveux de Sandrine, par exemple, sont tressés avec des bouts de laine multicolores, ce qui lui donne un petit air de fête. Noémie, quant à elle, préfère le port du fichu pour contenir ses *dreads*. Les retrouvailles avec nos deux voyageuses sont l'occasion d'ouvrir quelques bonnes bouteilles et de bien rigoler. Nous les écouterions toute la nuit raconter leurs aventures et je sens le bien immense qu'elles nous font, surtout à Damien, avec cette légèreté d'exister qui contrebalance notre sérieux.

Le lendemain, c'est la journée professionnelle au salon nautique, l'occasion pour nous de rencontrer pour la première fois notre distributeur, Thierry Jacquart, patron des Éditions du Plaisancier, et d'organiser avec lui quelques séances de signatures sur les différents stands des librairies maritimes. C'est aussi le moment idéal pour visiter le salon avant la cohue générale des prochains jours.

J'ai bien une liste en main, qui va du frigo au guindeau électrique, en passant par les réservoirs souples et quelques appareils électroniques, mais je m'en sers comme on se donne un but dans la vie, pour ne pas me perdre dans ce dédale de couloirs et de stands. Je questionne les vendeurs, m'intéresse à un nouveau modèle de déssalinisateur, repars avec les catalogues de prix, persuadée qu'au fond, nous mettrons des blocs de glace dans le nouveau compartiment frigo et relèverons nos 50 mètres de chaîne comme au bon vieux temps, à la main.

C'est tout de même agréable de fureter d'un stand à l'autre, entre l'accastillage, les pièces de gréement, l'électronique, les vêtements de mer… de monter un escalier mobile, d'arriver dans la section des librairies et revues nautiques, puis d'emprunter le long couloir qui mène à la grande salle où sont exposés plus d'une centaine de voiliers, du dériveur au catamaran de croisière de 50 pieds, que l'on peut tous visiter, bien sûr, en tâtant les coussins de suède, ouvrant un tiroir dont le système de fermeture est ingénieux, levant un plancher et admirant les cales d'une blancheur immaculée, pas de rouille ici, c'est le royaume du plastique dont l'odeur emplit les narines, mêlée à celle du bois frais verni, et se dire que tout ça a un petit côté surnaturel, désincarné, plus proche du rêve que de la réalité…

Et mon esprit retourne à la *V'limeuse*. Pourtant, il y a bien eu un moment où elle aussi a senti le neuf, les planches de pin sorties de l'entrepôt, la peinture fraîche. Un moment où elle est née. Imposante, brillante de tous ses feux. Est-ce l'effet du temps ou celui de la mer ? Nous avons tous vieilli ensemble, sans nous en apercevoir. Souffrant davantage d'un repos prolongé sur la terre ferme que de nos belles années au large.

Je n'éprouve aucun regret. En consacrant cinq années à l'écriture, nous avons pu offrir du même coup aux enfants une stabilité dont ils rêvaient depuis longtemps. Disons qu'elle leur a permis de faire le tour de la question et qu'aujourd'hui le besoin est assouvi.

Curieusement, avant de plonger vers l'âge adulte, chacun d'eux a renoué avec son passé, à travers le voyage où le besoin de retrouver la mer. Et là où le Big Bang familial aurait pu les catapulter aux quatre coins de l'univers, ils se retrouvent en orbite autour de leur enfance, non loin les uns des autres.

Tout à l'heure, Sandrine et Noémie marchaient devant moi, dans l'allée principale, et je m'amusais à regarder les têtes se retourner au passage de ces deux jeunes filles désinvoltes et complices. Combien de temps encore attaqueront-elles la vie de front ? Sont-elles conscientes seulement des remous qu'elles causent, bousculant, riant, se chamaillant comme de jeunes chiots, peu importe le lieu. Jumelles, elles auraient pu s'isoler dans une bulle hermétique. Mais non, elles accrochent leur regard dans le vôtre comme une invitation à vous joindre à la fête.

Parlant de fête, c'est bientôt l'heure de l'apéro sur les différents stands. Autour de nous, les bouchons de champagne sautent et nous suivons nos filles dans leur tournée car elles connaissent à peu près tout le monde depuis le Grand Pavois de La Rochelle.

Elles nous présentent d'abord Patrick Benoiton, de la revue Bateaux, le premier à avoir écrit quelque chose sur nous. Ce journaliste navigateur a déjà couru la Mini-Transat, l'épreuve en solitaire à laquelle Damien aimerait participer un jour. « Vas-y mon gars, fonce ! » lui dit-il sans hésiter. « C'est une expérience que tu n'oublieras jamais. » Ensemble ils discutent des différents types de « minis », des architectes qui ont plus ou moins la cote et des bateaux usagés actuellement disponibles. Patrick avoue qu'il souhaite la refaire en septembre prochain, mais cette fois sur un meilleur bateau.

Nous serrons des mains, attrapons au vol un petit four, vidons quelques verres de rouge et, à mesure que les heures passent, notre accent fait son chemin parmi tout ce beau monde. Votre récit tombe au bon moment, nous répète-t-on. Beaucoup de familles voyagent, mais l'écriture est moins populaire qu'avant. À part les Meffre qui en sont à leur quatrième ou cinquième bouquin, et *Alacaluf*, publié l'an dernier, c'est plutôt tranquille.

Nous en avons la confirmation dès le lendemain. On nous a installé cinq tabourets au stand de la librairie Outremer et bientôt c'est la file en face du comptoir. Disons que l'effet de surprise y est pour beaucoup. Devant cette famille nombreuse, où chacun se concentre sur sa dédicace, le passant ralentit le pas. Il cherche ensuite la cause du rassemblement, repère l'écriteau qui annonce notre présence, s'approche un peu pour écouter la conversation en cours… et c'est là que le piège se referme. Notre manière de tourner les phrases, paraît-il. On aurait pu s'ouvrir un kiosque de sirop d'érable, le succès aurait été aussi fulgurant.

Blague à part, nous vivons là de beaux moments. Durant près de dix jours, par petites tranches de deux heures ici et là, nous nous offrons ce privilège de côtoyer des grands noms de la voile comme Titouan Lamazou, Gérard Janichon, Catherine Chabaud, Marcel Bardiaux et Alain Bombard, en répondant aux questions d'une clientèle intéressante, passionnée par la mer et curieuse de notre histoire.

De temps en temps, comme sorti de nos livres, un personnage apparaît. Paul, de *Nuage*, puis Dominique d'*Oumà*, des copains de mouillages aux Canaries, en Nouvelle-Calédonie et aux Chagos, que nous retrouvons dans la cohue du Salon. Et on a soudain la nostalgie des îles. Le goût de repasser de l'autre côté du miroir et de s'asseoir dans le cockpit, loin de toute agitation, un ti-punch à la main.

Sans doute la fatigue s'accumule depuis notre arrivée à Paris. Ce régime à haute teneur en conversations nous vide peu à peu, Carl et moi, de nature plutôt solitaire. Mais lorsque l'exposition ferme enfin ses portes, nous sommes tous satisfaits du bilan.

Damien a repéré un petit voilier de course de 18 pieds, le Sprinto de Michel Joubert, qu'il aimerait bien importer au Québec. Avec ses sœurs comme équipières, il ferait un malheur sur les lacs autour de

Montréal, en attendant de se lancer dans son projet de Mini-Transat. À ce sujet, il a rencontré le dernier jour un jeune skipper, David Raison, qui se prépare pour la prochaine édition et présentait la maquette du prototype qu'il est en train de construire. Cette option semble plaire à Damien. Qui sait, après tout, s'il ne plongera pas plus vite que prévu.

La veille de notre départ, nous fêtons les 61 ans de Carl au resto du coin, rue Lepic. Quand nos regards se posent sur lui, il y a toujours un instant de révolte, une volonté de nier la maladie, de l'effacer, de préserver par l'amour cet homme dont nous n'acceptons pas qu'il puisse un jour disparaître de nos vies.

Sandrine a passé un bras autour de son cou. Demain, elle reprendra la route avec Noémie. Nos filles fêteront Noël en Bretagne et descendront ensuite vers le Maroc. Plusieurs mois s'écouleront avant leur retour au Québec. Avant même qu'elles ne soient parties, nous avons déjà hâte de les revoir…

Damien ✍

22 décembre 1998

Paix avec moi-même

J'ai enfin trouvé le temps et la force pour recommencer à écrire. Je me sens très bien aujourd'hui et ça risque d'aller en progressant car j'ai réussi à arrêter de fumer de l'herbe. Même si la majorité des gens affirment que l'on ne devient pas dépendant du « pot », je trouve personnellement qu'à la longue on peut avoir de la difficulté à s'en passer. J'ai souvent essayé d'arrêter durant les derniers mois, mais à chaque fois je cédais sans bonne raison.

Cette fois-ci c'est différent, car je veux garder ma concentration et ma volonté pour mieux travailler sur mes projets. Depuis notre visite en France, je suis bien décidé à faire de la compétition à un niveau international. Comme première course au large, j'aimerais bien participer à la Mini-Transat. Elle a lieu tous les deux ans.

J'ai fait plusieurs rencontres intéressantes au Salon Nautique de Paris avec d'anciens coureurs ou d'autres qui se préparent. Nous avons discuté des différentes possibilités lorsqu'on se lance dans cette aventure. Certains décident de construire eux-mêmes leur bateau. Ainsi ils le connaissent mieux et, en plus, ils diminuent les coûts. D'autres préfèrent l'achat ou la location.

Tout ça me semble encore loin ! Je pense plutôt suivre le conseil de plusieurs : m'installer en France, travailler dans un chantier de construction navale et m'entraîner avec des copains sur leurs minis.

8 janvier 1999

Aujourd'hui, je suis allé porter mon *curriculum vitae* à la succursale des entrepôts « Jean-Coutu », car j'ai besoin de me faire un peu d'argent d'ici le début de l'été. J'ai aussi épluché les offres d'emploi dans La Presse et Le Journal de Montréal. Je trouve dur pour l'orgueil de regarder les petites annonces de livreur de pizzas !

Je préférerais du travail en figuration dans les films qui se tournent présentement à Montréal. Je ne suis pas intéressé à choisir n'importe quoi pour de l'argent.

Je n'ose pas trop en parler encore, car ce n'est pas certain, mais il se pourrait que je puisse suivre un stage dans un chantier de construction de bateaux en bois.

27 janvier

Je suis très heureux ces jours-ci, car pour une fois tout semble s'arranger pour moi. J'ai une petite copine et il y a du nouveau du côté de ma vie professionnelle.

Nous sommes allés, Louis, Carl et moi, au chantier dont je vous parlais. Lorsque Carl a sorti le plan d'un 6,50 mètres en lamellé-collé, recouvert de fibre de verre-époxy, le patron s'est montré très intéressé par l'éventualité d'une construction de ce type de bateau au Québec. Il serait même prêt à devenir notre conseiller si nous envisagions de le construire nous-mêmes.

J'hésite toujours entre démarrer un projet ici ou partir en France où je trouverais un meilleur encadrement. Carl et Dominique m'aident bien de leur côté. Ils me cherchent des commanditaires et écrivent à des architectes français. L'un d'eux, Gildas Plessis, viendrait nous rencontrer au mois de mars et nous donnerait plus de détails sur son dessin de 6.50.

3 février

Petite journée relax ! Vers 10:30, je me suis rendu à Longueuil, chez mes parents, pour écrire quelques lignes sur Internet. J'aime leur rendre visite, parler un peu, surtout depuis qu'ils se sont retrouvés seuls.

En juillet dernier, c'est d'abord moi qui ai quitté le bercail pour habiter à Montréal, en appartement, avec mon ami Carlos. Ensuite ce sont mes deux sœurettes chéries qui se sont envolées vers la France il y a cinq mois. Elles se trouvent présentement au Maroc. J'espère qu'elles seront prudentes car il paraît que les Marocains sont harcelants avec les jeunes filles.

10 février

Il y a des moments dans la vie où il faut être persévérant. Les jeunes comme moi qui veulent entreprendre une carrière dans le milieu de la voile doivent faire preuve d'un moral d'acier. Si j'aborde ce sujet ce matin, c'est que j'ai eu une petite déprime hier soir après avoir discuté au téléphone avec un ami de mes parents. Je lui demandais s'il pouvait m'obtenir des contacts auprès de compagnies en informatique pour de futures commandites. Sans trop penser à l'impact de ses paroles, il m'a conseillé d'oublier mon projet de Mini-Transat. Selon lui mes chances de trouver un commanditaire sont presque nulles car personne ne me connaît. « Ça serait plus facile si t'avais une jambe coupée » m'a-t-il dit, « au moins tu proposerais quelque chose d'original, tu courrais pour une cause ! »

11 février
Aujourd'hui, je reviens à l'attaque, encore plus déterminé.
J'ai rencontré cet après-midi Philippe Oulhen, le représentant de la voilerie North au Québec. J'avais déjà entendu parler de lui. C'est un marin d'expérience. Il a plusieurs transats à son actif et a navigué avec des skippers de renom comme Mike Birch. J'ai appris que le développement de la classe mini au Québec lui tient à cœur. Il croit que nous devrions former une association de futurs coureurs et propriétaires de minis.
Philippe m'a aussi proposé un stage de trois mois chez North Sails, à Toronto. Je dois y réfléchir.

18 février
Ce matin, lecture sur Internet, question de me mettre à jour dans le domaine de la course au large. Celle qui se déroule en ce moment s'appelle l'Around Alone. Il s'agit d'une course autour du monde en solitaire avec escales.
Il y a quelques jours, Isabelle Autissier détenait la première place au classement général des deux premières étapes. Malheureusement pour elle, à la suite du décrochage de son pilote automatique, son bateau a abattu de 90 degrés, causant un violent empannage, suivi d'un chavirage. Ce n'est pas la première fois qu'il lui arrive une malchance, mais cette fois c'est la pire. Elle a finalement été secourue par Giovani Soldini, un concurrent qui la suivait de près et l'a pris à son bord.
J'ai de bonnes nouvelles. Notre première rencontre de l'association québécoise 6.50 aura lieu samedi prochain, le 20 février.

21 février

Vive la voile au Québec ! Enfin un peu d'enthousiasme autour d'une table. Hier s'est tenue la fameuse rencontre de futurs coureurs en minis et de personnes intéressées par cette classe de bateaux. La réunion s'est bien déroulée et grâce à la présentation et aux idées de chacun, les choses ont progressé. Il y a déjà deux projets assez avancés, dont celui d'Alexandre et Marc-André ainsi que de leur architecte, présent lui aussi. Ils n'ont pas beaucoup parlé du bateau car le secret entoure son gréement révolutionnaire. L'autre projet sérieux est entre les mains de Simon Lebrun, qui possède les plans d'un Finot-Conq et un bon budget de départ. Il est appuyé par l'Institut maritime de Rimouski.

Il faut s'entendre maintenant sur un même plan de batcau et faire un moule pour en tirer plusieurs copies afin de réduire les coûts. Hugo Lépine, de chez SN Composites, était présent. Il serait intéressé à ce que leur chantier construisent les coques et les appendices. Il reste encore beaucoup de points à discuter comme le choix entre une quille fixe et une pendulaire, des ballasts ou non, etc.

Il y avait aussi un dénommé Sylvain qui veut s'occuper d'importer le Pogo, un 6.50 de série fabriqué en France. Personnellement, les minis de série ne m'intéressent pas, mais cela faciliterait la création d'une classe de course au Québec.

À la fin de la réunion, Hugo Lépine m'a proposé de suivre un stage rémunéré de 32 semaines au chantier. Ensuite, Philippe Oulhen m'a demandé si j'avais réfléchi à son offre. Je lui ai expliqué que je venais tout juste d'en recevoir une autre et qu'il fallait que j'y pense encore un peu. Alors, demain je vais aller rencontrer Hugo et son associé Michel Duquet à Châteauguay. Mon problème, c'est que j'ai déjà travaillé dans une voilerie, mais que je ne connais rien aux composites. Je suis donc tenté de choisir cette dernière proposition, surtout si je décide de construire mon bateau.

6 mars

Ma première semaine au boulot s'est très bien déroulée. Je m'étais imaginé que construire des voiliers performants était un travail stressant. Au contraire, les employés et les patrons le font dans une atmosphère détendue.

En plus, comme j'aime les voiliers, tout ça est passionnant. Je vais découvrir chaque étape de la construction d'un bateau en composites, ce qui me servira peut-être plus tard. Nous travaillons en ce moment sur un catamaran de 37 pieds dessiné par John Shuttleworth. Il y a aussi un trimaran de 40 pieds fabriqué en kevlar-carbone.

15 mars
J'ai passé une belle fin de semaine. Gildas Plessis, l'architecte français dont je vous parlais, est arrivé au Québec. Carl et moi avions préparé cette rencontre et l'attendions avec impatience. Nous l'avons mieux connu durant ces deux derniers jours. Il est sympathique et très professionnel. Il a déjà dessiné une soixantaine de bateaux, des monocoques et des multicoques, de 5 à 15 mètres.
Son plan de 6.50 semble réunir les caractéristiques d'un bateau vainqueur : quille pendulaire, deux dérives asymétriques, ballasts longitudinaux, bout-dehors de 3 mètres, etc. Par contre, ce bateau n'existe que sur papier, aucun exemplaire n'a jamais été construit. Je dois donc en discuter avec les autres, qui préfèrent choisir un cabinet d'architecte plus connu, comme Finot-Conq, dont les bateaux ont déjà fait leurs preuves.

24 mars
Mon niveau d'inquiétude est enfin tombé depuis que mes petites sœurs nous ont donné signe de vie. Elles sont toujours au Maroc mais s'apprêtent à retourner en Espagne. Je m'ennuie d'elles et commence à compter les jours. Si tout va comme prévu, elles reviendraient début mai. Elles voulaient voyager plus longtemps, mais du travail les attend à l'école de voile Mystère, au lac des Deux-Montagnes. Elles devront se familiariser avec les catamarans avant de commencer à enseigner.
En écrivant ces lignes, je me rends compte que pour la première fois de ma vie, tous les membres de ma famille sont très loin de moi. Évangéline travaille avec une équipe cinématographique IMAX qui filme la migration des caribous dans le Grand Nord québécois. Mes parents, de leur côté, font du ski de randonnée sur la Côte-Nord, passé Natashquan. Carl est allé rejoindre Dominique, partie la première il y a 15 jours.
J'ai hâte qu'on se retrouve enfin tous les six.

Le royaume (Dominique)

Il y a toujours un risque à revenir sur les lieux du passé. En ce début mars 1999, je ralentis pourtant devant l'écriteau « Rivière-à-la-Chaloupe », cherche l'ouverture entre les bancs de neige et immobilise ma camionnette derrière l'unique voiture. Des traces de motoneige glissent vers la mer, vers l'ancien « village abandonné », comme je l'appelais jadis…

J'avais 16 ans lors de mon premier voyage sur la Côte-Nord. C'était l'hiver. En compagnie de deux autres étudiants et de leur professeur de cinéma, je venais de parcourir plusieurs centaines de kilomètres sur le pouce entre Montréal et Sept-Îles, d'où il fallait prendre l'avion. Un vieux bimoteur DC-3 nous avait ensuite déposés à Rivière-au-Tonnerre, notre base pour les deux prochaines semaines. De là, nous visitions d'autres villages, selon nos humeurs ou les invitations reçues.

Ce jour-là, nous répondions à celle de deux trappeurs dont le camp se trouvait à quatre heures de raquettes le long de la côte. Cette longue marche me plaisait. Loin devant les autres, j'avançais sur la piste avec le sentiment d'ouvrir ma voie, comme un brise-glace dans l'aveuglante lumière de janvier.

Un peu avant d'arriver, nous avons pris le thé dans la forêt. Gilles et Anne-Marie sont ensuite partis devant, nous laissant, à Carl et moi, le soin d'éteindre le feu. Même s'il enseignait au Cégep Saint-Laurent où j'étudiais, je le connaissais à peine. C'est lui qui avait eu l'idée de ce voyage. Il était déjà venu ici à deux reprises en été, dans son fidèle pneumatique, un Zodiac Mark III, et décrivait la région comme l'un des plus beaux coins du Québec. Il aimait les gens et l'aspect reculé, accessible seulement par la mer, de cette côte qui s'étirait à n'en plus finir jusqu'au Labrador.

La veille, dans le salon de Madame Anna chez qui nous prenions pension, il m'avait attrapée au passage tandis qu'il parlait au téléphone, et tenu serré contre lui. Surprise par ce geste dont je ne savais trop quoi penser, j'attendais la suite.

Il ne se passa rien de bien précis cet après-midi-là, mais au terme de notre marche, j'ai su que nous venions d'arriver très loin.

Construit sur les hauteurs de la rive, La Chaloupe dominait un havre naturel couvert de glaces, planté devant la mer avec un détachement de paradis perdu. Une seule maison se dressait parmi les ruines des autres. De la fumée s'en échappait, à laquelle, fatigués et affamés, nous prêtions des odeurs de lièvre et des promesses de repos au coin du poêle.

Notre entêtement à vouloir marcher en raquettes jusqu'ici, alors qu'il eût été si simple de venir en motoneige, amusait nos hôtes. C'est vrai que nous formions un groupe original en cette saison où personne ne voyageait beaucoup. Je crois que c'était nous, les filles, qui étonnions le plus Albert et Wyndam Bound, ces vieux trappeurs habitués à des « créatures » plus traditionnelles. Vêtues de nos chemises à carreaux, les cheveux raides et tombant sur les épaules sans aucune recherche pour plaire, Anne-Marie et moi semblions davantage sortir du bois que de la grande ville.

Cette région convenait parfaitement à mon caractère sauvage. Plutôt timide, je m'acharnais souvent dans un silence volontaire, laissant l'art de la conversation aux autres. Pourtant j'étais présente, concentrée en une forme d'attention particulière, un peu comme ces bêtes qui s'approchent du cœur des hommes à leur insu.

Dans ce village abandonné, je me sentais chez moi. Chaque promenade me ramenait devant la mer. L'horizon de glace laissait deviner le large et mon esprit accueillait l'avenir comme s'il avait toujours su qu'il commencerait ici. Il était normal que je tombe amoureuse, à la fois de La Chaloupe et de l'homme qui m'y avait amenée.

Durant les quelques jours passés là-bas, nous avons échangé très peu de paroles, Carl et moi. Nous marchions ensemble parfois pendant des heures, ouvrant la piste à tour de rôle, puisant déjà l'un dans l'autre une force tranquille. Aujourd'hui, j'aime à penser que nous obéissions à la même impulsion qui unit les loups solitaires.

D'autres voyages allaient confirmer cette alliance, en Zodiac, en canot ou à la voile. Mais c'est ici, à pied, que nous avons marqué notre tout premier territoire. Un territoire de silence, plus près de la mer que des hommes.

Vingt-six ans se sont écoulés depuis ce moment qui demeure l'un des plus forts de ma vie. Nous sommes retournés à La Chaloupe plusieurs fois, été comme hiver, avant que la route ne soit ouverte entre Moisie et Rivière-au-Tonnerre. Maintenant, le « village abandonné » ne l'est plus. Les familles à qui appartenaient les terrains sont revenues y installer des roulottes ou se construire des chalets, parfois même des maisons.

Aujourd'hui, par chance, j'arrive un jour de semaine. Comme jadis, de la fumée s'élève d'une seule cheminée, mais là s'arrête la ressemblance. Pour ne pas lever ma tente parmi la vingtaine d'habitations qui s'étendent des deux côtés de la rivière, je poursuis plus à l'est, le long de la mer.

Je suis seule avec Loula. Elle est en chaleur et comme je ne veux pas d'une portée de chiots, Ti-Loup, son mec, viendra nous rejoindre avec Carl d'ici une dizaine de jours. Ce sont des vacances de filles, en quelque sorte…

Ensuite, nous irons tous ensemble à Natashquan, ou plus exactement à Pointe-Parent où s'arrête la route, et de là nous rallierons le village suivant, Kégaska, en skis de fond avec les traîneaux. Une semaine aller-retour, si la météo le permet. Pour cela, il ne faut pas que les rivières dégèlent, comme l'année dernière à pareille date.

J'aimerais passer deux ou trois jours ici, et c'est pourquoi je cherche un coin paisible. À une centaine de mètres du village, en coupant à travers la pointe rocheuse, Loula et moi débouchons sur l'anse voisine. Je repère un gros sapin dont les branches les plus basses me protégeront du vent. J'ai tout juste le temps de m'installer avant le coucher du soleil.

À l'intérieur de la tente, j'étends les matelas et duvets, prépare une soupe que j'avale par petites gorgées. La nuit sera froide : -20 °C. Je me glisse dans mon sac de couchage, habillée des pieds à la tête. Bien enfoncée dans cette obscurité douillette, je me sens protégée, comme dans ces abris que l'on dresse, enfant, avant de s'endormir, entre soi et le monde extérieur peuplé de créatures menaçantes.

Le lendemain, dès l'aube, nous quittons la tente et explorons les alentours. Notre nouveau territoire s'étend du ruisseau à Claude jusqu'à La Chaloupe. Quelques kilomètres à la lisière de la forêt et de la mer. Comme il a beaucoup plu ces derniers jours avant que la température ne chute à nouveau, la carapace vernie des plaines me permet de marcher sans skis, laissant une vague empreinte sur la neige glacée.

Loula s'engouffre sous les pins à la poursuite de lièvres, puis réapparaît en trombe dans la lumière rose et accourt me rejoindre sur les hauteurs des cayes. Je ne saurais dire qui de ma chienne ou de moi paraît la plus sauvage dans ce décor. Un même bonheur léger nous habite, épuré par le froid, la solitude, et le sentiment d'appartenance à un paysage.

Je me sens d'une étrange fidélité envers ce bout de pays aux frontières imprécises. Ses limites sont celles à l'intérieur desquelles mon histoire s'inscrit. Ici, j'ai aimé... là-bas, j'ai dormi sur la plage, le ventre arrondi par Évangéline, ma première fille... Et mes rêves échappés durant ces brefs séjours continuent de planer dans ce grand dépouillement de rochers silencieux, couverts de neige.

De retour au campement, je prépare le café, mange une barre tendre durcie par le froid, mélange maison de lait condensé sucré, chocolat, flocons d'avoine et poudre d'amande. Bientôt, il faut repartir en vadrouille, ne jamais s'arrêter jusqu'à l'heure de la soupe, sinon l'air devient mordant. Ou alors, vers midi, une courte pause au soleil, assise avec Loula sur sa vieille couverture, à passer mes mains dans son poil noir bouillant, et à regarder autour de moi en cherchant à comprendre...

Y a-t-il des lieux que l'on se doit de découvrir tout au long d'une vie ? Des lieux comme des clefs... En y accédant, on ouvre une porte à l'intérieur de soi et on pénètre un peu plus loin. J'ai franchi la première ici, l'hiver de mes 16 ans. D'autres lieux ont suivi, sur les bords de la rivière De Pas, le long de la Moyenne-Côte-Nord, puis, finalement, sur l'océan. Aujourd'hui je reviens m'allonger devant la mer, comme une louve grisonnante au pelage givré, dont les petits se seraient peu à peu détachés pour courir leur propre territoire.

J'ai besoin de repos, besoin de nourriture. Les yeux mi-clos, je m'abandonne à cette terre. Et si ce royaume est le mien, j'en implore tous les esprits afin qu'ils renouvèlent leur sortilège, et que monte en moi l'énergie, la force et le courage de poursuivre ma route.

Au matin du troisième jour, les nuages obscurcissent l'horizon et je décide de lever le camp. Selon M. Arsenault que je croise au village, on annonce de la neige et des vents forts du nord. Il m'apprend aussi la mort de notre vieil ami Wyndam Bound, le trappeur. Son corps a été incinéré à Sept-Îles, le jour de mon arrivée ici... Une délivrance pour cet homme de 83 ans, de l'avis de tous, car sa jambe le faisait souffrir depuis plusieurs années.

Calme plat sur le fleuve : à 3 ans, Damien prend un départ au moteur.
Après la griserie de la vitesse, la passion de la pêche...
ou la joie d'attraper aussi gros que soi.

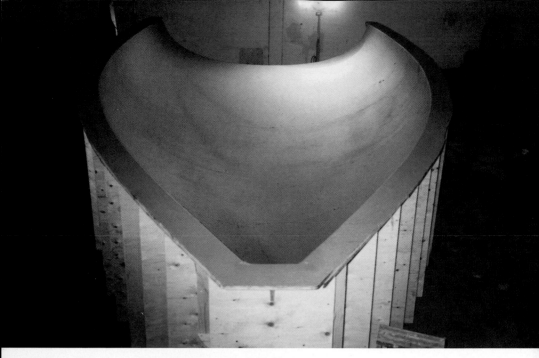

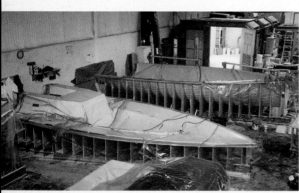

Étapes de la construction au chantier Atlantix.

Ci-haut : moule femelle de la coque.
Ci-contre : technique du sous-vide.
Ci-dessous : démoulage de la coque.

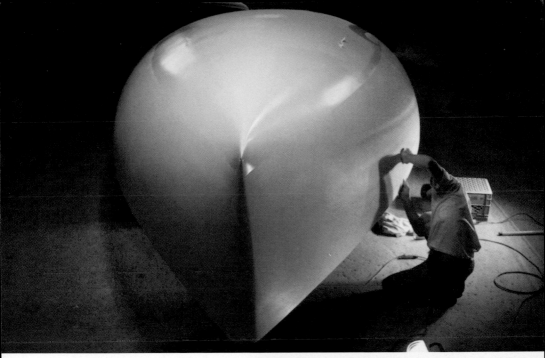

Préparation de la coque
pour la peinture.

Lisse et belle comme
un miroir, la couche de
finition reflète
la joie de Damien.

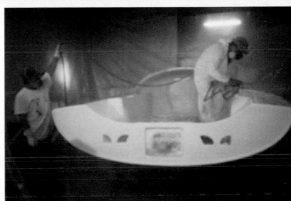

Pose de l'accastillage et installation de la quille pendulaire :
des opérations de haute précision.

Mon pèlerinage se poursuit le long de la côte, ponctué de tempêtes de neige se changeant en pluie verglaçante. Cette alternance de
temps froid et doux est désespérant. Déjà, l'an dernier, nous avons
dû renoncer à notre expédition vers Tête-à-la-Baleine pour cause de
débâcle hâtive. Je sens la déception de Carl lorsque je lui décris les
conditions pourries au téléphone. De mon côté, je suis déjà rendue
à Baie-Johan-Beetz et prête à faire demi-tour, après plusieurs jours
de tartes et confitures maison, éperlans et saumon... Entre deux repas chez Carmelle et Galixte, je marche jusqu'au bout de la « Pointe-
à-Dominique », surnommée ainsi depuis 1975, après que je l'eus
baptisée de mes eaux au sortir de la tente, quelques heures avant la
naissance d'Évangéline.

Une des particularités des régions côtières au Québec est sûrement la toponymie liée à la géographie des lieux. Les villages por-
tent de jolis noms composés où les îles, ruisseaux, rivières, anses,
havres et baies donnent la réplique à tous les saints. Ainsi je donne
rendez-vous à mon chum à Pointe-aux-Outardes, en amont de Baie-
Comeau, pour le lendemain soir.

Je stationne la Dodge Caravan tout au bout de la route, à l'entrée
du parc régional fermé pour l'hiver. Personne ne nous dérangera
cette nuit, d'autant plus que la tempête s'est de nouveau levée. Nos
mecs arrivent à la brunante, cahin-caha dans leur vieille « minoune ».
C'est un miracle que notre Honda Civic 84 ait tenu le coup jusqu'ici.
Un patrouilleur de la Sûreté du Québec a dû penser la même chose
car il lui a collé un 48 heures pour inspection. En d'autres mots, son
règne s'achève ici.

Ti-Loup, au septième ciel et tout tremblant de retrouver sa noire
Loula, se fait rabrouer assez vertement. Ses chaleurs terminées, la
dame n'est plus d'humeur à batifoler. En quinze jours, son univers
s'est à la fois élargie en un immense terrain de chasse, et rétrécit à
une complicité sans exubérance avec sa maîtresse. Elle n'apprécie
guère cette intrusion envahissante dans notre petit univers clos.

Je suis plus conciliante. Loin de grogner après mon homme, je
l'invite à se mettre à l'aise. En plein hiver, à l'intérieur d'une camionnette, cela signifie s'allonger sur le matelas en se glissant dans son
« quatrième dimension », un sac de couchage garanti -27 °C, et se
laisser servir une assiette de saumon avec un verre de vin blanc,
suivi d'une pointe de tarte... Tout cela à lueur d'une bougie, pendant que le vent hurle dehors et que la neige nous isole peu à peu
du monde extérieur.

Chaque bouchée de ce savoureux repas, préparé par nos amis de Baie-Johan-Beetz, réveille en Carl le désir… de se retrouver là-bas.

Décidés à tenter notre chance, nous roulons donc à nouveau vers Natashquan, avec les haltes obligées le long de ce parcours qui nous appartient aussi à tous les deux. Rendus au bout de la 138, le matériel de camping est placé dans les poulkas. Des jeunes Montagnais de Pointe-Parent, accompagnés de leurs chiens, s'amusent à regarder nos préparatifs et à faire aboyer les nôtres, attachés sur le bord de la piste. Ils nous montrent Ti-Loup du doigt, veulent savoir d'où il vient et ne sont pas surpris d'apprendre que c'est de la réserve voisine de Mingan. Avec sa taille plus petite qu'un husky, sa fourrure plus proche de celle du renard et son masque de loup, il semble tout droit sorti de la forêt.

Pour l'instant, nous ne savons toujours pas ce qu'il vaut comme chien de traîneau, pas plus que Loula d'ailleurs, mais le moment de vérité approche. En fait, nous leur demandons simplement de nous tirer, tandis que nous-mêmes, sur nos skis, tirons chacun notre poulka. Ils se trouvent ainsi à nous soulager du poids de leur nourriture. L'autre avantage est de les empêcher de courir partout.

Les villages de la Basse-Côte-Nord sont reliés l'hiver par une large piste à quatre voies, ouverte pour les motoneiges. Elle commence ici et franchit la rivière Natashquan au dix-septième kilomètre. Nous levons le campement un peu avant, à l'abri d'un boisé. Il vente et neige durant la nuit, comme pour renforcer notre bonheur d'être sous la tente. Au matin, tout est à nouveau calme. Il nous faudra deux autres jours pour atteindre Kégaska, situé à une quarantaine de kilomètres. Nos moyennes sont assez faibles, à l'image de notre condition physique.

On s'en fout. C'est notre premier essai en autonomie et nous sentons bien, au fil des kilomètres à travers ces vastes plaines, que le bien-être nous vient non pas de la distance parcourue mais, comme toujours, du plaisir d'avancer. Ti-Loup et Loula ont compris la nature du contrat. Ils se laissent atteler en fin d'avant-midi, tirent sans trop rechigner jusqu'à trois heures, et jouissent ensuite d'une liberté bien méritée, tandis que nous nous installons pour la nuit.

Nous renouons ainsi avec nos voyages d'antan. Un minimum de matériel et un but à atteindre, pour que nos esprits tendent vers lui.

Ces gestes des centaines de fois répétés depuis que nous sommes ensemble, des gestes de nomades, qui nous mènent d'un endroit à un autre, cette manière de raidir la toile d'une tente et de nous allonger côte à côte pour trouver le repos, quel secret portent-ils en eux pour que nous y revenions, toujours, même après avoir fait le tour de la terre ? Quelle réponse à notre quête de l'existence ?

Peut-être que l'accès aux plus grands royaumes est d'une simplicité désarmante. Et que si l'on visite certains lieux pour leur magnificence, on va vers d'autres comme on va vers soi. Pour se retrouver.

Damien ✍

5 avril 1999

Avant-hier soir, je suis allé souper chez mes parents. Ils ont bien profité du grand air. Les nuits étaient froides, mais certains jours, en plein soleil, la neige commençait à fondre. Ils auraient pu rester coincés quelque part à cause du dégel des rivières. Ici, à Montréal, il n'y a plus un millimètre de neige sur les pelouses et les températures journalières varient entre 6 et 15 °C. J'ai aussi parlé avec Évangéline qui m'appelait du Grand Nord. Elle est cuisinière pour l'équipe de tournage et s'entend bien avec tout le monde. Elle leur avait fait cuire des ombles chevaliers, pêchés dans la rivière à côté du campement. J'en salive juste à y penser.

Hier après-midi, j'avais rendez-vous à la *V'limeuse* avec Carl et Dominique. J'ai pu admirer la nouvelle table du carré. Stan, qui s'occupe de la menuiserie à bord, nous a fait une véritable œuvre d'art. Elle est tellement belle que j'aurais peur d'y poser mon assiette.

26 avril

Je suis plus occupé que jamais avec mon projet de Mini-Transat. Nous avons passé la fin de semaine à monter un premier dossier de commandite. Il a fallu l'écrire rapidement car une compagnie démontrait de l'intérêt.

Nous communiquons toujours avec des architectes et des chantiers français afin d'avoir une idée des coûts de construction d'un mini là-bas, pour comparer avec les prix d'un chantier comme SN Composites.

Nous sommes en contact, entre autres, avec Pierre Rolland. Il a dessiné de nombreux prototypes qui se sont très bien classés lors des éditions précédentes. Il a aussi mis au monde le fameux Pogo, construit déjà à plus de 60 exemplaires qui forment la majorité de la classe série, avec le Coco et le Super Calin.

8 mai

Mes petites sœurs sont enfin arrivées de leur longue balade en Europe et en Afrique du Nord ! Elles ont visité la France, l'Espagne, le Danemark et le Maroc. Elles sont en pleine forme. J'étais très content de les serrer dans mes bras et de les savoir revenues saines et sauves. Nous avons décidé d'emménager ensemble en juillet prochain.

Mes parents, eux, quittent définitivement le condo à Longueuil dans quelques semaines et retournent habiter à bord de la *V'limeuse*.

Nous avons pris la décision d'acheter les plans de Pierre Rolland sans attendre que les autres fassent leur choix. Il n'y a rien qui bouge de leurs côtés. De cette façon, Hugo va être en mesure de nous faire une évaluation exacte des coûts de production d'une coque et des appendices. Il ne pouvait pas le faire tant qu'il n'avait pas de plan.

Franco Nuovo a consacré un éditorial complet sur mon projet dans Le Journal de Montréal. J'étais ému en le lisant. C'est très bien écrit. J'espère que cet article aura des répercussions intéressantes.

La Saint-Jean-Baptiste (Carl)

À l'extrémité du Port de plaisance de Longueuil, où sont relégués les bateaux qui passent l'été sur la terre ferme, quelques équipages voisins se préparent pour décoller à l'automne. Il y a *Églantine,* un C&C 39, juste sur notre arrière. Nathalie et Jean-François, jeune couple au début de la trentaine, savent qu'ils partent pour un bon bout de temps mais ignorent encore s'ils orienteront leur étrave vers l'est ou le sud à la sortie du golfe. Nous leur conseillons fortement les Açores. Tellement d'équipages qui voulaient aller loin ont été engloutis par les Bahamas ou les Antilles qu'il nous est difficile de recommander cette route.

Un peu plus loin, à portée de voix, Guy et Diane viennent d'acheter *Magellan*, ce voilier laissé à lui-même depuis l'automne dernier. Comment ont-ils su qu'il était à vendre quand rien ne l'indiquait? Coup de pot, le propriétaire qu'ils finissent par retracer pensait justement s'en départir. D'après ce que je crois comprendre, ils auraient conclu une bonne affaire. Je suis content pour eux, voilà une nouvelle clientèle pour la plaisance. Il y a dix ans, m'ont-ils avoué, ils seraient partis en roulotte motorisée pour la Floride. Aujourd'hui, ils se sentent prêts à mettre un peu plus d'inconnu dans leur quotidien de jeunes retraités. Guy est un ex-policier de la communauté urbaine de Montréal, brigade des stupéfiants. Nous ferons beaucoup de blagues sur ce sujet. Avec sa bonne tronche, il est difficile de l'imaginer en flic coriace. Nous le voyons mieux compter les sachets du dernier coup de filet et en faire les tests de pureté.

En ce début d'été, je commence déjà à redouter la chaleur. Elle me ralentit en temps normal et là, depuis que je reçois à tous les trois mois cette injection d'hormones, on dirait que la température de mon corps a augmenté de plusieurs degrés. Mais je regarde autour de moi et découvre des sources de réconfort. Près de nous, Daniel et Réal sur *Orca* forment un tandem surprenant. Depuis plusieurs mois, ils triment comme des forcenés sur ce bateau de bois qu'ils recouvrent de plusieurs épaisseurs de résine et de fibre de verre. Entre chaque couche, c'est la galère du ponçage, tâche qui semble avoir été assignée à Réal qui émerge de temps en temps de son nuage pour se secouer comme un sac de farine. Je ne connais pas leur entente mais, pour en baver autant, il doit s'être assuré une place à bord pour le premier embarquement. En attendant cette délivrance, ils se retrouvent chaque soir derrière quantité de grosses bières, coin Rachel et St-Hubert, au *Verre Stérilisé,* leur repaire attitré. Je paierais cher pour les voir se défouler parmi les habitués de la place, probablement tous adeptes de cet humour typique des tavernes d'antan, un mélange imbuvable de grosses blagues et de bouches pâteuses que nos mères ne sont pas prêtes d'oublier.

Les jours défilent, malheureusement plus vite que les travaux dont on n'apprend jamais à évaluer l'envergure. Au point où l'on en vient à regretter d'avoir démarré tout ce cirque. Une autre voix donne aussitôt la réplique : « Trop tard pour reculer, mon homme, assume et tant qu'à faire les choses, ne les fais pas à moitié. Pourquoi n'en profiterais-tu pas pour effectuer une révision complète du moteur maintenant qu'il est sorti de sa cale. » Un mécanicien, venu lui tâter le pouls un an plus tôt avait pourtant été clair ; il valait mieux ne pas l'ouvrir car, une fois démonté en pièces pour remplacer quelques segments sur les pistons, on ne refermerait pas le tout sans avoir examiné les coussins du vilebrequin, fait planer la tête, découvert une surprise ou deux, etc., et avec ce minimum, on ne s'en tirerait pas en bas de sept à huit mille dollars. « Il tourne bien, brûle un peu d'huile et perd de la compression, mais ça ne vaut pas le coup... si c'était moi, je n'y toucherais pas. »

Et moi, le pas fin, sur la recommandation d'un ami qui connaît un professeur de mécanique à l'Institut Maritime, je crois prendre la bonne décision et confie à ce dernier mon six cylindres Renault Marine, l'imaginant entre bonnes mains. Ce type devrait me coûter moins cher, me dis-je, puisqu'il effectuera le travail chez lui et à temps perdu, d'où une facture coupée au moins de moitié.

Onze mille dollars plus tard, et après avoir eu affaire à un personnage douteux, je regrette amèrement mon excès de zèle. Il ne me reste qu'à souhaiter que derrière son attitude trouble se cache quelqu'un de compétent. Le travail terminé, j'ai pu constater que mon 140 chevaux démarre bien et fonctionne normalement. Mais pour combien de temps ? La garantie, me direz-vous ? Je n'y penserais même pas.

Pendant ce temps, Damien pense toujours Mini-Transat et je me réjouis de ce choix, en accord parfait avec ce qu'il connaît le mieux, la mer. Avec le recul, j'avoue avoir été inquiet pour lui quand je l'ai vu, à la fin de son secondaire, échouer au Cégep du Vieux Montréal, en Sciences humaines. Je savais que ce choix était un geste de bonne volonté de sa part mais qu'il pouvait aussi être le début d'une longue suite de tâtonnements. Nous entendons trop d'histoires où la vie permet seulement de faire ce qu'on peut et non ce qu'on veut. J'en voulais également à ma fibre paternaliste qui avait cherché à l'aiguillonner de quelques suggestions de carrière à divers moments où nous parlions de son avenir. Avais-je trop insisté pour qu'il s'oriente vers la biologie marine ou l'océanographie, alors qu'il était aussi peu doué que moi pour les sciences pures ?

Le mois dernier, nous avons acheté les plans du 6.50, la seule valeur sûre que nous ayons à ce stade-ci. Il reste à trouver un autre 110 000 $ et, le plus naturellement du monde, je commence à penser au financement. Cette perspective me passionne décidément plus que la rénovation marine. J'ai confiance et ne cesse de le répéter autour de moi. Je pars aussitôt en croisade auprès des multinationales. Alcan, Bombardier, Danone, Nortel, je me fais une longue liste de tous ces géants qui m'apparaissent comme des citadelles imprenables. Il faut trouver la bonne personne dans ces méga organisations et j'en fais un mot d'ordre : pas la peine de se présenter à la réceptionniste, il faut aller directement dans la chambre à coucher du grand patron. Nous penserons, quelques mois plus tard, être parvenus à celle de Pierre-Karl Péladeau, chez Canoe.com, le portail de Québécor. Peine perdue. Sans doute n'est-il pas venu coucher ce soir-là.

Je me rends compte que les temps ont terriblement changé depuis l'époque où je construisais la *V'limeuse*. Les compagnies semblent s'être passé le mot et ne souscrivent qu'à des projets communautaires ou à des œuvres de bienfaisance. D'après les réponses qu'on me fait, la misère de la planète semble une mode plus qu'une réalité affligeante. Autre constatation, les projets individuels, comme la course en solitaire, sont perçus comme des activités de jeunes bourgeois. Il est plus de mise de faire traverser l'Atlantique à un paquebot rempli de jeunes délinquants en réinsertion sociale qu'à un citoyen ordinaire, de peur qu'il ne s'épanouisse au détriment des plus malheureux. Fuck ! comme dirait Foglia.

La chaleur s'accentue et je constate avec plaisir que je ne suis pas seul à en ressentir les effets. Je vois Nathalie d'*Églantine* qui gonfle une barboteuse d'enfant et l'installe sous leur échelle, en faisant suivre l'invitation de venir nous rafraîchir quand ça nous tente. Sur le coup, je fais la tête du gars trop fier pour même y songer, loin de me douter que quelques jours plus tard, nous viendrons y patauger en arrosant de façon mémorable la fête du 24 juin.

Commencé à la bière, le bain de fessier, allongé à grandes rasades de rhum, nous fait glisser imperceptiblement sur le dos. Dominique a déjà de l'eau jusqu'au menton, mais personne d'entre nous, secoués de rires gras, ne la croit capable de se noyer sous nos yeux. Pourtant il faut la redresser une première fois. Ce ne sont pas les gros bras qui manquent. Debout près de la piscine, Jean-François, trop grand pour se joindre à nous avec ses six pieds deux pouces, et Yves, le flic sympathique qui offre la tournée, s'affrontent gentiment pour l'instant. Visiblement, Jean-François ne porte pas les flics dans son cœur. Il revient constamment à la charge et continue à piquer Guy avec une hargne mal dissimulée. La scène me fait penser à un affrontement entre policiers et manifestants. Guy, impassible derrière sa visière et son bouclier, agite sa matraque mais ne frappe pas. Il s'est fait dire que le défilé serait pacifique.

De mon côté, je commence à battre des jambes lorsqu'une partie de mon estomac cherche à revenir à la surface, moi qui ne suis jamais malade en mer. Les deux sauveteurs, devant l'imminence du danger et oubliant leur différend, interviennent *manu militari*. Je suis une loque qu'on soulève et entraîne vers un robinet d'eau froide où je râle comme si on m'arrachait le cœur.

C'est à ce moment précis, à la suite de mes efforts pour vomir, qu'un minuscule caillou ou calcul rénal se détache quelque part dans mon système urinaire et se prépare à faire obstruction. Cela s'appelle une crise néphrétique et ce sera bientôt ma troisième.

La première, il y a 23 ans, fut d'une violence sans pareille. Ne sachant pas ce qui m'arrivait, le temps écoulé entre le déclenchement de la douleur et l'injection d'un calmant à l'hôpital de St-Hyacinthe prolongea ma souffrance. Aujourd'hui, je sais reconnaître le signe avant-coureur, un léger point dans le dos, bien entendu au niveau des reins. Sitôt sur la touche, il ne reste plus qu'à filer en trombe vers la clinique ou salle d'urgence la plus proche pour réclamer une dose de morphine comme l'habitué d'une piquerie.

En 1976, lors de cette première visite au tapis, et croyez-moi l'expression n'est pas trop forte car je me roulais par terre, nous habitions une maison de ferme isolée sur le troisième rang de

Saint-Denis-sur-Richelieu. Dans le contexte de ces années folles, nous devions offrir toutes les apparences de joyeux hippies qui passent leur temps à se défoncer. Ne sachant toujours pas quel mal me frappait, il a dû se passer une bonne heure avant que Dominique ne se décide à faire venir l'ambulance privée du village. Toujours est-il qu'à son arrivée en pleine nuit, l'infirmier-conducteur, devant les cris d'écorché vif de ce barbu à cheveux longs qui se contorsionnait à ses pieds, a cru un instant que je me tapais l'overdose du siècle.

Quand la sirène s'est tue devant la porte de l'urgence, c'est moi qui ai continué à hurler sur ma civière. J'ai béni celui ou celle, je ne me souviens plus, qui m'a enfin fait taire. J'ai appris qu'on vous administre ensuite un antispasmodique pour faire cesser les contractions et permettre au calcul de passer dans l'urètre. Le lendemain matin, j'urinais ce misérable débris de la grosseur d'un grain de sable, mais qui m'avait paru, tant la douleur était insupportable, de la taille d'un météorite.

Il n'empêche que toute cette histoire, survenue au moment où je débutais la construction de mon bateau, m'avait passablement ébranlé. Comment allais-je m'en tirer si pareille crise se reproduisait plus tard, en pleine mer ? J'en suis passé bien près en 1984 lorsque j'ai essuyé ma deuxième attaque. Heureusement, nous venions d'arriver à La Rochelle et nous étions bien tranquilles au ponton du port des Minimes.

Aujourd'hui, 25 juin 1999, Dominique fonce avec moi vers l'urgence de Charles-Lemoyne. Vers un de ces hasards qui transforment parfois le cours d'une existence. Là, autour d'une civière, se jouera tout l'avenir de Damien. Vous lirez plus loin le récit de cet incroyable concours de circonstances qui va nous permettre de faire construire la coque de *Dingo*. Damien en a fait le sujet d'une de ses chroniques publiées dans le quotidien La Presse. Disons seulement que nous allons réaliser là une très belle association avec le docteur Simon Phaneuf.

Nous avons trouvé un partenaire, mais il faudra encore quelques mois avant qu'un premier commanditaire ne soit prêt à inscrire son nom sur une voile ou sur la coque. Ce jour-là, je me décide à donner un coup de téléphone à Jacques Pettigrew. Je le connais très peu, l'ayant rencontré une seule fois, il y a bien une vingtaine d'années.

Le regretté Réal Bouvier se préparait à franchir le passage du Nord-Ouest sur le *J.E. Bernier II* et Jacques était équipier et caméraman. Les années ont passé et j'apprends qu'il a fait son chemin et est aujourd'hui à la tête d'une importante boîte, CinéGroupe, spécialisée dans le film d'animation.

Je me souviendrai toujours de cette brève conversation qui allait valoir 35 000 $:

— Salut Jacques, Carl Mailhot à l'appareil. Est-ce que tu te souviens de moi ?

— Et comment ! J'ai lu tes livres… Une belle histoire de famille… Qu'est-ce tu deviens maintenant ?

— Bien, je m'occupe de trouver des sous pour mon fils qui veut faire une course importante… Est-ce que tu connais la Mini-Transat ? Les gars traversent l'Atlantique en solitaire sur des petits voiliers de 21 pieds…

— D'accord, combien tu veux ?

— Euh ! ben, j'sais pas, je pensais d'abord te rencontrer pour en discuter.

— Combien tu veux, Carl ?

— Disons autour de 100 000 $…

— J'peux pas, mais prend un rendez-vous avec ma secrétaire, je serai de retour dans un mois, je pars adopter un enfant en Russie.

Nous ne réunirons pas tout le financement de cette manière, mais c'est tout de même un excellent départ. Il est vrai que j'ai eu beaucoup de chance dans les deux cas, même si elle n'était pas seule à peser dans la balance. J'ai aussi dans ma mallette un sujet en or : je propose une histoire toute simple, faite de courage et de détermination. À 22 ans, Damien s'apprête à vivre une expérience que les anthropologues qualifient de rite initiatique : pour se mériter le statut de chasseur au sein de sa tribu, le jeune homme part seul affronter le lion dans sa savane. Tout comme la bête, l'océan rugira parfois et rendra le combat difficile. En bravant l'inconnu et en se mesurant à 59 autres concurrents, Damien peut s'attendre à en sortir victorieux ou meurtri mais, aux yeux du public, il en reviendra forcément grandi.

C'est ce que pressentira Marc Doré, responsable des projets spéciaux à La Presse. En permettant à Damien de publier chaque dimanche pendant neuf mois le récit de son aventure, il va directement contribuer à l'énorme rayonnement qu'elle connaîtra.

Damien recevra un cachet pour chacune de ses chroniques et cela s'ajoutera à sa caisse, mais c'est en termes de visibilité que cette collaboration spéciale rapportera le plus. On peut donc affirmer que le journal La Presse, sans qu'il souscrive directement, deviendra un partenaire majeur.

De mon côté, j'apprendrai tout au long de cette campagne deux ou trois choses en qualité de préposé au financement. En dépit de tous les envois de dossiers, entrevues avec des personnes ressources de grandes sociétés, coups de téléphone pour tenter d'intéresser petites et moyennes entreprises, il y a un terrain où je me débrouille mieux : celui des approches individuelles. En d'autres termes, chaque fois qu'il est possible d'établir un lien de sympathie avec un interlocuteur, debout dans son bureau ou étendu sur un lit d'hôpital, j'arrive plus facilement à lui donner la piqûre.

Je peux dire aussi que grâce au réchauffement de la planète, ce mois de juin 1999 au Port de Plaisance de Longueuil marque un tournant décisif pour moi. Je me détache peu à peu des travaux sur la *V'limeuse* où je suis d'une piètre efficacité pour me consacrer avec plus d'ardeur à l'avenir de mon fils. Il m'apparaît très important qu'il soit le premier à mettre son bateau l'eau. Notre goélette, qui n'a jamais été pressée, peut bien attendre un peu.

Damien ✍

20 août 1999

Aujourd'hui, à 21 ans, je viens de signer mon premier contrat : l'achat d'une coque de 6.50 mètres, de la classe mini-transat, dessinée par Pierre Rolland, une valeur de 40 000 $. Je l'ai signé avec Atlantix Innovations Marines, le nouveau chantier de Hugo Lépine. À la suite de certains conflits avec son associé Michel Duquet, il a quitté SN Composites pour démarrer sa propre entreprise.

Mon bateau sera construit dans un moule femelle, ce qui va permettre d'utiliser la technique du sous-vide. Les moules (coque et pont) seront fabriqués au frais du chantier qui devient ainsi un commanditaire.

Ce sont Carl et Dominique, par l'intermédiaire du Groupe Nautique Grand Nord et Bas Saint-Laurent, la société à qui appartient la *V'limeuse*, qui ont signé le premier chèque de 10 000 $. Je me sens un peu mal de les voir investir autant d'argent. En même temps je suis très touché par ce geste qui prouve bien leur attachement à mon projet. En fait, nous allons poursuivre cette aventure ensemble.

De plus, notre premier partenaire majeur, le docteur Simon Phaneuf, nous a confirmé sa contribution de 40 000 $. Je vous raconterai une autre fois la manière dont Carl a rencontré ce médecin-homme d'affaires. Le destin est fort.

C'est parti ! Merci à la vie !

13 septembre

Ce soir à 23 heures, Carl, Évangéline et son copain François, ainsi que moi quitterons le Québec pour aller assister au départ de la 12e édition de la Mini-Transat. Le coup de canon se fera entendre à Concarneau, en Bretagne, le 26 septembre à 15 heures. Ils seront soixante-dix solitaires à prendre le départ. C'est l'édition qui compte le plus grand nombre d'inscriptions depuis vingt ans. Les années précédentes, les organisateurs limitaient le nombre de skippers à cinquante-cinq pour des raisons de sécurité. Il y aura 52 prototypes et 18 bateaux de série. Pierre Rolland, en tant qu'architecte, domine dans les deux classes avec un total de trente bateaux sur soixante-dix.

Évangéline et François forment notre équipe de tournage. Grâce à du matériel de location, caméra et micro, nous allons ramener des images des préparatifs et du départ.

Nous voulons aussi visiter des chantiers et rencontrer des maîtres voiliers. Un horaire bien rempli pour les deux prochaines semaines.

15 septembre

Je suis tout excité depuis notre arrivée en France. En route vers Concarneau, nous faisons un arrêt à la Trinité-sur-Mer.

J'aperçois aussitôt, amarré au ponton, un magnifique 60 pieds open jaune et rouge. C'est le fameux *Sodebo* de Thomas Coville, qui se prépare pour le Vendée Globe. Le skipper est à bord, mais nous n'osons pas le déranger.

Vive la France ! Au niveau de la voile, on se croirait vraiment dans un autre monde. Un monde futuriste pour un Québécois. Les marinas sont remplies de formidables machines de guerre. Sans aucun doute, la Bretagne est l'un des plus grands bassins de voiliers de compétition.

Un peu plus loin, je vois enfin mes premiers minis ! Si beaux avec leurs petits airs agressifs et la finesse de leurs lignes. Ils « jettent », c'est clair, comme disent les Français. Lorsque je mets les pieds sur le pont d'un 6,50 mètres pour la première fois, je suis vraiment étonné par sa largeur. C'est le bateau d'Erwan Tabarly. Ce dernier fait quelques ajustements sur son gennaker et je lui donne un coup de main en passant.

Nous parlons aussi avec Christophe Vanek, un Français établi en Australie. Il a loué *Spike*, un plan Finot-Conq construit en 1995, sur lequel il prendra le départ la semaine prochaine.

16 septembre

Ce matin, en me réveillant, je n'arrivais pas à me faire à l'idée que dans quelques heures j'allais apercevoir le sistership de mon futur bateau, construit dans un chantier à Brest. Pour la Mini-Transat, il porte le nom de son commanditaire : *Créaline*. À notre arrivée à Concarneau, j'étais déjà dans tous les états à la pensée de voir 70 minis regroupés dans le même port ! J'avançais sur les pontons, ne sachant plus où regarder tellement chaque bateau m'impressionnait, surtout les prototypes avec leur mât de 40 pieds, lorsque l'un d'entre eux, rouge et vert, a attiré mon attention. Au premier coup d'œil, c'était à mon avis l'un des plus beaux, et bien sûr il s'agissait de *Créaline*! Il a vraiment une belle gueule et tout le monde s'entend pour dire que c'est un excellent bateau. Dire que si tout va bien, je tiendrai la barre d'une aussi belle machine d'ici un an !

« Deux croissants, s'il vous plaît ! » (Évangéline)

Ah ! la France : le saucisson, le bon vin, la baguette et le camembert...

Ça, c'est vraiment chouette. Ce qui l'est moins, c'est la séance à la boulangerie, avant le déjeuner, oups, pardon ! le petit-déjeuner.

Elle commence toujours de la même manière, dans mon français le mieux articulé :

– Bonjour. Je voudrais deux croissants au beurre et deux pains au chocolat, s'il vous plait.

– Pardon ?

– Deux croissants au beurre et deux pains au chocolat.

– D'accord, deux croissants et deux pains aux raisins... marmonne la vendeuse.

– Non, deux croissants et deux pains au cho-co-lat.

– Qu'est-ce qu'elle dit ? fait la vendeuse en se tournant vers sa collègue.

Trois versions légèrement différentes et quatre clients morts de rire plus tard, la deuxième vendeuse s'approche et s'exclame haut et fort :

– Ça y est ! J'ai compris ! Deux croissants au beurre et deux pains au chocolat !

Je ne m'y ferai jamais, cette façon de ne pas comprendre ou ne pas vouloir comprendre me reste en travers de la gorge. Surtout quand la scène se termine par :

– Ah ! les Québécois, vous nous faites tellement rigoler avec votre accent.

J'aurais envie de répliquer :

– Vous aussi, chère madame, vous me faites sourire avec votre accent.

– Mais quel accent ?

– Bon d'accord, laissez tomber…

Nous sommes à Concarneau depuis une semaine pour assister au départ de la Mini-Transat. L'équipe est formée de Damien, Carl, mon copain François et moi. Ce voyage en France est d'abord l'occasion pour mon frère de voir enfin un mini en « vrai » et non pas dans un magazine de voile. Même si les plans de son propre 6.50 sont déjà achetés et que la construction des moules débutera d'ici quelques jours, il était important pour lui de venir noter certains détails de ces voiliers et de parler avec les coureurs.

Nous avons aussi comme objectif de réaliser un film vidéo d'environ trente minutes pour présenter cette course et dresser un portrait des skippers et de leurs petits bolides. Ce document visuel servira à des fins promotionnelles. Il sera présenté à d'éventuels commanditaires pour mieux situer le projet de Damien.

Nous logeons sur *Corentin*, un vieux gréement en bois qui a l'avantage d'être situé directement dans le port de Concarneau. Un copain français, Paul Leroux, rencontré à l'époque de la *V'limeuse* il y a plus de dix ans. Il travaille sur ce bateau et nous a gentiment offert d'y dormir puisqu'il n'est utilisé que pour de courtes sorties en mer. Le soir, nous nous retrouvons à bord pour préparer la bouffe et discuter des images tournées durant la journée. Tout cela bien sûr autour d'une bonne petite bouteille de rosée ! Et par les nuits qui courent, il est important de se geler un peu le cerveau le soir venu, car entre les ronflements assourdissants de Carl et le bruit des pare-battages qui frottent sur la coque, il est assez difficile de s'endormir !

Depuis quelques jours déjà, nous arpentons les pontons, les yeux grands ouverts devant ces petits bateaux de course qui s'élanceront bientôt vers les Antilles. Caméra à l'épaule, sous le couvert d'une équipe de télévision québécoise, nous faisons connaissance avec les coureurs. Nous avons beaucoup de succès. Il faut dire qu'avec notre accent, pas besoin de présentation !

Même si le départ n'est que dans une semaine, je commence à voir chez certains une gravité dans le regard, une concentration dans les gestes. Il ne faut rien oublier, tout doit être fiabilisé. On ne peut pas se permettre de découvrir une faiblesse à plusieurs milles de la côte. Un petit oubli à terre peut mener à de gros ennuis en mer.

Il règne une belle ambiance de complicité sur les pontons. C'est ce qu'on appelle « l'esprit mini ». Entre coureurs, on se donne des coups de main pour faire les courses de bouffe, une réparation dans le mât ou pour boire un verre, tout simplement !

Mais comment inviter tous les copains lorsqu'on dispose d'une surface de 6.50 mètres de long par trois de large ? Et bien, ce n'est pas grave du tout, on monopolise le ponton en entier et voilà, le tour est joué, *bar open* !

Je filme un de ces apéros, donné par Sébastien Magnen, vainqueur de la dernière Mini-Transat et qui remet ça cette année, avec un bateau fiabilisé au maximum. Nous profitons de l'occasion pour faire une petite « entrevue » avec lui, oups, je veux dire une petite « interviouuu »… Vaut mieux angliciser un peu notre français pour être compris. Comme l'autre jour avec Erwan Tabarly, le neveu du défunt Éric Tabarly. Carl lui demande s'il a eu de la difficulté à trouver des commanditaires. Voyant qu'Erwan fronce les sourcils, mon père allume et formule sa question autrement. Et Erwan de répondre, soulagé : « Ah oui, des *sponsors,* je comprends… »

Devant les minis, des tonnes de nourriture s'accumulent bientôt sur les pontons. Les bateaux sont tellement petits que tout doit être rangé avec beaucoup d'organisation. C'est drôle de voir la différence entre les provisions de bouffe achetées par chacun. Certains n'embarquent que le strict minimum, aucune gâterie ou luxe gastronomique. Ils partent pour gagner et le moindre gramme superflu n'a pas sa place à bord. Quand on parle d'obsession du poids, on mentionne toujours ce coureur qui serait allé jusqu'à couper le manche de sa brosse à dent ! Tous ne sont pas aussi maniaques et plusieurs ne regardent pas à la dépense en ce qui concerne les tablettes ou petits poudings au chocolat, les crèmes caramel, etc. Devant tout cela, je me dis que je serais probablement dans cette dernière catégorie, embarquant quelques kilos en trop pour le bonheur de mes papilles gustatives et de mon moral !

Le départ est prévu pour demain, mais la météo s'annonce violente. Ce matin avait lieu une réunion entre les skippers et les organisateurs de la course. La presse n'était pas admise. Plusieurs participants ont proposé de repousser le départ, mais la majorité s'est dite prête à affronter le mauvais temps et elle a remporté la décision. Toutefois, les organisateurs ne pénaliseront pas les coureurs qui, une fois la ligne franchie, reviendraient au port attendre le passage de la dépression.

C'est le grand jour. Des agents de sécurité interdisent au public l'accès aux pontons. Sinon ce serait la folie et les skippers ont besoin de calme pour les derniers préparatifs et les adieux. Malgré l'avis de mauvais temps, le soleil s'est pointé le bout du nez en avant-midi. Maintenant, le ciel se noircit à vue d'œil et la mer prend une couleur grise et froide.

Carl et moi embarquons à bord d'un bateau à moteur pour filmer le départ. Damien et François, officiellement photographes, se retrouvent sur un autre bateau. L'aspect cocasse de l'histoire, nous l'apprendrons plus tard, est qu'une fois le départ donné, Damien se rend compte que la pile de sa caméra est morte. Il doit donc faire semblant, durant les trois heures suivantes, de prendre des photos tout en ayant l'air professionnel et en espérant que l'absence de clic n'éveille pas les soupçons. Surtout que le capitaine est plein de bonne volonté : « Je vais me rapprocher de celui-là, pour que vous l'ayez en gros plan, d'accord ? » « Super ! » répondent en chœur François et Damien, le fou rire au bord des lèvres.

C'est un peu moins drôle à bord de notre bateau. Un problème avec le moteur nous ralentit, nous empêchant de rejoindre à temps les voiliers sur la ligne de départ. Nous devons rester à bonne distance, en espérant qu'ils passeront près de nous en tirant leur premier bord. Il y a de l'eau dans le fond du cockpit, nous avons les pieds mouillés et la fumée du moteur nous rend à moitié malades.

Les minis doivent virer quelques bouées en face du port avant de s'élancer vers le large, question de donner un spectacle aux centaines de curieux venus pour l'occasion. Un spectacle qui se transforme vite en cauchemar pour certains concurrents. Le circuit des bouées n'est pas très clair et le vent qui fraîchit ajoute à la difficulté des manœuvres. En plus, un grand nombre de bateaux spectateurs franchissent le périmètre de sécurité, augmentant la nervosité des skippers. Et ce qui devait arriver arrive : plusieurs minis entrent en collision soit avec un compétiteur, soit avec un observateur distrait.

Malgré les péripéties de ce départ tumultueux, je réussis à prendre de belles images. De retour au port, nous apercevons avec tristesse les minis blessés. On imagine facilement la frustration de ces hommes et femmes qui, après plusieurs années de dur travail, se retrouvent freinés avant même d'avoir pu quitter les abords de la côte. Ils inspectent gravement les blessures de leur bateau pour juger si une simple réparation suffira ou si leur rêve vient d'être fauché par la maladresse d'un bateau spectateur trop curieux ou par la fausse manœuvre d'un autre concurrent.

Durant les jours qui suivent le départ, les vents se déchaînent sur le golfe de Gascogne. La grosse dépression annoncée fait des ravages dans la flotte des minis. Les balises de détresse se déclenchent en chaîne et plusieurs coureurs sont hélitreuillés, abandonnant leur voilier à la tempête.

Assise sur les rochers où s'écrasent les vagues venues du large, je me demande dans quel état je serai dans deux ans. Si tout se passe bien, Damien prendra lui aussi le départ de cette course. Et ce jour là, la mer me fera peur. Parce qu'elle a déjà attiré à elle de nombreux marins. De plus, la Mini-Transat a la réputation d'être une course dangereuse dont le ratio de participants disparus en mer est le plus élevé. J'imagine déjà les nuits blanches si un coup de vent frappe la flotte alors que mon frère en fait partie. Et l'angoisse en attendant le classement de la journée.

Le vent siffle avec violence à travers les mâts des voiliers au port. C'est un bruit que je n'aime pas beaucoup, il me rappelle les nombreuses nuits où je ne pouvais dormir à bord de la *V'limeuse*. Quand le vent menaçait de faire déraper l'ancre du bateau, il fallait vérifier toutes les heures pour être sûr que nous ne dérivions pas vers le large ou vers la terre.

Je regarde le ciel qui se noircit à l'horizon, lourd de vent et de pluie. Que font-ils à bord de leur coquille de noix sur cet immense océan ? Que cherchent-ils ? Une partie cachée d'eux-mêmes ? Un secret que l'humeur de la mer leur fera découvrir au détour d'une vague ou d'un coin de ciel rouge flamboyant ? Ou peut-être est-ce dans l'œil d'un dauphin qui joue avec la vague d'étrave que certains retrouvent l'équilibre. Celui dont l'homme a besoin pour vivre dans un monde où l'absurdité humaine empiète trop souvent sur la beauté de la nature. Les dauphins ont trois priorités dans la vie : manger, jouer et faire l'amour. Il y a sûrement quelque chose à apprendre en les observant.

Damien ✍

12 octobre 1999

De retour au Québec. Je suis vraiment content d'avoir assisté au départ de la Mini-Transat. Ce fut vraiment génial. François et moi avons eu la chance de suivre les trois meneurs pendant de longues minutes. J'étais fou de joie en voyant Sébastien Josse sur *Créaline* en première position. En plus, il semblait avoir tellement de facilité à faire avancer le bateau ! Ça me rassure sur mon choix.

L'expérience de notre voyage en France fut des plus intéressantes. En plus de belles images, nous rapportons de l'information très importante, obtenue auprès des participants, des responsables de la jauge, des organisateurs, et surtout de l'architecte de mon futur bateau, Pierre Rolland, ainsi que du dessinateur de mes voiles, Alain Le Roux, qui travaille de concert avec Voiles Saintonge, à Québec.

Tout cela nous a éclairés sur des aspects très techniques des minis et nous a amenés à faire certains choix. Par exemple, nous avons pris la décision de commander en France le mât, l'une des parties les plus importantes d'un mini, car nos cousins ont l'avantage d'avoir testé de multiples profils depuis les vingt ans d'existence de la Mini-Transat.

Après avoir étudié les plans de pont des différents minis à Concarneau, j'ai aussi demandé à Pierre Rolland de modifier légèrement le cockpit de son dernier proto, ce qu'il a très gentiment accepté de faire.

Les visites de deux chantiers, dont celui d'Olivier Bordeaux où *Créaline* a été construit, nous ont également permis de créer des liens importants.

Enfin, les résultats de la première étape de la course ont confirmé ce que plusieurs ex-coureurs m'avaient dit. Il existe plusieurs niveaux de compétition au sein des 70 concurrents qui prennent le départ. D'abord, on retrouve le groupe de tête, les favoris sur les prototypes les plus performants. Ensuite viennent des skippers souvent moins connus mais qui se sont préparés sérieusement durant plus d'un an, parfois deux, dans toutes les conditions de vent et de mer, même s'ils n'ont pas nécessairement les bateaux les plus récents. Finalement, il y a ceux qui rêvent de traverser l'Atlantique, mais pas toujours à n'importe quel prix. Ainsi, deux jours après le départ de la course, une vingtaine de bateaux avaient fait demi-tour. Certains revenaient pour réparer. Mais d'autres ne se sentaient tout simplement pas prêts à affronter la dépression de 45 nœuds qui allait frapper dans le Golfe de Gascogne. Plusieurs de ces coureurs n'avaient jamais navigué sur leur mini dans plus de 25 nœuds de vent.

Ces observations m'ont enlevé un peu de pression. Maintenant, je sais quoi faire. Si je m'entraîne sérieusement durant plus d'un an, que j'apprends à connaître et à fiabiliser mon bateau dans des conditions de gros vent, je me présenterai bien plus confiant sur la ligne de départ... Rendez-vous en 2001 !

15 octobre

Coup de botte, camarade ! J'ai repris le travail depuis plusieurs jours. Comme je n'ai malheureusement pas eu l'occasion d'essayer un mini en France, je suis encore plus motivé en pensant que l'heureux élu sera mon propre bateau.

J'avais donc très hâte de remettre la main à la pâte de façon à faire avancer la construction. Avant de retourner au chantier, je m'étais dit que j'allais tout de même faire attention à mon caractère un peu excessif quand il s'agit de qualité et de précision. J'aime le travail bien fait et parfois j'ai tendance à exagérer, surtout pour tout ce qui touche mon futur bateau. Ce n'est pas toujours facile d'être à la fois client et employé d'un chantier. On m'avait prévenu et je m'y préparais depuis plusieurs mois. Malgré ce petit facteur de stress, la construction demeure géniale. Le fait d'analyser, de comprendre et d'exécuter chaque étape de la construction de son propre voilier permet de le connaître mieux que quiconque. Des liens d'affection vont se créer au fur et à mesure que mon petit bijou prendra forme. Déjà, après un mois de travail sur le moule de coque, je connais les moindres courbes et j'apprécie davantage les formes de cette bête de course.

Je suis aussi très heureux de mes rapports avec Hugo Lépine et son nouvel associé. Enfin des mecs qui voient grand ! Même si le nombre de voiliers neufs achetés au Québec est minime, le marché mondial peut sûrement aider à l'expansion d'un chantier naval montréalais. C'est dans cette optique qu'ils ont décidé d'investir dans la fabrication des deux moules femelles (pont et coque) qui servent actuellement à la construction de mon mini et seront prêts ensuite pour de futures commandes.

21 ans (Dominique)

Petit matin d'automne à bord de la *V'limeuse*. À peine avons-nous ouvert un œil que d'un bond les chiens sautent nous rejoindre sur la couchette. Loula pose ses pattes sur ma poitrine, me lèche le bout du nez. De la buée sort de sa gueule. Bientôt novembre, les premières neiges et l'interdiction pour nous d'habiter le bateau, car la cale sèche sera clôturée et cadenassée de 17 heures à 8 heures jusqu'en mai prochain.

Il nous reste encore trois nuits. Depuis que les chaleurs d'été sont finies, nous savourons chacune d'elles, blottis dans notre cabine où se côtoient l'ancien vaigrage en pin qui recouvre le puits de quille et les derniers aménagements plaqués chêne, tout en rondeurs.

Le jour, nous sommes rarement ici. Après le café, nous déménageons au Q. G., rue Curotte, dans le quartier Ahuntsic de Montréal, où se trouvent les ordinateurs, fax et téléphone, de quoi mener notre grande offensive à l'échelle du pays. Car, foi de V'limeux, si les Québécois n'ont jamais entendu parler de la Mini-Transat, nous allons remédier à cette lacune.

Je suis responsable du site Internet qui présente le projet de Damien. Lancé à la mi-septembre, il comptait une vingtaine de pages au départ. J'en ajoute trois ou quatre nouvelles par semaine qui suivent la construction du bateau, les états d'âme du jeune skipper et autres sujets d'actualité. Je prends plaisir à faire ces pages, à créer l'image de fond qui donnera l'atmosphère, puis à disposer les textes et photos. Rien de high-tech ou de flashant, mais un espace où l'on navigue facilement.

Nous venons d'ajouter une section vidéo, inaugurée par le premier clip d'Évangéline et François. Quatre minutes d'images, tournées au départ de Concarneau, où l'on voit les petits bateaux lancés comme des bombes, parfois gîtés à l'extrême car il ventait beaucoup ce jour-là. Notre équipe de vidéastes fait de l'excellent travail, capable de monter leurs images à domicile et de transformer tout cela en format Real, prêt pour Internet.

Cette semaine, j'ai aussi lancé la page des « amis du projet ». Après avoir longuement réfléchi aux différentes manières d'impliquer le grand public, cette invitation à ceux et celles qui ont envie d'aider Damien m'est apparue la plus simple. Chacun donne ce qu'il veut, récoltant un certain nombre de barres à roue selon le montant. Tous les messages accompagnant les dons sont retranscrits sur le site.

Le premier « ami » s'est présenté en personne, rue Curotte. Nous étions absents ce soir-là sinon nous l'aurions vertement sermonné, refusant sa contribution car il s'implique déjà bien assez avec la *V'limeuse*. Mais c'est Damien qui a ouvert la porte et s'est retrouvé avec une enveloppe dans les mains, sans avoir eu le temps de bien comprendre ce qu'il en était. Stan avait inclus un message qui disait ceci :

> Damien,
> J'tai observé pendant un bon bout de temps - mec - et
> maintenant je sais que t'es un sympathique et vraiment
> rusé V'LIMEUX !
> J'ai trouvé...
> ... que t'es gonflé comme un spi (qu'est-ce que le vent

souffle, dis donc !) de te faire engager dans un chantier comme employé et devenir chargé de projet sur ton propre bateau avec une équipe de passionnés en plus !

... que tu te mouilles d'aplomb (comme une quille bien lestée) dans la dernière technologie : fibre de verre-époxy, carbone, structure complexe, etc.

... que tu avais de l'allure (au portant comme au près serré) avec les grosses pointures comme avec les journalistes...

Oui, j'ai regardé tout ça...

Et ça m'a plu.

Alors, j'me suis « acheté un billet » pour être aux premières loges, pour pas dire carrément dans le « paddock » (j'ai très hâte de voir ton bateau ; j'ai appris que tu vas démouler la coque de ta « F.1 » en novembre). Ensuite j'me suis dit que...

...À la Loto 6/49 = argent perdu à presque tous les coups.

...Tandis que sur Damien = tu gagnes sur tous les bons coups, comme ...

- le rêve
- la course
- le bateau
- le plaisir de vaincre !

La vraie vie, quoi ! La défonce totale !

- Allez hop ! Champagne pour toute l'équipe ! (À tes frais ce coup-là, ha ! ha !)

Oui j'embarque avec toi le jeune, et je vais souffler dans tes voiles, et quand je rêve les nuits, je ris dans ma barbe du bon coup que je viens de faire.

Stan

J'aimerais moi aussi lui remettre une lettre, pour ses 21 ans. Depuis plusieurs jours, chaque matin, j'écris quelques lignes en prenant mon café. Je m'installe à la nouvelle table à cartes, mon endroit préféré dans le bateau, d'où je vois l'ensemble du carré arrière. Il ne reste plus grand chose d'origine. L'alcôve, par exemple, où Damien dormait vers la fin du voyage, a été démoli à notre retour en 1992.

On l'aperçoit sur certaines photos collées sur le vaigrage, souvenirs de belles scènes de notre vie en mer et à l'escale.

Ma mémoire ne cherche pas tant à recréer les détails du passé. Je survole plutôt ces années où mon fils a grandi à bord pour le plaisir d'y retrouver les étapes qui forgent un caractère. Ce qu'il entreprend aujourd'hui est à sa portée, j'en suis certaine. Je l'imagine très bien seul en mer, sur le bateau qu'il aura construit. Je crois même que c'est là-bas, plus que n'importe où ailleurs, qu'il prendra la pleine mesure de sa force.

Je me souviens d'une conversation que nous avons eue vers la fin de son secondaire. Damien ne comprenait pas comment nous, ses parents, possédions une telle énergie, alors que lui, à 18 ans à peine, traînait sa peau de la maison à l'école et vice-versa. C'est parce que nous avons fait des choix, lui ai-je dit, le tout dernier étant celui d'écrire, et que ce choix canalise notre force. Toi, tu te cherches encore. Tu ressembles à un lac aux eaux dormantes. Aie confiance, lorsque tu auras trouvé ce qui te passionne, ton énergie décuplera, tu seras comme cette rivière dont tu portes le nom et qui trace sa route vers la mer. Aucun obstacle ne t'arrêtera.

Trois ans plus tard, non seulement Damien s'est-il lancé dans une aventure exigeante, mais il suscite en nous le même enthousiasme. L'idée de construire un petit bateau de course océanique ici, au Québec, me plaît beaucoup. J'y vois une sorte de miracle de la nature… D'ici quelques mois, si tout se passe bien, on pourra annoncer que maman *V'limeuse*, notre grosse baleine de 20 tonnes en acier, vient d'accoucher d'un baleineau en composite, vif et léger, prêt à la faire tourner en bourrique à la première brise.

Le futur bébé en est encore au stade des plans, mais plus pour longtemps. La fabrication du moule femelle, dans lequel il prendra forme, achève. À la demande de Damien, le chantier Atlantix a engagé notre copain Louis Roy pour le contrat des moules de coque et de pont, un travail de haute précision. Il vient justement de terminer une formation avec un charpentier de marine et ce premier défi tombe à point. Damien était très heureux qu'il accepte de faire équipe avec lui. De plus, Louis offre au projet la différence entre son taux horaire habituel et celui, moindre, que lui paie le chantier.

En quittant la *V'limeuse*, tout à l'heure, nous arrêterons probablement là-bas, coin Hochelaga et l'Assomption. Nos visites hebdomadaires au chantier me permettent de suivre la progression des travaux. Pour moi qui ne connaissais strictement rien à cette méthode de construction, il est maintenant plus facile d'en vulgariser chacune des étapes sur le site Internet, photos à l'appui.

Maintenant je dois me lever car les chiens s'impatientent. C'est l'heure de la balade le long du fleuve, moment qu'ils espèrent matin et soir. À mon retour, le café sera prêt, le petit chauffage électrique aura tempéré l'intérieur du bateau et je pourrai terminer ma lettre…

27 octobre 1999

Cher Damien

21 ans, en soi, ne donne pas le droit d'être un homme. Ce droit s'acquiert par étapes, au cours d'une longue initiation à la vie. Et si l'on n'a jamais fini d'apprendre, on se réveille pourtant un jour avec le sentiment d'avoir suffisamment grandi pour choisir sa route.

Aujourd'hui, je me souviens de l'enfant qui découvrait le monde, tissant du balcon avant ses alliances avec les dieux. Un enfant pour qui la mer a tempéré ses humeurs les plus sombres…

Es-tu conscient d'avoir eu pour mères autant de havres protecteurs et pour pères, autant de guerriers adoucis ?

Toi, l'enfant privilégié dont le sommeil heureux, dans le ventre d'un bateau ivre, fut bercé plus de mille et une nuits.

Toi que le vent a dépouillé du superflu, de l'inutile…

Toi pour qui l'océan s'est fait maître, patient devant un aussi jeune apprenti.

Lorsque je t'observe maintenant, je retrouve encore l'expression des joies et des colères de l'enfant, mais sous les traits d'un homme, un homme reconnaissable non pas au simple passage des années, mais au don, corps et âme, qu'il fait à sa vie. Un homme que n'effraient ni ses rêves ni ses choix.

Te voilà prêt à mêler ta sueur à la fibre de ton futur allié, lui offrant déjà le meilleur de toi avant d'exiger le meilleur de lui. Ce bateau, à la fois puissant et fragile, créé pour la vitesse et la performance, bien sûr qu'il te ressemble. N'est-il pas né des contemplations muettes d'un jeune marin devant l'horizon ?

Tu le sais, moi qui t'ai gavé de lait et de tendresse avant de laisser à la mer le soin de nourrir en toi ce goût immodéré de liberté, je crois aux étapes à franchir et pour lesquelles nous avons besoin d'aide. Et pour cela je t'aide, encore aujourd'hui, même si tu es devenu un homme. Et pour cela, d'autres le font et le feront.

Parce qu'il est toujours beau de voir quelqu'un grandir. Parce que tout apprentissage donne un sens à la vie... et tout geste de solidarité, un sens à l'humanité.

Bientôt, si tout va bien, tu repartiras seul sur ton si petit bateau, avec un bien grand désir de vaincre et de faire ta place. De telles ambitions ne doivent jamais te faire oublier les forces en présence, et l'humilité nécessaire pour les affronter.

Éole et Neptune t'attendront, souriant dans leur barbe. À toi de leur prouver une fois de plus que tu mérites leur amitié. Et que tu as gardé ton cœur d'enfant.

Moi je n'aurai d'autre choix que de faire confiance à la mer. Et bien sûr, j'aurai un peu peur qu'en te retrouvant si grand, s'éveillent en elle des sentiments nouveaux, plus possessifs que maternels. Encore là, tu devras te faire reconnaître, à moins que cette fois, tu ne la préfères en maîtresse.

Damien, souviens-toi que les plus grands marins n'ont d'autre passion que ces navigations qui les mènent là où les autres ne vont jamais, sur des bateaux si beaux qu'ils bouleversent l'âme des terriens. Et qu'il n'existe plus grande gloire que celle d'être vivant sur ces océans de solitude. Tout le reste n'est que vaine ambition et ne t'obligera jamais à donner le meilleur de toi-même...

Je t'aime,

Dominique
ta mère parmi les autres.

Damien ✍

15 novembre 1999

Construction, construction, construction... J'en rêve la nuit.
Parfois je rêve aussi que je navigue sur des bateaux de course,
dont le mien, mais le plus souvent mes nuits sont tourmentées
par les soucis d'une construction ardue. J'ai l'impression de vivre mon aventure dans deux mondes, le rêve et la réalité, qui
se rejoignent à travers mes inquiétudes.

De temps en temps, je me force à prendre du recul. Je me répète à quel point je suis chanceux d'avoir les deux mains dans
cette résine qui donnera la rigidité à ma future petite bombe.

À d'autres moments, je suis découragé. Je voudrais que tout
soit fait à la perfection et ce n'est pas le cas. Les responsables
qui m'entourent n'apportent pas la rigueur que j'attends d'eux
et ça me contrarie. Ils devraient pourtant comprendre que la
construction doit être impeccable. Car lorsque je naviguerai en
solitaire et en course au milieu de l'océan, je devrai avoir une
confiance absolue en mon bateau.

En bout de ligne, cette expérience est sans doute une excellente préparation psychologique pour résoudre les futurs obstacles qui se dresseront devant l'étrave.

5 décembre

Le temps file très vite. D'un côté, cela fait mon affaire, car j'attends l'été 2000 comme je n'ai jamais attendu aucun autre moment de ma vie. De l'autre, je constate que toutes les étapes de construction sont plus longues que prévu.

Je prendrai mes premiers cours cet hiver à l'Institut Maritime et je m'y prépare. Chaque soir ou presque, je me plonge dans les livres de navigation. Durant toutes ces années à bord de la *V'limeuse*, je m'intéressais surtout aux manœuvres et je laissais mes sœurs tourner autour de la table à cartes. Pas trop la passion des calculs ! Comme mon père, quoi ! Maintenant je n'ai plus le choix. C'est ça, la navigation en solitaire... Tout faire tout seul.

Pour que ma petite tête n'éclate pas entre les défis de la construction et ceux de la navigation « théorique », Louis a eu une idée géniale. Il aime bien l'escalade et m'a proposé d'en faire avec lui dans un centre, à deux pas du chantier. Comme entraînement, c'est excellent ! L'escalade exige une bonne forme physique et un haut niveau de concentration.

Rien de mieux pour faire le vide deux fois par semaine. Je sors de là les muscles endoloris et l'esprit libéré des petits problèmes quotidiens. Disons que je m'entraîne à grimper en haut du mât plutôt que dans les rideaux comme me le reprochent parfois les responsables du chantier...

Louis et moi formons une super équipe. Il veut partir lui aussi, un jour, sur un voilier qu'il aura construit. En attendant, il vient de créer sa propre entreprise, *L. Roy Services Nautiques*, et il a aussi accepté de travailler au chantier durant les quelques mois nécessaires à la fabrication des moules et de mon bateau.

À part ça, grande nouvelle : un important commanditaire s'est joint au projet ! Il s'agit de CinéGroupe, une société spécialisée dans le divertissement qui réalise entre autres des films et des séries d'animation. Ce n'est pas la première fois que son président, Jacques Pettigrew, s'implique dans des projets de voile. Il faisait partie de l'équipage du *J.E. Bernier II*, comme cameraman, lors du passage du Nord Ouest à la fin des années 70. Il a aussi produit le film tourné par Yves Gélinas durant son tour du monde à la voile en solitaire.

Sa lettre d'appui se lit ainsi : « Le vent dans les voiles, l'air marin qui vivifie les poumons, le sentiment de liberté, le défi de conquérir les éléments combiné à l'adrénaline de la compétition... y penser éveille en moi de doux souvenirs et peut-être un peu l'envie de repartir. Je salue l'audace, la ténacité, l'imaginaire et le désir de pousser ses limites. »

Moi, je salue votre esprit d'aventure et vous remercie infiniment de cette confiance que vous m'accordez.

2 janvier 2000

Ce soir j'ai revu *2001: l'Odyssée de l'espace*, de Stanley Kubrick. Quel grand film ! Le titre m'a fait penser à ma propre odyssée, prévue elle aussi pour 2001.

Ma semaine de vacances se termine demain. Ça m'a fait beaucoup de bien. J'avais besoin de reprendre des forces et de faire le point sur la construction. Ensuite il fallait préparer le nouvel échéancier. Le mois de janvier, par exemple, s'annonce particulièrement chargé.

Le bateau doit être prêt, sans accastillage ni peinture, pour l'Expo Nautique de Montréal qui se tient du 5 au 13 février au Stade Olympique.

Il faut d'abord terminer la coque et le pont, les assembler et enfin appliquer une première couche d'apprêt. Comme nous n'aurons pas la quille en carbone, nous pensons en fabriquer une fausse en mousse pour donner une idée précise de sa forme. Parallèlement à la construction, il faudra réunir le matériel visuel pour le kiosque : panneaux illustrés et vidéo de 30 minutes du départ de la Mini-Transat 1999 qui sera présenté en continu. Nous voulons aussi concevoir et faire imprimer le logo du projet sur des tee-shirts, etc. Toute l'équipe va donc attaquer le nouveau millénaire en force.

Au chantier, tout se passe bien. Nous sommes maintenant trois à travailler ensemble sur mon bateau et nous avons adopté un bon rythme.

Il y a eu quelques retards au début. La construction des moules femelles a été longue, mais ce n'est pas perdu. Le fini de la coque et du pont en sera plus parfait. C'est une économie de temps et de poids puisqu'il faudra moins d'enduit. Excellent ! Ensuite nous avons dû attendre les modifications apportées par

Pierre Rolland, l'architecte, au système de fixation de laquille et à ses renforts. Le sistership *Créaline* avait eu des problèmes à ce niveau lors de la dernière édition de la Mini-Transat. Quelques jours après le départ de la seconde étape, Sébastien Josse naviguait au grand largue, entre huit et dix nœuds, lorsqu'un filet s'est pris dans sa quille et en a endommagé les points d'attache. Il a dû abandonner la course. Par chance, nous avons pu corriger cette faiblesse à temps.

8 mars

Je n'ai pas écrit depuis deux mois. Pas le temps. Ce fut une course complètement folle pour réussir à assembler le pont et la coque à moins d'une semaine de l'Expo Nautique. Grâce à un bon travail d'équipe, tout a été prêt à temps.

Lundi matin, le 31 janvier à 10:00, un craquement s'est fait entendre dans le chantier. C'était mon bébé qui sortait de son berceau. J'étais soulagé et très ému de le voir intact, de l'écouter prendre sa première grande respiration, même si l'air ambiant n'était pas aussi pur que celui du grand large qui l'attend.

Pas trop le temps de célébrer, il fallait déjà se remettre au travail. Les dernières nuits avant le début de l'Expo ont été plutôt courtes. Nous avons peinturé temporairement la coque en blanc et Louis a fait une fausse quille en mousse. Les visiteurs auront ainsi une meilleure idée d'ensemble du bateau avec tous ses appendices : quille, safrans et dérives.

Je ne suis pas prêt d'oublier la journée d'ouverture. J'avais très peu dormi, mais une fois sur le stand, la première entrevue à la radio, par téléphone, s'est chargée de bien me réveiller. Puis, coup sur coup, deux équipes de télé sont arrivées. Enfin, pour finir la journée en beauté, j'ai dû courir à Radio-Canada pour une dernière entrevue en direct à la radio.

Le soir même, à 18 et 22 heures, le reportage de Gilles Sirois était présenté au *Téléjournal* de Radio-Canada : une minute cinquante sur mon projet au bulletin de nouvelles. Super comme visibilité !

Deux autres équipes télé, cette fois des émissions pour jeunes, sont venues durant la semaine : *Le Petit Journal* de TQS et *0340* de Radio-Canada. Au total, durant le salon nautique, j'ai accordé huit entrevues radio et télé ! On commence à parler de Mini-Transat au Québec. Excellent !

Ce qui m'a surpris le plus, c'est l'intérêt du grand public, même si tous les visiteurs n'étaient pas des mordus de voile. Il y avait beaucoup de curieux qui examinaient ce petit bateau de 21 pieds aux formes extrêmes, conçu pour planer sur les océans.

Ils découvraient ensuite la Mini-Transat à travers le film qu'Évangéline et François ont réalisé spécialement pour le salon nautique : 28 minutes sur la dernière édition, avec des entrevues et de magnifiques images du prologue et du départ. Ils ont travaillé comme des fous, eux aussi, pour que ça soit prêt à temps.

Bien des amis et des gens qui suivent mon projet m'ont avoué qu'ils étaient surpris de voir que tout avance aussi vite.

Bien sûr, il reste encore la moitié du budget à trouver, mais j'espère toujours m'entraîner l'été prochain.

Maintenant le bateau est de retour au chantier et les travaux continuent.

22 avril

Lissage... Ponçage... Eh oui, j'ai ressorti mes planches à sabler, utilisées il y a plusieurs mois pour la finition des moules de coque et de pont. Cette fois, c'est beaucoup plus excitant car il s'agit du bateau lui-même. La fin février et tout le mois de mars ont été consacrés aux dernières stratifications à l'intérieur du mini et sur le pont. Maintenant, c'est l'étape finale avant la peinture. Et une fois de plus, ça demande de la patience. C'est long, parfois fastidieux. Des heures et des heures de ponçage, après l'application d'apprêt et d'enduit pour corriger les défauts et rendre les surfaces extérieures de la coque et du pont les plus parfaites possible, tout en surveillant le poids.

Si tout se déroule bien, le bateau sera peint début mai. Ensuite il quittera le chantier Atlantix pour aller à Verdun, dans un plus petit local où se termineront les travaux. Budget oblige, je m'occuperai moi-même des dernières étapes avant la mise à l'eau, soit la pose des appendices et de tout l'accastillage, l'installation électrique et la mise en place du gréement. Nous allons tout faire pour que le bateau soit présent dans le Vieux-Port de

Québec durant la semaine qui précédera le départ de la Transat Québec – Saint-Malo. J'espère que les copains qui m'ont promis un coup de main vont tenir parole. J'aurai aussi besoin des avis et de l'aide de spécialistes lors de certaines étapes plus délicates. Toujours avec les moyens du bord, bien entendu.

Côté finances, il manque encore des sous pour boucler le budget « bateau ». Même si nous espérons toujours une réponse favorable de la part des différentes compagnies qui étudient présentement le dossier, il faut que je trouve, en attendant, de quoi payer l'accastillage et les instruments de navigation. La Marina Gosselin m'offre une généreuse remise sur tout ce matériel, de même que Transat Marine, qui distribue le matériel Spinlock. Malgré cela, la facture demeure importante.

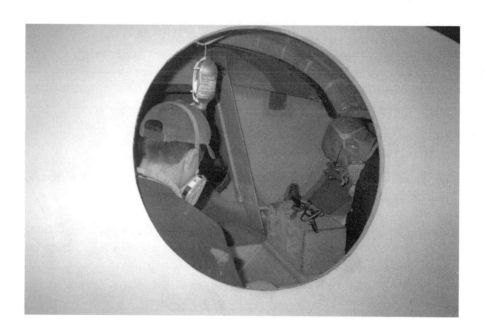

15 mai

« Le gâteau est cuit… »

Samedi dernier, nous avons cuit mon bateau afin de permettre à la résine époxy d'atteindre 100 % de ses propriétés mécaniques. Lors de notre visite en France, au départ de la Mini-Transat 1999, plusieurs personnes d'expérience dont l'architecte Pierre Rolland et quelques chefs de chantier nous avaient fortement recommandé cette opération.

Comme le prix proposé par le chantier Atlantix pour la cuisson était trop élevé pour notre maigre portefeuille, nous avons décidé de déménager le bateau plus tôt que prévu dans son nouveau local.

Ainsi, le 11 mai dernier, mon mini a pris la route en direction de Verdun, soit une promenade d'environ vingt minutes.

Petit stress, bien sûr, surtout quand le bateau n'est pas assuré… Mais tout s'est bien passé. Il fallait voir la tête des automobilistes devant cette silhouette de soucoupe volante qui traversait le centre-ville de Montréal, tout ça dans une belle lumière de fin de journée.

Entre-temps, Stan avait déjà commencé à construire le four pour la cuisson. Mais avant de cuire le bateau, nous avons dû faire des tests. Pour chauffer également le volume d'air enfermé dans cet espace, il faut à la fois contrôler l'apport de chaleur et sa distribution. Nous avons placé des capteurs de température un peu partout.

Au bout de quelques heures d'essais, nous avons compris qu'il fallait surtout un maximum de ventilation pour créer un courant d'air chaud circulaire le plus égal possible sinon, une fois le bateau dans l'abri, les zones de la coque situées à proximité des sources de chaleur risquaient de devenir trop chaudes.

Le lendemain, jour J, le mini est entré dans son four. Une heure à 30 °C, une autre heure et demie à 40 °C, de trois à quatre heures à une moyenne à 45 °C, et finalement une quinzaine d'heures autour de 48 °C.

Au petit matin, tout le monde était cuit.

Naissance de *Dingo* (Dominique)

La petite Honda Civic file à 100 km/h sur l'autoroute métropoli-
taine. Direction Verdun. Moby à fond la caisse. Une voix qui vous
décolle de l'asphalte, vous propulse dans les hautes sphères du pouvoir humain. Je soupçonne les ondes musicales de rejoindre nos
cellules. Je vois ça d'ici. La chorégraphie de nos infinis petits noyaux,
baignés dans leurs frissonnants liquides. Disparue, la grisaille de Montréal. Envolées, les préoccupations. Enfin, presque…

– Regarde, Damien, sur ce panneau publicitaire ! Bleu et jaune,
c'est pas mal, non ?

J'en fais une obsession. Bleu, rouge, jaune, je vois ces trois couleurs partout, combinées deux par deux, puis extrapolées sur une
coque de bateau. Il faut pourtant se décider. Le local est prêt pour la
peinture. Nous avons installé un ventilateur et tiré des bâches autour
du bateau. Pas besoin de chercher loin pour le peintre, notre voisin
d'entrepôt s'annonce carrossier de profession, un véritable artiste à
ce qu'on dit. Léo possède tout le matériel nécessaire, fusil et com-
presseur, et n'attend qu'un signe de nous.

Damien a finalement choisi le bleu uni pour la coque, après avoir
envisagé un design plus éclatant, mais moins propice à l'ajout des
logos de commanditaires. Le pont, lui, sera blanc, il se doit d'être

pâle pour ne pas chauffer sous le soleil. La touche de fantaisie a été gardée pour le cockpit et le tableau arrière. Rouge ou jaune ? Damien hésite. Il vivra des semaines dans cet espace, y fera ses manœuvres, tiendra la barre, contemplera l'horizon, piquera une sieste, mangera ses petites salades de thon… c'est un peu comme décider de la couleur de sa chambre, son salon, sa cuisine et son patio en même temps, vaut mieux ne pas se gourer. Sans compter le look final du bateau, ô combien important pour notre jeune skipper.

Je me souviens de nos propres hésitations au sujet de la *V'limeuse*. D'instinct nous allions vers les couleurs chaudes, lumineuses. Des piles de revues de voile y sont passées, mais il a suffi d'une seule photo pour illustrer à quel point le jaune seyait bien aux dames du large. Par la suite, d'innombrables couchers de soleil nous ont persuadés qu'aucune autre couleur ne s'enflammait avec autant d'ardeur. Je ne crois pas que Damien regretterait d'ajouter cette dose de vitamine C à son quotidien.

La naissance de son bateau prend de plus en plus de place dans nos vies. Depuis que la coque est sortie du chantier, il y a deux semaines, l'atmosphère au Q. G. sur Curotte a changé. Un peu comme un départ d'hôpital, quand l'infirmière vous remet le bébé dans les bras et que vous savez qu'à partir de là, ça va être du 24 heures sur 24.

Noémie et Sandrine ont déjà annoncé leur intention de déménager. Ce devait être leur appartement, à Damien et elles, et voilà que papa-maman y ont établi leur camp de base. Pire que ça, on n'y parle que de bateau, de financement. Le projet du grand frère commence à leur chauffer les oreilles.

Elles ont raison, bien sûr. Mais je ne connais pas d'autres manières de m'investir. J'ai acquis la conviction, dans les vingt dernières années de ma vie, que la réussite est le résultat d'une opération complexe. Il n'est pas facile de transformer l'abstrait en concret. Chaque pulsion qui part du cerveau avec l'ambition de toucher terre risque d'errer sans fin dans les dédales de ce *no man's land*. Sa migration vers la réalité ne peut commencer sans le consensus du corps et de ses énergies. Et si certaines personnes ont le pouvoir de matérialiser des douzaines d'idées à la fois, d'autres comme Carl et moi doivent focaliser leur attention sur une seule, s'y accrocher de toutes leurs forces jusqu'à ce qu'elle tombe, mûrie, achevée.

Nous avons mené à terme certains de nos projets simplement parce que nous y avons mis le temps et pensé à rien d'autre. La construction de la *V'limeuse*, nos années de voyage en famille, l'écriture de nos livres, chacun de ces jalons a exigé toute notre énergie, nous a pressuré comme deux citrons jusqu'à la dernière goutte.

Aujourd'hui, c'est un peu différent. Il s'agit de Damien. Qu'y a-t-il dans son projet qui nous plaise au point de remettre les nôtres à plus tard ? Car il faut bien l'avouer, nous délaissons à nouveau la *V'limeuse*. Les travaux progressent avec lenteur depuis un an, comme si une force obscure s'acharnait à contresens.

Ce fardeau énorme sur les épaules de Carl, la remise à l'eau de notre bateau, vaut-il vraiment la peine d'être porté ? D'autres auraient vendu depuis longtemps, préférant le calme aux soucis. Je verrais mon homme à la campagne, avec le fleuve au loin, des champs de neige, du vent dans les arbres et des soirées au coin du feu, un programme plus sensé pour un homme qui aspire au repos. Mais j'attends un signe de lui qui ne vient pas. Si la paix de mon compagnon dépend de lieux tranquilles, son bonheur repose ailleurs, sans doute. Là où la vie déboule, en plein courant… Dans les veines de son fils, par exemple. Ou dans ce besoin qu'ils ont l'un de l'autre, à ce moment précis de leur existence.

Que Damien mette au monde un bateau pour participer à sa première transat en solitaire est déjà en soi une aventure formidable. Le fait qu'elle en sous-tende une autre, plus discrète, entre lui et son père, mérite un déploiement d'autant plus grand de nos forces.

Je suis prête à tout. Plus concrètement, à ce stade du projet, cela signifie que l'équipe de communication est aussi affectée aux travaux pratiques. Les heures de bureau sont adaptées en conséquence. Du lundi au jeudi, Carl fait des appels jusqu'à midi, en tant que responsable des commandites. Après il saute dans la camionnette et vient nous rejoindre à Verdun, accompagné de Ti-Loup et Loula, toujours partants pour de nouvelles aventures.

L'ancienne vitrerie convertie en entrepôt leur plaît bien, avec son affiche « attention, chien de garde ! » placée en évidence par l'ancien propriétaire pour effrayer les délinquants. Prenant ce nouveau rôle au sérieux, les nôtres s'installent au seuil de la porte coulissante du garage, remontée d'une vingtaine de centimètres, et surveillent le trafic sur le trottoir, avec l'avantage de voir venir sans être vus.

Tout va bien jusqu'au jour où l'un d'eux, apercevant les quatre pattes d'un boxer, réussit à se glisser sous la porte. Pas de blessures, heureusement, mais au bout de la laisse, la propriétaire du « pitou » n'est pas de bonne humeur. Aussi, quinze minutes plus tard, lorsque des visiteurs s'annoncent à grands coups sur les carreaux, nous sommes persuadés que « notre chien est mort ». Trois armoires à glace se tiennent dans l'embrasure, avec tatouages et cuir, un profil courant dans le quartier. Damien voit déjà son bateau découpé en rondelles. Mais non, ces gars-là sont venus pour l'annonce. L'annonce ? Ah oui ! la Camaro à vendre, bien sûr ! C'est par ici, les gars…

Au moins, ça nous rassure. Si des voyous défoncent le local, ils repartiront avec les bagnoles ou l'outillage, entreposés ici et là, mais que feraient-ils de cette machine bizarre en forme de soucoupe et qui n'a même pas de moteur ?

Trois semaines passent et sous nos yeux le bateau se métamorphose. Léo a fait un travail impeccable. Pulvérisées d'une main de maître, les couleurs accentuent la perfection des formes. Elles éveillent une personnalité à laquelle, d'ailleurs, il serait bientôt temps de trouver un nom.

Ce matin, comme tous les matins, Damien dépoussière son bateau avant de commencer à travailler. Il en fait le tour avec un chiffon doux, sorte de rituel dont la sensualité dissimule une affection grandissante. Son visage se reflète dans ce miroir couleur mer. Et durant un instant, je retrouve le jeune garçon de 13 ans, à genoux sur le pont de la *V'limeuse*. Autour de lui, l'océan et sous ses mains, un énorme espadon dont il caresse le ventre lisse en le vidant. Même geste de tendresse, même rêve démesuré au bout des doigts… Huit ans plus tard, n'est-il pas en train de rembourser sa dette en insufflant la vie à ce corps puissant, créé pour le large. Un vieil indien me chuchoterait que l'esprit du poisson capturé se réincarne, je n'en serais nullement étonnée.

En ce début juin, nous en sommes à l'étape de l'accastillage. Il faut d'abord positionner les composantes avec le plus d'exactitude possible. Celles qui subiront les plus grands efforts, comme les winchs et les gros taquets coinceurs, seront boulonnées à travers des pièces de bois, les inserts, déjà intégrées au sandwich au moment du laminage. Pour les autres pièces, le procédé est plus long. Il s'agit de percer la peau extérieure aux emplacements de chaque vis, puis d'évider, à partir de chacun des trous, la mousse sur un diamètre d'environ quatre centimètres entre les deux peaux. On remplit ensuite la cavité obtenue avec de la résine qui, une fois durcie, supportera mieux l'effort au serrage et ne se comprimera pas comme le ferait la mousse.

Voilà pour le côté technique. Le boulot nécessite près d'une centaine de trous, dont le premier est, psychologiquement, le plus difficile à percer. Le bras de Damien tremble un peu devant cette peau de verre intacte, luisante par endroits comme une porcelaine. Tout en le guidant pour que l'angle d'attaque du foret soit exact, j'attends mon tour d'agir, en tant que préposée à l'évidage.

Cette tâche se révèlerait fastidieuse si Stan, le génie des solutions, n'avait inventé un outil sur mesure. Notre ami est entré en « mode course », lui aussi, comprenant qu'il ne sert plus à rien d'aller travailler à la *V'limeuse*, tant que ce petit morveux de prototype ne sera pas mis à l'eau. Au fond, l'aventure le passionne. Le côté high-tech du rejeton, les défis quotidiens qu'il nous propose, tout cela vient chatouiller un esprit alerte et curieux.

Il nous répète souvent qu'il a bien peu de temps à consacrer à ses activités extra-familiales et nous apprécions d'autant plus son aide, sans trop oser la solliciter. Damien lui a tout de même confié la fabrication de la barre franche, qu'il voulait en bois, mais à la condition que son poids n'excède pas celui d'une barre en carbone. Une gageure qui lui plaira, s'est-il dit avant de la lui proposer, convaincu que des mains de cet artiste naîtrait une pièce non seulement légère, mais esthétiquement en harmonie avec le reste du bateau.

La collaboration de Stan devait s'en tenir là. Mais c'était sous-estimer son sixième sens, spécialisé dans la détection d'appels à l'aide muets. C'est lui qui, en quelques heures, a monté la tente pour la cuisson. Il enchaîne depuis ce temps les soirées et les dimanches à Verdun.

Il n'est pas le seul à se porter volontaire. Autour de Damien s'agrandit au fil des semaines la petite équipe de « grands cerveaux », comme nous la surnommons, spécialisée dans la résolution de problèmes en tout genre.

On y retrouve Martin Routhier, professeur en matériaux composites au Centre de formation professionnelle de Lachine, qui apporte aussi à Damien un support technique allant de la fabrication de pièces en carbone, fibre de verre ou nylatron, au plan et à la réalisation du système électrique.

Il y a aussi Alexandre Quertenmont, designer et architecte naval d'origine belge, installé au Québec depuis très longtemps. C'est un précieux conseiller qui aide aussi Damien pour l'usinage de pièces spéciales. Nous l'avons connu lors de cette fameuse réunion de personnes intéressées à créer une association 6.50 au Québec. Alex avait dessiné pour deux futurs candidats à la Mini-Transat, présents ce jour-là, le plan d'un mini doté d'un gréement révolutionnaire. Leur projet fut mis de côté par la suite, faute de financement, mais Alex porte toujours beaucoup d'intérêt aux prototypes de cette classe. Tout comme Stan et Martin, il aimerait voir Damien mener sa construction à terme et lui assure un appui inconditionnel.

Mario Sévigny, le copain qui s'était vu confier la démolition de l'ancienne table à cartes de la *V'limeuse*, à l'automne 1998, avant de partir vers le sud à bord de son camper Volkswagen, est revenu depuis au Québec et travaille comme technicien dans une école de formation. Il offre ses compétences de machiniste à Damien.

Devant autant de talents, Carl et moi nous contentons parfois de passer l'aspirateur ou d'aller chercher la douzaine de beignes et les cafés. Au fond, nous sommes heureux de ce ralliement inespéré. Grâce à tout ce beau monde et malgré l'épuisement des ressources financières, les étapes se suivent sans que jamais un problème ne trouve solution. Damien consulte son équipe à chaque interrogation, téléphonant parfois en France pour prendre aussi l'avis d'Ollivier Bordeau, le constructeur des sisterships de son bateau. Nous avons commandé certaines pièces à son chantier puisqu'il en avait déjà les moules.

Le plus gros morceau est sans contredit la quille en carbone qui arrive au mois d'août. Affirmer que l'installation de cet appendice mobile hante Damien est peu dire. Après tout, l'équilibre et la sécurité du bateau sont en jeu. La quille assure la contre-gîte et le redressement en cas de chavirage. Sa perte en mer entraînerait un retournement instantané et définitif du bateau, à moins d'avoir eu le temps de faire tomber le mât. Pour un coureur, cela signifie l'abandon de la course quand ce n'est pas celui du bateau. Or, à la différence des quilles traditionnelles, celles qui pivotent le font sur un axe dont le système de fixation est plus vulnérable.

Pour toutes ces raisons, la mise en place de cette pièce doit être abordée avec le souci de l'exactitude. Elle représente une somme d'opérations délicates, chacune demandant du temps et de la réflexion, car leur précision garantira l'alignement parfait de la quille, la facilité avec laquelle elle pivotera sur son axe et la fiabilité de l'ensemble. Enfin, à son extrémité viendra se coller le lest, au total 350 kilos de plomb en forme de bulbe : la cerise sur le gâteau.

Il est déjà début septembre et plus de 11 heures du soir quand nous nous affalons sur nos chaises pour contempler la torpille encore dégoulinante de résine époxy. Évangéline a posé sa caméra, le sourire aux lèvres. Elle revoit la scène qu'elle vient tout juste de tourner. Stan, Carl, Damien et moi, à genoux autour du bulbe, synchronisant tous en chœur sa lente remontée, centimètre par centimètre, vers son emplacement en bout de quille, au moyen d'un ingénieux support au déplacement contrôlé par quatre vis sans fin. Un tour de vis à la fois. Et un, et deux, et trois... Une vrai bande de rigolos. Pas du tout le look professionnel, mais fiers d'en être arrivés au même résultat.

À la santé de Stan, maître d'œuvre de l'opération ! Les bières s'entrechoquent. Chacun fait silence et contemple la nouvelle silhouette du bateau. Comme il en impose avec sa quille, juché à deux mètres du sol ! Damien n'en finit plus d'être impressionné par son allure de guerrier, pourtant si fragile. Le moindre impact direct le détruirait. Mais pas l'océan. C'est un être d'eau, de glisse et de vitesse. Un compagnon avec lequel il affrontera bientôt le meilleur et le pire dans une solitude partagée.

- Alors, t'as trouvé son nom ? demande Stan.
- Oui. *Dingo*.

Bien sûr. *Dingo*. Un matin, comme une évidence, le nom s'est pointé. Il s'est collé au bateau et n'a plus voulu s'en détacher, achevant de lui donner son identité. Ne fallait-il pas être dingue pour vouloir traverser la mer du haut de ses 21 pieds ? Et puis, avec sa touche de jaune et son caractère sauvage, il s'apparentait bien au chien indigène australien. Nous en avions finalement aperçu un, après des semaines de voyage sur la grande île-continent. À partir de ce jour-là, d'ailleurs, la mère de Carl avait surnommé Damien « son petit dingo », dans les lettres qu'elle nous écrivait.

Dingo. À le regarder, comme ça, on croirait le voir battre de la queue, bavant d'envie de plonger dans l'eau.

Damien ✍

25 octobre 2000

Voilà, c'est décidé, je pars en France à la mi-novembre.

Eh oui ! Je vais devoir quitter le Québec pour aller prendre un petit verre de rouge de l'autre côté de l'Atlantique. Malheureusement, le temps et l'argent ont manqué cet été et comme l'hiver et les glaces arrivent bien vite ici, la mise à l'eau de *Dingo* ne se fera pas à Montréal, mais plutôt à Brest, en Bretagne.

Il reste toujours une grosse partie du budget à trouver pour me permettre de prendre le départ officiel de la Mini-Transat, le 24 septembre prochain à La Rochelle, mais nous avons pris la décision de foncer et d'aller de l'avant, ce que nous avons fait d'ailleurs depuis le début. Pour ça, il faut absolument que je transporte mon bateau en France pour débuter mon entraînement et être bien préparé pour les courses de qualification.

Le 12 novembre prochain, si tout va bien, car les camionneurs paralysent en ce moment le port de Montréal, *Dingo* sera embarqué sur un porte-conteneurs, le *Canmar Pride*, pour sa première traversée de l'Atlantique Nord. Destination Le Havre. Je serai à bord moi aussi pour le réconforter. La compagnie Canada Maritime nous a fait un excellent prix, ce qui n'était pas évident puisque *Dingo,* vu sa largeur et sa hauteur, prend la place de six conteneurs.

Grâce à des dons et des emprunts consentis par des parents et des amis, la somme a été réunie et l'aventure continue.

Je suis à la fois soulagé, un peu nerveux et très excité à l'idée de me retrouver en Bretagne, entouré de passionnés de Mini-Transat et de bateaux semblables à *Dingo*. J'espère aussi travailler là-bas. Je n'ai pas de budget d'entraînement pour l'instant et je devrai concilier boulot et sorties en mer durant tout l'hiver. Les cinq derniers mois n'ont pas été faciles financièrement. La plus grande difficulté a été de poursuivre les travaux sans nouveaux revenus. Carl a fait un très gros travail de recherche de financement au cours de l'année, mais aucune société depuis CinéGroupe n'a osé joindre le rang des commanditaires majeurs.

Toutefois, plusieurs entreprises ont apporté leur soutien au projet, soit en donnant du temps, du matériel, comme la visserie inox, ou une importante remise sur les achats. Sans leur appui, nous ne serions pas rendus si près du but.

Je dois me répéter souvent qu'il ne faut pas s'arrêter aux problèmes. Parce que des embûches, il y en a à chaque jour dans la vie quotidienne, alors imaginez lors de la construction d'un prototype de course, où chaque petit détail nécessite bien des heures de réflexion. En plus, mon 6.50 aura été, à ma connaissance, le premier bateau de ce genre fait ici, au Québec, et peut-être même en Amérique du Nord, ce qui implique d'avantage de consultations ! Je m'habitue donc à prendre du recul et à apprécier le travail accompli durant les derniers mois. Et là, je ne peux faire autrement que d'être fier.

Nous allons organiser une petite fête le 5 novembre prochain, une semaine avant mon départ. Tous les amis, parents et partenaires seront invités. Ce sera l'occasion pour eux de voir le bateau terminé.

Laissons la parole à Stan*

« Il n'y a pas de hasard ; si nous sommes tous réunis ici aujourd'hui c'est parce que nous sommes amoureux. Bonjour, je m'appelle Stan et j'ai participé à la construction de *Dingo*. Et j'ai quelque chose à dire...

Pour moi la « Mer », c'est un mélange d'eau douce et de sel ; de cette eau qui est la base de la vie et du sel qui lui donne son goût... le sel de l'existence.

Parfois il me prend à penser que la « Mer » c'est comme la vie... C'est fort, c'est beau, ça étonne et ça fait peur aussi. Quand on l'aime et qu'on navigue dessus, qu'on joue avec l'eau et le vent, qu'on sait la puissance potentielle de ces éléments, on doit bien connaître son bateau, cette petite île sous nos pieds... Pour en tirer la confiance, il faut connaître l'équilibre entre la résistance et la légèreté, autrement dit entre la force et

---

* Petit discours donné à l'occasion de la fête du 5 novembre.

l'agilité... Damien l'a fait, il a bâti son bateau avec l'aide de vous tous ici présents, il a demandé et récolté conseils techniques, obtenu le support de sa famille ; l'amour en plus.

Damien, je t'ai vu rêver et travailler fort et gagner. Je suis fier de toi et je suis vachement heureux que tu amènes un peu de moi, un peu de nous avec toi sur la mer. Parce qu'on l'aime aussi.

✉ À lire sur le *Canmar Pride*, en vue de l'Atlantique

Île de Montréal, 11 novembre 2000.
Salut Damien,
Lorsque tu liras ces lignes, l'Atlantique commencera à défiler sous tes pieds et dix bonnes journées permettront aux choses de décanter ; c'est pas de refus après cette course de préparatifs en tout genre. Avec la mer en prime comme décor, c'est chouette.

Il faut que je te dise que t'es plutôt nul pour vendre des bagnoles (Honda civic noire), mais t'es imbattable pour vendre la voile et la Mini-Transat. Je suis très heureux d'avoir mordu à l'hameçon.

T'aurais pu devenir un jeune branleur dans la vingtaine, à la place t'es devenu un homme avec beaucoup de force (la raison) et de cœur (l'amour), on le sait bien, les deux composants qui font l'acier de la meilleure trempe.

L'autre miracle, tu le connais, c'est ton bébé « *Dingo* » qui dort dans le ventre de ce cargo et qui attend le vent de Bretagne pour batifoler, courir partout.

Je profite de l'occasion pour t'annoncer que je me suis rayé de ta liste de créanciers (réels ou imaginaires). Oublie les factures, tu ne me dois rien, absolument rien, ces quelques mots en font foi. Un jour toi aussi tu feras en sorte, d'une manière ou d'une autre, qu'un enfant*, un ami* ou un inconnu* devienne aussi léger que l'air.
(* peut se décliner au féminin.)

N'oublie pas de t'amuser. Le couteau est très pratique pour fendre baguette de pain, trancher jambon et tutti frutti. Le fricos s'est pour faire la fête, amener ami(e)s casser la croûte, quand au livre alors là c'est vachement sérieux, c'est pour tomber en amour avec la Bretagne.
En espérant le tout conforme à tes vœux les plus chers, je signe et crache par terre.

Stan
(espadon frétillant)

II

EN FRANCE
préparation, entraînement, qualifications

📄 **Une traversée à saveur de curry*** (Damien)

Mon petit voilier de 6,50 mètres vient d'être descendu dans la cale d'un porte-conteneurs de 245 mètres. Le *Canmar Pride*, jaugeant 40 000 tonnes et transportant jusqu'à 1 500 gros cubes de marchandises, quittera bientôt Montréal pour rallier le port du Havre, en France. Il fait ce voyage tous les 21 jours.

Dingo ne sera pas seul pour sa première traversée de l'Atlantique Nord. Grâce à l'appui de Canada Maritime, mon bateau et moi voyageons ensemble à prix réduit. Les prochains dix jours en mer arrivent à point. Ils vont me permettre de souffler un peu après la course aux préparatifs des derniers mois.

---

* Premier article (📄) d'une série publiée sur neuf mois, chaque dimanche, dans le quotidien montréalais La Presse, de janvier à octobre 2001.

Ce 12 novembre 2000 est une date que je ne suis pas prêt d'oublier. Un temps magnifique, à vous donner envie de sourire et de pleurer en même temps.

Midi : on me fait signe qu'il est l'heure pour l'équipage de remonter la passerelle et pour moi de faire mes adieux. J'ai la gorge sèche et les yeux brumeux en serrant mon père dans mes bras. Il y a 25 ans, il quittait lui aussi le Québec sur un cargo pour aller chercher les plans de son premier voilier en France, qui deviendrait la *V'limeuse*. C'est bon signe, me dit-il, car tu prends la relève dans les mêmes circonstances. Mais toi, tu pars avec une longueur d'avance puisque ton bateau est dans la cale.

Les 30 000 chevaux tournent à 88 tours/minute. Le bateau vibre sous mes pieds. Avec le courant, nous filons à plus de 21 nœuds devant le quai de Verchères où ma famille s'est réunie pour m'envoyer la main une dernière fois. La sirène du cargo les salue. Sans leur aide à tous, ce grand départ vers la France n'aurait pas eu lieu.

Il y a un mois, nous discutions sur les moyens de donner un second souffle au projet. L'argent ne rentrait pas et le moral s'en ressentait. Mais il y a bien une chose que mes parents m'ont fait comprendre durant la dernière année et je me le répéterai chaque jour s'il le faut : toujours foncer en laissant ce qui va mal loin derrière soi pour ne pas perdre son énergie inutilement. Persévérer et provoquer les choses sont la clé du succès durant d'aussi longs projets. J'avais le choix entre trouver assez d'argent pour mettre mon bateau sur un cargo et foncer vers la Bretagne, les poches vides, ou attendre au Québec en espérant…

7:30. Le téléphone sonne quelques coups dans ma cabine. C'est John, le responsable des passagers. Il m'invite à descendre pour prendre le petit déjeuner. La bouffe est délicieuse. Le chef cuisinier est de nationalité indienne comme le reste de l'équipage, à l'exception du capitaine Simcox qui est anglais, *British*. Les plats sont donc apprêtés aux saveurs de curry. Je mange des portions énormes depuis que j'ai mentionné que j'adorais la nourriture indienne bien épicée. À ce rythme, je vais enfin prendre quelques kilos en réserve pour le dur hiver sur les côtes bretonnes.

Les 23 membres de cet équipage sont vraiment sympathiques. À poste durant neuf mois d'affilée, ils s'envolent ensuite rejoindre leur famille pour les trois mois restants de l'année. Seul le capitaine, les officiers et le chef mécanicien ont le privilège d'inviter leur douce moitié. Mais ce n'est pas évident. Un soir, j'ai discuté avec la femme du premier officier. Par curiosité, je lui ai demandé comment elle aimait la vie à bord. Bien consciente de sa chance, elle en a pourtant marre de regarder des films, principale occupation durant les traversées. À part le magasinage et les bons restaurants aux escales, il y a peu à faire sur un porte-conteneurs.

Ce « peu à faire » me convient parfaitement. Je mange, je dors, j'écris et révise mes notes de navigation. Chaque jour aussi, je marche jusqu'à l'avant du navire. Là, tout est bien différent, il n'y a plus ces vibrations que l'on retrouve sur chaque étage (cabine, cuisine, salons, timonerie, etc.) situé directement au-dessus du moteur. Le bruit des vagues et du vent me permet de faire le vide tout en respirant l'air salin de l'Atlantique Nord.

Le temps est gris depuis notre départ de Montréal et les vents sont faibles. Dans ces conditions, j'aurais pu traverser sur *Dingo*.

Autour de nous, il y a très peu de vie. Quelques petits pétrels des mers, trois jets de baleines et un couple de dauphins paresseux. Voilà tout ce qui est venu troubler ou frôler la surface de l'eau ces derniers jours.

À l'âge de huit ans, je fêtais mon anniversaire dans ces parages, au beau milieu de l'Atlantique Nord, et des dauphins étaient venus jouer à l'étrave de la *V'limeuse*. Nous ne les avions pas vus depuis plusieurs jours et, ce matin-là, j'ai cru qu'ils étaient venus pour moi. Par la suite, j'ai cru possible beaucoup de choses. C'est peut-être pour ça que je suis ici aujourd'hui.

La traversée s'achève. Nous entrons dans la Manche ou « English Channel ». J'ai passé plusieurs heures dans la timonerie à observer les différents bateaux que nous croisons, dépassons et même parfois devons éviter, comme ces chalutiers qui ne veulent pas changer leur route, par peur de perdre leurs bancs de poissons.

La nuit dernière, j'ai assisté à une opération délicate. Lorsqu'on parle de la Manche, il faut savoir que c'est une autoroute à deux sens pour les navires qui y entrent et en sortent. Quand un cargo se dirige vers un port sur les côtes d'Angleterre, de Belgique ou de France, il doit parfois couper la voie inverse. Cette opération exige beaucoup de concentration, surtout la nuit, lorsqu'il faut passer entre deux cargos qui filent à plus de 20 nœuds (37 km/h).

C'est là qu'on peut apercevoir, en étant attentif, une petite goutte de sueur sur le front du capitaine.

Ce dernier touche très rarement à la barre à roue. Sur les cargos modernes, la navigation est contrôlée par un ordinateur central. Remplissage des ballasts, vitesse, cap, révolutions du moteur, etc. À bord du *Canmar Pride*, ces données sont visibles sur quatre écrans : deux pour les radars, un autre pour le *GPS* avec cartes intégrées et finalement celui qui affiche les informations sur le vent, l'angle du gouvernail, le cap et la vitesse du bateau.

Je me vois déjà en pleine nuit sur *Dingo*, par mauvais temps, me demandant si le capitaine ou l'officier de quart a bien repéré mon minuscule voilier sur l'écran radar.

Le *Canmar Pride* fait deux escales avant d'accoster au Havre. L'une à Thamesport, côte sud de l'Angleterre, et l'autre à Anvers, en Belgique, l'un des cinq plus gros ports du monde. Impressionnant de voir la rapidité avec laquelle les grues déchargent et rechargent un cargo. Les porte-conteneurs s'amarrent à la file sur des quais qui atteignent plusieurs kilomètres de long.

Ce matin, 22 novembre, nous longeons les côtes françaises. Je me tire hors du lit à 9:30 et regarde par le hublot quel temps il fait. Superbe journée ensoleillée avec quelques petits nuages. Toutefois et d'après les moutons sur l'eau, il doit venter un bon force 10. Le cargo bouge à peine. J'étais loin de me douter, allongé dans ma couchette, qu'une grosse dépression passait sur la Manche.

Impatient de prendre une grande bouffé d'air frais et quelques embruns sur la gueule, j'avale une tasse de thé en vitesse et saute dans mes bottes. Dehors tout est bien différent. Je dois bien me tenir car les bourrasques de vent qui tourbillonnent entre les conteneurs sont surprenantes. Je passe une bonne heure à observer la mer et à m'imaginer, entre deux crêtes, accroché à ma petite coquille bleue et jaune.

Nous sommes rentrés au Havre vers 19:00. Le vent a déjà baissé considérablement. Il est 21:42, je suis devant l'écran de mon portable et j'attends, un peu nerveux, qu'ils ouvrent la cale numéro cinq pour en extraire *Dingo* qui doit commencer à trouver le temps long dans la noirceur et les odeurs de fuel.

J'espère qu'ils vont faire attention, car parfois ces mecs-là ne font plus la différence entre une petite machine de course et un vieux conteneur tout rouillé. Alors on va toucher du bois et observer.

📄 Camping sur les quais (Damien)

À peine débarqué, ma première tuile ! Une dame un peu coincée m'annonce avec le sourire que les services de manutention, facturés par le port du Havre, vont frôler les 5 000 francs. Je lui réponds aussitôt qu'il doit y avoir une erreur. Je viens de payer 3 000 $ pour faire traverser l'Atlantique à mon bateau, impossible que ça me coûte 1 000 $ pour qu'une grue le soulève du conteneur et le pose sur le camion qui nous conduira à Brest. Une opération d'une demi-heure maximum !

Bref, je négocie d'arrache-pied et obtiens finalement une réduction de moitié. La facture est encore trop salée à mon goût, mais au moins il me reste quelques francs… que s'empresse d'empocher le courtier en douane. Cette fois, c'est ma faute. J'aurais dû refuser son offre, qui m'a coûté 150 $, et remplir les papiers moi-même.

Enfin, nous sommes maintenant en admission temporaire en France, *Dingo* et moi, pour les prochains six mois. Je devrai faire une demande d'extension afin de prolonger notre séjour jusqu'au départ de la Mini-Transat, en septembre prochain. Crevé après cette journée difficile, j'enfourche quand même mon vélo pour aller téléphoner à ma famille et me chercher de quoi casser la croûte.

Camembert et baguette dans mon sac à dos, je roule en direction de la mer. Une bonne brise souffle sur Le Havre et mes deux épaisseurs de *polar* ne suffisent pas à me garder au chaud. Je me réfugie derrière le mur d'une marina située à proximité du centre-ville. L'atmosphère est plus agréable ici, près de tous ces voiliers, qu'au milieu des conteneurs du port commercial.

À voir le nombre impressionnant de bateaux en cale sèche, chaînés au sol en prévision des tempêtes, je me demande si j'ai eu raison de venir m'entraîner en Bretagne durant l'hiver. La marina est presque déserte et ce soir je me sens plutôt seul. Allez, Damien ! me dis-je, pense plutôt à l'énorme chance que tu as d'être ici avec ton petit bolide.

Plus tard, allongé dans la couchette bâbord, je m'apprête à m'endormir pour la première fois à l'intérieur de *Dingo*. Un peu inquiet. Nous sommes encore sur le bord du quai, sous les énormes grues et bien exposé aux regards ou aux visites nocturnes. L'équipage du *Canmar Pride* me racontait qu'ils ont parfois dû repousser des réfugiés qui tentaient de grimper à bord par les grosses amarres.

Pourtant cette nuit personne ne viendra me déranger. Seules les nombreuses averses, précédées de bonnes bourrasques, se chargeront de me tenir en alerte. Comme tout bon skipper que chaque bruit suspect réveille, je garde l'œil ouvert pour la sécurité de mon bateau qui tremble sur son ber, sous la pression du vent.

Si tout va bien, le transporteur sera là demain, vers midi, et nous arriverons à Brest en soirée, après une distance de 480 kilomètres.

Il n'y en aura donc jamais une de facile !

Ce vendredi matin, je me suis réveillé de bonne humeur à l'idée de quitter cet endroit. J'ai coincé mes bagages à l'intérieur du bateau, tout bien attaché en vue du transport. J'étais prêt à l'heure convenue quand quelqu'un m'a crié par une fenêtre de venir au téléphone. Au bout du fil, le patron de Transboat m'annonce : « Monsieur Damien, le camion ne pourra pas être là aujourd'hui. Il est immobilisé au Salon Nautique de Paris. On ne peut rien avant mardi prochain. »

Si au moins il avait ajouté « je suis désolé ». Mais rien. La colère monte. Où pense-t-il que je vais loger durant ces quatre jours ? À l'hôtel ? Je ne peux pas laisser mon bateau seul plus de quelques heures et encore, je risque de me faire dévaliser durant ces courtes absences.

Il fait un temps pourri. Les dépressions se succèdent. Du vent fort, des gros grains. La nuit, je dors mal sous les rafales de pluie qui mitraillent la coque. Ça me donne une petite idée du vacarme étourdissant que subissent les coureurs au large, quand les vagues viennent se fracasser sur cette caisse de résonance.

Heureusement, dans cette atmosphère un peu lugubre, il y a les copains frigoristes. Ils ont pitié de moi et me laissent la clef de leur cabane lorsqu'ils ne sont pas là. Je peux m'installer pour écrire ou téléphoner.

L'un d'eux, Damien, a commencé par me prêter une échelle pour grimper à bord de *Dingo* et m'a ensuite proposé de venir me réchauffer en prenant un bon café. Je dois souvent me battre avec lui pour qu'il ne m'apporte pas tout le contenu de son garde-manger. Il travaille pour le port autonome du Havre depuis déjà 10 ans. Comme ses collègues, il doit être en mesure de réparer et entretenir les systèmes de refroidissement des conteneurs de produits périssables.

Ce matin, il m'a présenté son frère Philippe, un mordu de voile. Après quelques minutes, ce dernier, qui avait entendu parler du long voyage que j'ai fait plus jeune, m'a demandé des précisions. Depuis des années, j'ai dû répéter des centaines de fois mon histoire, mais là j'étais loin d'anticiper sa réaction… Ah ! la *V'limeuse*, je connais.

Comme le monde est petit ! Imaginez-vous un peu, je me retrouve seul sur les quais du Havre, un autre Damien tombe du ciel pour me donner un coup de main et, en plus, son frère a lu les deux tomes de *La V'limeuse autour du monde*. Il m'invite aussitôt. Il veut organiser un petit souper avec tous ses amis *voileux* demain soir. Certains, dit-il, auront peut-être de bons contacts pour moi à Brest.

La grue dépose enfin *Dingo* sur la plate-forme du camion. Ce sera son dernier long voyage par la route, je l'espère bien.

Partis à 10:30 du Havre, nous arrivons à Brest, au chantier naval Latitude 48° 24', à 18:00, juste à temps pour l'apéro ! Les quelques personnes présentes, dont le jeune patron Ollivier Bordeau, nous réservent un accueil chaleureux.

Moins d'une heure plus tard, je suis assis au bar avec la troupe des *mini-transateux* brestois, comme on nomme ici ceux qui ont déjà fait une Mini-Transat. Il y a entre autres l'architecte de mon bateau, Pierre Rolland. Je suis content d'être parmi ces passionnés de la course au large. Ils blaguent, rigolent de mon accent et lèvent le verre à la santé du Québécois et de son « top proto » !

Plusieurs sont étonnés du sérieux que j'apporte à ma préparation. Pourtant, si je veux être sur la ligne de départ en septembre prochain, gonflé à bloc et en parfaite confiance avec mon bateau, je dois m'entraîner intensivement. En somme, je suis comme n'importe quel athlète dont les performances reposent sur les heures interminables de mise en forme.

D'autres offrent de m'héberger quelques nuits quand il fera trop froid dans mon bateau. J'apprécie à nouveau ces beaux gestes de solidarité. Par exemple, Ollivier me propose de rentrer *Dingo* dans son chantier, le temps que je termine certains petits travaux. Deux semaines tout au plus, selon moi. Soit dit en passant, c'est ici qu'ont été fabriquées puis envoyées au Québec plusieurs pièces de mon bateau dont ce chantier avait les moules : voile de quille, dérives, safrans, bout-dehors, bôme et barres de flèche pour le mât, le tout en carbone. Il est presque normal que nous nous retrouvions là pour les dernières mises au point.

Je retrouve la poussière, les odeurs de résine, le bruit des ponceuses… Mais je sens bien qu'une autre étape importante a été franchie. Je me suis rapproché de la mer et de ceux qui y naviguent quotidiennement.

Le chantier est situé dans le port commercial. Tout près, c'est la magnifique rade de Brest où, dans quelques semaines, je pourrai enfin tirer mes premiers bords à voile. Si tout va bien.

📄 « Hé mec ! il arrache, ton bateau ! » (Damien)

Avez-vous une petite idée de ce que représente la toute pre-mière mise à l'eau d'un bateau ? Qu'on a construit de ses mains ? Ce que veulent dire ces instants magiques après un accouchement de 2 500 heures ? Voilà donc cet autre épisode des aventures de *Dingo* alors que nous nous balançons au bout de la grue.

J'aimerais pouvoir appuyer sur la touche « pause ». Tandis que nous descendons lentement vers les eaux du port de Brest, je revois certaines images… Je revois aussi le chemin parcouru et je peux dire que j'ai bien vieilli durant ce court laps de temps.

Nous étions une douzaine réunis autour d'une table ce jour de février 1999, à Longueuil, dans le but de créer une association qué-bécoise de classe mini. Philippe Oulhen, de la voilerie North, cher-chait à rassembler les forces. Ce fut la seule tentative de regroupement. Mais pour moi elle aura été un pas en avant. C'est là que j'ai rencon-tré Hugo Lépine qui allait créer le chantier Atlantix quelques mois plus tard et qui m'offrait le jour même de m'initier aux matériaux composites.

À cette réunion, il apparaît évident que nous devons construire nos bateaux à partir d'un moule commun afin que le prix de revient soit le plus bas possible. D'où la question : qui choisir comme archi-tecte ? Quelqu'un propose Finot-Conq, cabinet français très en vue mais qui se montre peu disponible pour le suivi d'une construction.

Finalement, je dois prendre ma décision seul puisque je suis le premier à plonger. En mai, nous achetons le plan du dernier proto-type de Pierre Rolland. Il est aussi le père du fameux *Pogo*, bateau de série de la classe mini, vendu à plus d'une centaine d'exemplaires en France. Il répond avec rapidité à chacun de mes courriels. De plus, il a déjà couru une Mini-Transat en 1992 et j'aime bien le fait qu'il navigue.

Un mois plus tard, en juin 1999, mon père est hospitalisé pour une pierre au rein. Le médecin qui le reçoit à l'urgence de Charles-Lemoyne le reconnaît. Entre deux doses de morphine, ils discutent de voile et de mon projet. Étonnante coïncidence, le docteur Simon Phaneuf voulait faire de la course au large avant de choisir la méde-cine. Sensible à mon projet, il investit un généreux montant qui nous permet d'aller de l'avant. Par la suite, nous formerons ensemble la compagnie Océan Énergie inc.

Je signe le contrat avec le chantier Atlantix, en août 1999. Hugo Lépine et son associé acceptent de construire les moules à leurs frais avec l'espoir de tirer d'autres copies par la suite. Durant les neuf mois suivants, je serai à la fois leur client et leur employé. Une situation parfois houleuse.

Mi-septembre, je m'envole vers la France pour assister au départ de la Mini-Transat. Je n'avais encore jamais vu de mini et là j'en ai 70 devant moi, dans le port de Concarneau. Je découvre l'incroyable largeur de ces bolides de 21 pieds et leur allure racée. Parmi eux, il y a *Créaline*, sistership du bateau que je vais construire. Il compte parmi les favoris et ses performances me confirment que j'ai fait le bon choix. Ces 15 jours à Concarneau sont décisifs. Ils me permettent de m'imaginer à la ligne de départ.

À mon retour au Québec, la préparation des moules est en cours. Je passe d'innombrables heures à sabler. Un travail de dingue. Car plus je travaille les moules, plus parfaite sera ma coque. Une bonne nouvelle me donne du cœur à l'ouvrage. Jacques Pettigrew, président de CinéGroupe, achète la visibilité dans le spi et devient mon premier commanditaire officiel d'importance.

Il faudra cinq mois, de décembre 1999 à mai 2000, soit 1 300 heures, pour fabriquer la coque et le pont, les structurer, les assembler, faire les cloisons internes, les compartiments étanches, les puits de dérive, etc. Je nous revois encore, Justin et moi, à l'intérieur de cette minuscule coquille, dans les positions les plus inconfortables. Nous posons des renforts de carbone ou de fibre de verre et beuglons dans nos masques comme des cinglés atteints par les odeurs de résine.

Enfin, l'étape avant la peinture : le lissage. On applique un enduit sur l'ensemble de la coque et on ponce afin de corriger les derniers défauts. Je crois que j'ai caressé ce bateau comme aucune peau de bébé ne l'a jamais été.

Mi-mai, je pars du chantier Atlantix avec ma coque, prête à être peinturée, et j'emménage dans un local à Verdun. Je pense qu'à partir de là, tout ira vite. Illusion. Chaque étape de finition se révèle beaucoup plus longue que prévu. Si j'avais pu embaucher la main-d'œuvre nécessaire, les choses seraient peut-être allées selon l'échéancier fixé. Faute d'argent, je me retrouve seul et je dois compter sur ma famille et quelques copains. De plus, l'expertise dans ce domaine fait défaut au Québec, ce qui rend difficile la prise de certaines décisions. Personne, par exemple, n'a jamais installé de quille pivotante sur un voilier de course. Finalement nous y arrivons, grâce à l'ingéniosité de copains, professionnels à leur manière.

Aujourd'hui, je suis ici avec *Dingo* qui bientôt touchera l'eau. Je n'ai qu'un seul et profond regret : cette scène ne se déroule pas au Québec. C'est injuste pour tous ceux qui m'ont aidé, financièrement ou de façon bénévole. Je pense surtout à mes parents et à Stan, Alex, Martin et Mario qui se sont investis dans le sprint final. J'aurais voulu faire une grande fête avec la presse et les commanditaires, le champagne qui éclate sur la coque. Je devais baptiser le bateau en juillet et partir aussitôt m'entraîner dans le bas du fleuve, à Rimouski où les responsables de la marina m'invitaient. Ce fut reporté en septembre… Puis en octobre… Puis abandonné avec la première neige en vue…

Maintenant, tout va très vite. Nous sommes à quelques mètres de la surface. Je saute sur la terre ferme et repousse un peu mon bateau pour l'éloigner du quai. Je retiens ma respiration, les yeux fixés sur la quille… et voilà c'est fait, la grande nageoire de *Dingo* s'immerge doucement. Les quelques applaudissements me donnent des frissons. Ils viennent de l'équipe d'Ollivier Bordeau, qui m'entoure.

Impatient, je bondis à nouveau sur le pont de mon bateau pour mieux le sentir lorsqu'il flottera totalement. J'ai hâte qu'il arrête de descendre pour ainsi voir s'il est bien dans ses lignes. Lorsque l'on construit une petite bombe semblable, le poids est très important. On espère qu'il ne calera pas trop de l'avant ni de l'arrière.

Pierre Rolland l'examine avec son œil impitoyable d'architecte. Il semble satisfait. Je crois qu'il est fier de son premier proto nord-américain. D'ailleurs, depuis mon arrivée en France, tout le monde trouve que *Dingo* a de la gueule.

« Il arrache, ton bateau ! » me répètent-ils. « Magnifique, ce numéro 305 ! » Ces commentaires me font plaisir et me surprennent aussi. Je pensais que tous les bateaux construits ici auraient le même degré de finition. Mais pour certains Français, la devise est : « On met à l'eau et on navigue ! » Sous-entendu : « On fignolera plus tard. » De toute façon, il y aura de la casse, des pièces à changer, à modifier, des améliorations à apporter. Un prototype, surtout un mini, est un bateau en évolution constante, même une fois mis à l'eau. Ils ont peut-être raison. L'avenir me dira si le soin et le temps que j'ai mis à chacune des étapes étaient exagérés.

Pour l'instant, je le regarde, amarré au quai des pêcheurs. Le jaune orangé de l'intérieur du cockpit et de son tableau arrière me rappelle la couleur de la *V'limeuse* et je me dis que *Dingo* est en quelque sorte son digne rejeton. Nous venons de lui poser son mât et avec cette longue perche de 12 mètres, il est encore plus impressionnant. Il y a deux chalutiers derrière lui. Je pense aux années où je rêvais de devenir pêcheur. C'était avant d'apprendre qu'au Québec, les poissons sont de plus en plus rares.

J'ai beaucoup vieilli depuis cette époque et surtout depuis le début de cette aventure. Construire un bateau prépare mieux à la lutte et le combat ne fait que commencer.

📄 **En tirant mes premiers bords** (Damien)

« Hé, Caribou ! » Au chantier Latitude, le mot circule depuis quelque temps. Les gars aiment bien m'agacer. Certains épient mes moindres paroles et prennent note des expressions québécoises pour faire rire les copains. Maintenant, tous les gens que je connais à Brest me surnomment Caribou. Aussi bien rigoler avec eux et dire qu'ils me trouvent peut-être un certain panache… Bien que « Béluga » aurait été plus de circonstance.

Guillaume s'approche. « Alors, Caribou, c'est pour quand ? » Ce jeune Breton de vingt ans se construit, lui aussi, un proto Rolland. Non content de me taquiner, il passe son temps à me mettre de la pression. Au début, c'était la mise à l'eau. Maintenant, c'est la date butoir de ma première sortie à voile qui l'intéresse.

Aujourd'hui, je le surprends en répondant « mercredi prochain » sans aucune hésitation. Et nous sommes vendredi après-midi. Les deux mains sur mon bloc à poncer, je réfléchis à tout ce qu'il me reste encore à faire d'ici là. Ma respiration se fait plus difficile dans mon masque. C'est psychologique. Il m'arrive d'être essoufflé par mon emploi du temps. Je dois abattre chaque semaine un travail de fou. Je donne d'abord deux jours au chantier pour rembourser une dette. Le reste du temps va pour ma chronique et mon bateau : achats de matériel, téléphones, paperasse à remplir pour l'inscription aux courses, démarches pour l'assurance, travaux de matelotage et entraînement dans la rade de Brest.

Un peu plus tard, on me demande au téléphone. Mes deux petites sœurs m'appellent du sud-est de la Bretagne, près de Nantes. Elles sont en vacances chez des parents et me confirment leur arrivée lundi soir prochain. Du coup, je suis soulagé et heureux : j'aurai de l'aide et de plus je vais vivre cette première sortie en famille.

Samedi matin, arrêt chez Voiles Océan pour coller le logo des Grands Explorateurs dans la grand-voile. J'ai signé une entente avec eux quelques jours avant mon départ pour la France. En plus de se joindre à mes commanditaires, ils organisent trois conférences « spéciales » fin février, début mars 2002, où je présenterai un document vidéo sur mon aventure.

Je consacre ma fin de semaine au matelotage sur *Dingo*, maintenant amarré au port de plaisance du Moulin Blanc. Ces multiples travaux sur le gréement courant – bastaques largables, écoutes, drisses, contrôle du bout-dehors, bref, tout ce qui est cordage du bateau – représentent beaucoup d'heures.

Enfin, lundi soir vers 17:00, Noémie et Sandrine surgissent sur le ponton, sacs au dos, toutes souriantes mais épuisées et gelées par une séance d'auto-stop plutôt ardue de 300 kilomètres. Au moins je leur annonce une bonne nouvelle. Philippe, le copain de Voiles Océan, les invite chez lui pour la semaine. Quant à moi, après un court séjour dans mon bateau, j'ai emménagé chez Hervé Lalanne, un ancien concurrent de la Mini-Transat rencontré l'été dernier à Chicoutimi lors du départ de la Saguenay 2000.

Mardi, grosse journée au programme. Pas de bol, j'ai dû prendre froid hier quand j'étais juché dans le mât par ce temps dégueulasse. J'ai la tête grosse et tout me paraît plus pénible. Malgré les trois ou quatre degrés Celsius et l'humidité, mes sœurs abattent le boulot avec moi. Je manque parfois de patience, mais les rigolades prennent le dessus. La seule victime de ma mauvaise humeur sera le tube de *Sikaflex*, fracassé sur le ponton.

Mercredi matin, après les derniers travaux, nous sommes prêts à sortir ! Le temps est gris. On annonce une dépression sur la Bretagne avec des vents de force sept à huit Beaufort pour cet après-midi.

Selon ces prévisions, nous pourrions naviguer quelques heures avant que le mauvais temps n'arrive.

J'hésite quand même. Pour l'instant le vent est faible, environ cinq nœuds. Il ne faudrait pas qu'il me lâche en pleines manœuvres dans le port de plaisance ou au milieu du chenal car les courants de marée sont forts et je n'ai pas de moteur. D'un autre côté, je n'en peux plus d'attendre. J'interroge mes sœurs qui sont d'accord pour tenter le coup.

Je sors la grand-voile avec Sandrine pendant que Noémie prépare le foc à l'avant. Je m'arrête tout à coup, relève la tête en les regardant : « Hé ! les jumelles, vous rendez-vous compte ? » Nous échangeons un grand sourire. Combien de fois ai-je imaginé ce moment ? Et là, je me dis : « Ça y est, Damien ! Prends bien conscience de chacun des gestes que tu poses. Grave-les dans ta mémoire. »

Belle sortie à voile de la marina, en contrôle. Les manœuvres dans des espaces aussi restreints sont toujours très délicates, surtout avec un mini qui accélère à la moindre risée. Malgré ma nervosité, tout se passe bien. Noémie fait pivoter *Dingo* avant de sauter à bord. Le vent prend doucement dans la grand-voile et nous pousse vers le premier virage. Je hisse ensuite le solent, petite voile d'avant. Nous bordons un peu les écoutes. *Dingo* file maintenant vent de travers entre deux rangées de bateaux. Puis nous bifurquons à nouveau et tirons trois bords de près serré le long du dernier ponton, jusqu'au chenal de sortie.

La marée est basse et il faut bien surveiller l'alignement. Nous approchons de la dernière bouée et je commence à me sentir vraiment bien. J'en oublie presque de jeter un œil sur le profondimètre. Merde ! Sept pieds ! et *Dingo* a un tirant d'eau de six pieds. Vite, les filles ! Il faut empanner... Ouf ! le fond redescend.

Une fois le chenal derrière nous, la pression tombe et je lâche un cri de victoire qui résonne dans toute la rade de Brest. Quelle jouissance de barrer un voilier dans lequel on a investi tant de temps, d'énergie et d'amour. Je le sens vivre enfin. Grandiose !

Devant nous s'étend l'immense plan d'eau intérieur, à l'abri du large. *Dingo* avance à quelques nœuds sur une mer plate et me semble déjà très équilibré. Je lâche la barre, règle un peu les voiles et voilà, le tour est joué. Mon bateau suit sa route sans chercher à remonter ou à s'écarter du vent.

« Et si on arrosait ça ! » propose Sandrine, toujours prête à en déboucher une « p'tite ». Avant de prendre une première gorgée de bière, j'en verse quelques gouttes sur la barre franche qui me communique si bien les réactions de mon bateau. C'est l'œuvre de Stan, un véritable bijou en lamellé-collé que tous les connaisseurs d'ici ont remarqué. Non seulement cette barre en bois est très belle, mais Stan a réussi à la faire aussi légère qu'une barre en carbone. Depuis ce jour, nous l'avons promu « ébéniste hauturier ».

Le vent demeure instable et très faible durant près de trois heures. La bascule n'a toujours pas lieu. Nous tirons des petits bords sans trop nous éloigner. Puis un léger brouillard se lève. Comme je connais mal le coin, je prends la décision de remettre le cap sur le port de plaisance.

Au retour, nous passons à deux doigts d'être déportés sur la digue. Un voilier qui vient en sens inverse nous empêche de virer au moment voulu. Je dois le laisser passer et découvre avec des sueurs froides l'existence d'un puissant contre-courant. Je m'en méfierai à l'avenir. Pour l'instant, il faut éviter de garder *Dingo* immobile trop longtemps alors qu'il est travers à ce courant. Nous virons de justesse et je suis impressionné par sa vitesse d'accélération dans un vent aussi faible.

En route vers notre ponton, nous longeons le grand trimaran *Sport-Élec* sur lequel Olivier de Kersauson et son équipage ont remporté le trophée Jules-Verne en 1997, pour la plus rapide circumnavigation sans escale, en 71 jours, 14 heures et 18 minutes. À son retour, il a ouvert un bar, le *Tour du Monde*, juste au-dessus de la capitainerie.

Une fois le ménage du bateau terminé, nous montons y faire la fête. L'ambiance est chaleureuse, les murs du bar sont tapissés de photos de course au large. Nous trinquons à cette première sortie. Je me sens particulièrement détendu. J'ai l'impression que quelqu'un a coupé la chaîne d'un boulet que je traînais depuis très longtemps. Je n'ai maintenant qu'une hâte : hisser à nouveau les voiles, mais avec plus de vent cette fois.

Petits Bretons* salés (Noémie)

Il fait froid. Le vent accélère sa course le long de l'autoroute et nous rentre dedans. Les minutes s'accumulent, de plus en plus froides à mesure que le jour s'enfuit. Nous maudissons, Sandrine et moi, nos pouces tendus qui ne rapportent rien. Ah ! Ce foutu moyen de transport économique, ce serait tellement plus simple d'échanger quelques billets verts contre un peu de chaleur et de sécurité. J'entends d'ici la voix du caissier de la gare : « Bonjour Madame, ça vous fait deux cents francs, merci. Votre train part dans quinze minutes, quai numéro trois, bon voyage. »

Mais non, en bonnes voyageuses fauchées, l'option ne nous apparaît même pas. C'est meilleur si c'est gratuit. Sauf que là, gratuit ou non, on se les gèle. Pourtant, nous avons l'habitude des bords de routes. L'attente ne nous fait pas peur, les chauffeurs pervers non plus. Mais cette fois, ça sent le record. Et l'espoir en prend un sérieux coup. Ce doit être nos cheveux coupés ras. À moins que ce ne soit nos nombreuses couches de vêtements qui nous donnent des silhouettes de gouines échappées de prison.

---

* Bretons : marque déposée de craquelins.

115

Peu importe la raison, aucune voiture ne daigne sortir du rang. C'est à croire que personne ne nous voit ou ne veut nous voir. « Ne désespérez pas les enfants, il-y-en-a-toujours-une-qui-finit-par-s'arrêter », répétait notre père quand nous perdions l'enthousiasme de la première demi-heure.

Les choses ne changent pas tellement au fil des ans. La loi de la probabilité non plus. C'est une camionnette blanche qui nous embarque, finalement. Juste au moment où l'on n'y croyait plus. Il y a de la musique, de la chaleur et la route qui défile. Il va jusqu'à Brest ; il n'y aura plus d'attente. Le moral revient. Et on oublie tout. Comment il a fait froid, comment on s'est fait chier. On oublie que l'on s'est juré de ne plus recommencer.

Nous arrivons à la marina juste avant la nuit. Le vent souffle. Ça fait gémir les haubans et claquer les drisses le long des mâts. On dirait une longue plainte. Le ciel est gris et la mer aussi. Les Français ont beau ne pas avoir de tempêtes de neige, je n'échangerais jamais le blanc et le froid des hivers québécois contre la grisaille et l'humidité de la Bretagne. Ça glace le corps, et l'âme aussi. C'est à faire rechuter n'importe quel suicidaire.

Par chance, il y a une petite tache de bleu dans toute la tristesse du décor. C'est *Dingo*, avec Damien dessus. Après les becs et accolades, il s'empresse de nous dire qu'il a trouvé une place où l'on pourra dormir au sec et au chaud. Un ami lui a offert de nous héberger. Sinon, c'était le ventre de *Dingo* avec un petit chauffage électrique comme seul remède contre l'humidité. Les dernières nouvelles échangées, Damien se remet au travail. Il va et vient sur le bateau, attache quelque chose ici, visse autre chose là. Moi ça fait vingt minutes que je suis arrivée et j'ai déjà perdu toute détermination. J'ai du mal à comprendre quelle force s'agite à l'intérieur de lui. Il fait nuit noire quand nous quittons *Dingo*. Nous allons rejoindre Philippe à son travail. C'est chez lui que nous allons dormir. Il vit tout près du centre-ville de Brest dans un grand appartement avec sa femme et ses deux enfants. Il nous installe dans la chambre d'en bas, un peu à l'écart. Ça nous permet d'aller et venir sans déranger toute la maisonnée.

Damien travaille le jour au chantier, nous laissant, à Sandrine et moi, le soin d'errer à notre aise aux alentours. Nous allons de boutiques en cafés, du centre jusqu'au port en ponctuant les heures de fumeries légères pour dissiper la tristesse du temps et du décor. Brest n'est pas une belle ville. Elle a un air d'amputée. Elle a remplacé ses membres perdus durant la deuxième guerre mondiale par des prothèses en ciment. Adieux les charmes et la grâce de l'architecture française, bonjour la modernité ! Ajoutez à tout cela le vent, la pluie et le froid. Hé ! j'avais pas une soupe sur le feu, moi, quelque part aux Antilles ou en Polynésie Française ? Je ferais mieux d'aller vérifier. Vous comprenez, les gars, si ça prend feu, je n'ai pas d'assurance, ça serait moche.

Mais le frérot est là. Et il a du pain sur la planche. Nous le rejoignons au chantier une fois sa journée terminée ; *Dingo* nous attend. C'est sûrement bon pour le moral de Damien d'avoir ses sœurs avec lui, mais je doute de nos qualités de préparatrices. Parfois les bonnes intentions ne suffisent pas. Je me sens un peu comme Brest, un peu bétonnée. Je veux bien faire ceci, mais je ne sais pas exactement comment et puis : « Damien, vient donc voir si c'est correct, merde, ça marche pas. »

Je regarde ses mains nues et je me botte le cul : « Allez, ma vieille ! c'est pas une petite pluie qui va t'arrêter. »

Je passe la ficelle, la repasse, tire, noue puis recommence. Elle est trop délicate pour être manipulée avec des gants. Mes doigts semblent appartenir à quelqu'un d'autre. On me les a prêtés avec la fonction action-réaction de base, mais j'ai oublié de prendre l'option circulation sanguine.

Heureusement, mes problèmes de vaisseaux ne compromettent rien. Les jours passent et les préparatifs avancent. Vient le jour J. Le bateau est prêt pour sa première sortie. Le vent est faible, le ciel est couvert mais on s'en fout. Le front plissé de Damien devient de plus en plus lisse au fil des bords que l'on tire. *Dingo* glisse doucement sur l'eau. Damien se met à respirer, enfin, après des semaines d'apnée. Le stress des fausses manœuvres fatales tombe. Tout devient calme. Pas d'applaudissements ou de sifflements. Nous ne sommes pas au Québec. Nous sommes en Bretagne où les minis sont choses courantes. C'est tout simple. Ça ressemble à un pique-nique du dimanche après-midi. Damien regrette sans doute la présence de ceux qui ont investi dans le projet : Dominique, Carl et tous les autres. Moi je préfère quand les grands moments se passent dans le silence, avec un air de comme-si-de-rien-n'était. Il y a bien quelques dé-monstrations sonores et joyeuses, quelques éclats de rires, mais on se sent davantage dans une cathédrale que sous un chapiteau. Le vent nous pousse lentement, le long de l'allée centrale. Il n'y a per-sonne, pas d'orgue ; seulement la grandeur de la voûte au-dessus de nos têtes.

Quelques jours plus tard, le ciel se dégage. Je ne savais pas qu'il pouvait faire soleil à Brest en plein hiver. J'ai trop de préjugés. Nous sortons à nouveau sur *Dingo*. Cette fois, la rivalité remplace l'inti-mité. Damien veut comparer son bateau à un mini pareil au sien. Sandrine laisse la place à Manu, un copain du coin, et se joint à l'équipage du bateau rival. Ce sera mieux pour prendre des photos de *Dingo*. Je lui jette un regard plein de sous-entendus et nous rete-nons de justesse un fou rire. Pire que des écolières. L'équipage en question se nomme Guillaume et Guillaume, deux jeunes bretons, mal rasés. De quoi alimenter les fantasmes d'étudiantes montréalaises en mal d'horizons lointains. Nous les avions croisés quelques jours plus tôt sur les pontons. Je m'étais penché vers Sandrine : *Sâlai*... Ou plutôt salut, en langage codé. C'est notre signal d'alarme.

Alors pour les photos, pas besoin de lui tordre le bras. Je sais qu'elle préfère la compagnie de marins barbus à la nôtre. Je ne lui en veux pas. C'est vrai qu'ils ont un petit quelque chose. C'est la mer qui rend viril je crois. Et elle est belle la mer ce jour-là. Le vent et la lumière lui donnent un autre caractère. *Dingo* a de quoi s'amuser un peu plus. C'est beau et c'est bon. L'odeur saline, le bruit de l'eau contre la coque. Il y a une porte qui s'ouvre et tout en sort. C'est plus que des souvenirs, ça ressemble à une certitude.

Nous finissons la journée au bar de la marina *Le tour du monde*, histoire d'en vider un. Nous goûtons au vin chaud épicé, spécialité bretonne accompagnée de saucissons tranchés. En petite quantité, ça vaut son pesant de cacahuètes. Les rivaux du dimanche s'obsti-nent sur leurs performances réciproques. Les Bretons sont fiers et orgueilleux, Damien aussi. C'est suffisant pour alimenter une discus-sion. De plus, la voile n'est pas le seul sujet au débat. Manu part le bal.

– Hé ! les mecs. Vous savez ce que Damien m'a demandé aujourd'hui ? Passe-moi la *poignée* de winch...

– Qu'est-ce que ça veut dire ?

– La manivelle… Ils disent *poignée* au lieu de manivelle.

Éclat de rire général.

– Non, c'est vrai ? Vous dites ça ? Mais c'est pas une poignée ! On dit une poignée de porte, pas une poignée de winch.

– Tu m'étonnes qu'ils aient perdu la course… Ils ne se comprenaient même pas.

– On n'a pas perdu !

Je me souviens quand Sandrine et moi sommes parties, sac au dos, découvrir l'Europe. Il y a près de deux ans. Nous pensions rester quelques semaines en France. Nous y sommes restées cinq mois. Nous avons bourlingué d'un coin à l'autre du pays, de la capitale aux petits bourgs perdus. Dès le début, fatiguées de toujours répéter, nous avons joué aux caméléons. Nous avons adopté l'accent, les expressions, l'humour. Et ça a marché. Tout le monde nous a toujours comprises. Ou alors a fait semblant.

Ce soir, nos cinq mois d'immersion ne « valent que dalle ». Je croyais que l'accent pointu, c'était comme la bicyclette : que ça ne se perdait pas. Pourtant, personne ne s'est jamais autant moqué de notre langue. Damien en arrachait déjà tout seul. Un Québécois, c'est dépaysant pour les marins du coin. Trois, de la même famille, dont deux jumelles la boule à zéro, c'est un peu comme une mini foire ambulante. Toutes les occasions sont bonnes pour se foutre de notre gueule. Guillaume C. n'en manque pas une. Ils sont peut-être virils, mais ils sont chiants. Pas méchants, non ! On déconne. Oui, oui, bien sûr. Et ta grand-mère, elle. Une fois, deux fois, trois fois. On rigole encore. Au bout de la dixième fois, on a envie de partir en guerre. Pour rire. Alors on « cale » nos verres chacun dans sa tranchée, entre les fusillades sur la langue ou les bateaux. C'est sans doute les épices du vin qui font monter la température. Ça tombe bien, il fait froid dehors. Mais qui aime bien, châtie bien. On ne va pas en rester à quelques malentendus phonétiques. Manu nous invite à passer la soirée avec eux. On s'entasse dans sa voiture, direction chez Fred. Il y a du rhum, du tapis et un gros chat. Les profils se dessinent au fil des verres vides. Notre hôte se remet tout juste d'une lourde peine d'amour. Quelques photos ici et là, elle était jolie. Faut pas trop en parler. Je me demande si elle lui a laissé son chat.

Il n'y a pas que l'amour. Il y a aussi l'alcool. Premier arrêt obligatoire : le bar *Le Caméléon*. Tiens, ça me fait penser à quelque chose… Mais lui, il n'imite personne, il est fidèle à son coin de pays. Il soûle qui le veut bien, c'est-à-dire tout le monde. Tournée après tournée, *shooters* de tequila enlignés les uns derrière les autres, nos amis commencent à oublier l'accent et tout ce qui ne ferait pas l'affaire. Fred n'en a plus que pour Sandrine. Sa douleur lui paraît moins grande devant deux grands yeux bleus. Les Bretons ne sont pas seulement orgueilleux, ils sont aussi dragueurs et… persévérants. Les tactiques se succèdent. Manu me parle des étoiles dans mes yeux, Fred s'obstine avec Sandrine sur la crédibilité de sa démarche.

– Je ne veux pas baiser avec toi. Je veux sortir avec toi.

– Tu ne peux pas dire ça. Tu ne me connais pas. Dis plutôt que tu veux baiser avec moi, c'est correct, c'est normal.

– Non, peut-être qu'on pourrait s'embrasser, tu vois. Peut-être qu'on se caresserait et peut-être que, oui, on pourrait baiser, si tu voulais. Mais c'est pas mon intention. Tu comprends ?

– Mais comment tu peux avoir envie d'autre chose que de baise, avec une fille qui part dans deux jours ?

Les Français n'en reviennent pas. Ils essaient d'avoir l'air romantique et on leur parle de sexe. En France, on parle d'amour pour ne pas avoir l'air obsédé ; au Québec, on parle de baise pour ne pas avoir l'air amoureux. Ça crée un choc culturel. De toute façon, Sandrine n'a pas l'intention de baiser avec personne, moi non plus d'ailleurs. Nous avons des hommes qui nous attendent à la maison.

Alors, à défaut de passer à la chambre à coucher, on passe au club de nuit. Je suis surprise par le coût d'entrée : 70 francs. Je ne veux pas dépenser quinze dollars pour danser sur de la musique populaire entourée de jeunes friqués brestois. Quinze dollars, ça correspond à mon budget quotidien. Sandrine et Damien me regardent un peu de travers : « Hé, l'économe ! tu vas pas commencer à nous faire chier. » C'est vrai qu'en matière d'économie, je pourrais battre des records. Sandrine se moque toujours un peu de moi. « Vous savez ce qui est beau avec Noémie ? Elle travaille vingt heures semaine à sept dollars de l'heure et elle réussit à mettre de l'argent de côté. » Et bien c'est justement parce que je refuse de payer quinze dollars pour entrer dans une boîte de nuit. Mais il faut des exceptions à la règle. Il me restera le souvenir de la soirée et non celui de la dépense. C'est ma phrase déculpabilisante. Je m'en sers pour enfreindre mes règles d'épargne. À voir l'expression du portier, je me demande si j'ai pris la bonne décision. Il nous regarde avec un mélange de pitié et de mépris. C'est vrai que Sandrine et moi ne sommes pas des cartes de mode. Nos têtes rasées ne nous aident pas.

Pendant la guerre, les femmes tondues étaient des traîtres. Elles étaient punies pour avoir couché avec l'ennemi. Le mec doit se demander s'il n'a pas manqué la une des derniers jours. Les Allemands sont revenus, merde ! C'est qu'à l'intérieur, il faudrait que la bombe leur tombe dessus pour qu'ils soupçonnent quelque chose. C'est un peu la même jungle d'un continent à l'autre. Les filles sont sexy, les mecs soûls et il faut se crier par la tête pour s'entendre. Au diable les préliminaires, nous envahissons la piste de danse. Damien est en feu. Manu et Fred aussi. Je fais mon possible pour être dans le coup, mais le trio a mis le radar en marche. Ils dansent autour d'une poulette. Sandrine est assise plus loin. Elle offre son oreille attentive au moins arrogant des deux Guillaume. Une autre victime de la cruauté des femmes qui en a lourd sur le cœur. Fred, après plusieurs verres et quelques danses, s'écroule définitivement sur le sol. La piste se vide de plus en plus. La nuit s'étiole tranquillement.

Nous regagnons nos appartements aux petites heures du matin. Au programme pour demain : sortie à voile sur les bateaux-écoles de Fred et Manu. Nous avons rendez-vous au *Tour du monde*. Le café remplace le vin chaud. Fred arrive une heure en retard avec une épouvantable gueule de bois. Heureusement, on a de quoi guérir tous les maux de têtes. Il fait beau et il vente. Deux bateaux, deux équipages, un trajet de course et c'est parti. Le vent et la mer me confirment une chose : je préfère la voile aux boîtes de nuit enfumées. La vitesse m'enivre davantage que les *shooters* de tequila. Le système d'aération est meilleur, l'horizon plus près. Et les Bretons sont meilleurs salés.

📄 Duel sur l'eau et première blessure (Damien)

Brest. *Dingo*, amarré au ponton, est secoué par les bourrasques. Pendant que je bricole à l'intérieur, nous prenons jusqu'à 15 degrés de gîte par la seule poussée du vent sur le mât. La violence des rafales me surprend. Même au plus bas de la marée, abrités par les hautes digues, les voiliers demeurent exposés aux forts vents. Dans le journal d'aujourd'hui, ils annoncent 90 km/h avec rafales à 120... Bien ventilée, cette Bretagne ! Depuis mon arrivée à Brest, il y a eu cinq dépressions semblables à celle-ci.

Un autre grand coup de gîte me fait lever les yeux. Par mes hublots de roof, j'observe mon mât. Il ne faudrait pas que celui de *Morph'eau*, mon voisin, et le mien viennent en contact. Du même coup, je me réjouis d'avoir eu temps de réparer ma barre de flèche avant ce gros coup de vent. J'avais dû la démonter suite à un incident survenu le lendemain du baptême de *Dingo*.

Cette cérémonie s'est déroulée très simplement peu après l'arrivée de mes sœurs. Comme la tradition le veut, il faut un parrain et j'ai pensé à Ollivier Bordeau. Ce rôle lui revenait pour son aide durant la construction, sa grande gentillesse et l'accueil qu'il nous a réservé, à *Dingo* et moi. Il a paru touché par ma proposition et a accepté avec plaisir.

Le matin du baptême, Sandrine et Noémie sont parties acheter l'ancre qu'il me manquait. Ça semble peut-être curieux, mais au lieu de fracasser la bouteille de champagne sur la coque, ce qui risquerait de l'abîmer, on le fait sur l'ancre du bateau, attachée au balcon de l'étrave. Il faut frapper fort, car une bouteille qui n'explose pas, c'est mauvais signe. Les marins sont très superstitieux.

Après la fermeture du chantier, Ollivier et son équipe s'amènent sur le ponton, face à l'étrave de *Dingo*. On me demande un petit discours. Puis Ollivier monte à son tour, bouteille en main. Nerveux, il s'avance vers l'étrave. Le moment est crucial. C'est la première fois qu'il baptise un bateau et l'avenir de *Dingo*, numéro 305, est entre ses mains. Un petit sourire, quelques instants de concentration et Paf ! Génial, je n'aurais pas pu demander mieux comme explosion. Ollivier en a inondé le bas de ses pantalons.

Pendant que nous applaudissons sa performance, *Dingo*, lui, se lèche l'étrave. Vous avais-je dis que j'ai nommé mon bateau d'après cette race de chien sauvage australien ? À cet instant précis, je sens qu'il prend réellement toute sa puissance et son caractère. On porte un toast à son avenir et à celui de son skipper…

Le lendemain, nous préparons notre deuxième sortie dans la rade de Brest. Magnifique journée ensoleillée. Un bon 15 à 20 nœuds de vent d'est. Conditions idéales pour les premiers tests comparatifs entre les deux protos Rolland : *Dingo* et *Morph'eau*. Cet autre mini flambant neuf appartient à Yann Guen, un Français établi en Guyane qui se prépare pour la Mini-Transat, et à Ollivier Bordeau, son constructeur. Durant les longues absences de Yann, c'est donc l'équipe du chantier qui en dispose.

La veille, j'avais demandé à Guillaume s'il voulait sortir avec *Morph'eau*, question de mesurer le potentiel de vitesse de mon bateau. Aussitôt, il a crié à un de ses copains : « On va aller bouffer du Caribou ! ». Tout le reste de la journée, ils m'ont mis de la pression. Selon eux, le petit Québécois allait se faire littéralement écraser.

Les deux minis tirent sur leurs amarres depuis déjà quelques heures, impatients de montrer ce qu'ils ont dans le ventre. Au coup de 14:00, les voiles sont sorties sur le pont. Lorsque j'allume le sondeur, l'alarme se déclenche aussitôt. À peine un pied d'eau sépare le fond du dessous de mon bulbe. Ça va être chaud, les gars ! La marée est fine basse. Quelqu'un nous recommande de garder la droite du chenal.

À bout de bras, nous virons les bateaux de 180 degrés. Les étraves sont orientées dans l'axe du vent. Pendant que Noémie et Manu tiennent *Dingo*, je hisse et prends un ris dans la grand-voile. Une petite poussée pour nous éloigner du ponton et nous décollons au près serré à l'intérieur du port de plaisance. Je rase le plus possible les voiliers au vent avec les adonnantes. Après deux virages entre les pontons, nous voilà dans le chenal. Une autre sortie à voile réussie ! Il fait beau et je sens qu'on va bien s'amuser.

Six cents mètres plus loin, Noémie et Manu larguent le ris. Nous déboulons à six, sept nœuds au grand largue, sous grand voile haute et foc. Fantastique ! Jusque-là, les vitesses des deux bateaux sont semblables.

Au programme, une petite manche de *match racing*. On décide de se mettre à la cape pour s'entendre sur un parcours. Comme c'est la règle, le départ est au près et le retour au vent arrière. Nerveux et agressif, je coupe la ligne le premier. Silence sur le pont. Manu observe *Morph'eau*. Ils vont plus vite… par contre, on fait un meilleur cap. Quelques minutes plus tard, j'explique à mes équipiers comment procéder pour le virement de bord. Une quille pendulaire, c'est efficace, mais il y a un mode d'emploi.

Avant de virer, il faut ouvrir le taquet-coinceur du palan de quille sous le vent. C'est dans celui-ci qu'il y a toute la tension. Imaginez un poids de 350 kilos, remonté de 30 degrés, qu'on laisse filer d'un seul coup. Une fois le taquet ouvert, la quille descend sous le vent. Automatiquement le bateau se retrouve extrêmement gîté. Après avoir repris le mou dans le palan de quille au vent, on doit virer aussitôt. L'avantage de cette manœuvre est de pouvoir relancer le bateau beaucoup plus vite sur l'autre amure avec la quille déjà pendulée. Cela évite aussi de s'essouffler sur le winch.

Paré à viré ? Allez, on vire ! La manœuvre un peu trop lente permet à notre concurrent de prendre deux longueurs sur nous. Ce n'est pas grave, le prochain virement sera mieux réussi.

J'aperçois Sandrine sur *Morph'eau*, qui nous photographie. Noémie me taquine : « Il faudrait accélérer, Damien, sinon les gens ne verront que ton étrave sur les photos. » *Dingo*, vexé par l'insolence de son adversaire, et moi, très orgueilleux, sommes bien décidés à reprendre la tête. Manu tape sur le flanc de *Dingo* pour l'encourager. Quelques minutes plus tard, nous doublons les copains en passant sous leur vent.

Les réjouissances ne durent pas longtemps. Sur un bord de grand largue, je fais une erreur qui aurait pu me coûter cher. Ma bastaque non tendue est allée se coincer derrière la plus grande barre de flèche. Lors de l'empannage, en reprenant sa tension à la main, je m'aperçois assez vite que quelque chose ne va pas. Je lève les yeux et… merde ! Je la choque en grand pour la dégager, mais le mal est fait. Mes barres de flèches sont en carbone et elles ne pardonnent pas ce type d'effort. Une fissure noire est visible.

Je dois garder mon sang-froid pour trouver une solution rapidement. Il me faut d'abord connaître l'ampleur des dégâts. À l'aide de la drisse de foc, je grimpe dans le mât. La barre de flèche ne tient plus que par quelques fils de carbone. J'ai frôlé le démâtage. J'annonce la nouvelle à mon équipage. Nous devons ramener *Dingo* à quai avec son mât debout. La partie de plaisir est finie !

Il fait froid et humide dans mon bateau. J'aimerais bien que mes sœurs soient encore ici. Avec elles assises à coté de moi, on arrivait à réchauffer plus facilement l'intérieur tout en rigolant. Il y a quelques jours, elles sont reparties au Québec. Une séparation douloureuse car je ne les reverrai pas avant plusieurs mois.

Il y a des jours comme ça où le moral n'est pas au beau fixe. Aujourd'hui, je devais travailler à l'extérieur, mais c'est hors de question avec de tels vents. Je dois remettre à plus tard le matelotage sur le pont et l'installation d'un système d'élastiques qui empêchera mes bastaques de se coincer à l'avenir.

Je repense à l'incident de la dernière sortie. Comme on dit, j'ai eu de la chance dans ma malchance. Si j'avais repris toute la tension au winch, comme je le fais à chaque virement de bord ou empannage, la barre de flèche se serait complètement détachée du mât... Cette mésaventure me fait réfléchir à la fragilité de leur point d'attache. La partie qui enserre le mât s'appelle le collier. J'en ai déjà renforcé un sur six, mais je serai probablement obligé de tous les reprendre pour avoir l'esprit tranquille. Selon moi, l'échantillonnage des tissus est trop faible. Même l'architecte est d'accord. On a beau vouloir économiser quelques grammes ici et là, arriver avec un mât intact au Brésil demeure une priorité.

La chute du dollar (Damien)

Je suis au fond de l'eau mais, rassurez-vous, je ne viens pas de chavirer avec mon mini. Je suis bel et bien dans le port de plaisance, les deux mains enfoncées dans la vase. J'ai déjà connu des décors plus sympathiques en plongée. La bouteille d'air comprimée sur le dos, je me déplace doucement pour ne pas soulever un nuage de boue. Un coup de palme de trop et je n'y vois plus rien. Je jette un œil vers le haut pour tenter de me situer... Mon cœur s'arrête de battre un millième de seconde. Là, devant moi, une forme bizarre, immobile. Comme un gros poisson-torpille... Quel con ! C'est le bulbe de ma quille.

Enfin, après cinq minutes de fouille à l'aveuglette, je touche une masse visqueuse. Je souris derrière mon masque. Youpi ! C'est mon portefeuille. Il côtoie les crabes depuis déjà 28 heures, avec toutes mes cartes magnétisées, permis de conduire, argent pour la semaine, etc.

Je l'avais échappé hier du haut du mât.

Tout a commencé lundi alors que j'essayais d'écrire sur mon portable. Rien à faire, ma pensée était ailleurs. Quelque chose me tracassait et je voulais avoir l'esprit tranquille. Je saute alors sur mon vélo et fonce vers le port du Moulin Blanc. Depuis mon arrivée en France, c'est mon moyen de transport. Cela me fait au moins une demi-heure d'exercice par jour.

Arrivé sur place, je me prépare à monter dans le mât pour inspecter à nouveau mes colliers de barres de flèche, source de mon inquiétude. Je dois être rendu à une vingtaine d'escalades en un mois. Par chance, j'aime les hauteurs.

Sur la *V'limeuse*, je passais mon temps à grimper aux mâts. En mer, pour observer le moindre signe de vie à l'horizon, et dans les lagons, comme vigie, afin de repérer les pâtés de coraux. Plus grand, j'ai commencé à utiliser les barres de flèche comme tremplins de plongeon.

Sauf que le mât de misaine de la *V'limeuse* avait des échelons alors que celui de *Dingo* n'en a pas. Lorsque j'aurai un peu de temps libre, je me fabriquerai une échelle en sangle que l'on met en position à l'aide d'une drisse. En attendant, j'ai besoin de quelqu'un.

Quand je suis seul, comme aujourd'hui, j'attends qu'un curieux s'approche de *Dingo* et vlan ! je lui mets le grappin dessus… gentiment. « Pardon, auriez-vous l'amabilité de me hisser là-haut ? » J'espère seulement qu'il repassera dans le coin pour me redescendre, une fois mes bricolages terminés. Cette fois-ci, je tombe sur un ancien participant de la Mini-Transat. Il avait coupé la ligne de départ en 1999, mais à la suite d'une collision avec un O.F.N.I., il avait dû abandonner.

Arrivé au dernier étage de barre de flèche, j'ai un choc. Il y a des petites fissures qui n'annoncent rien de bon. Je pensais renforcer tous les colliers d'ici au printemps, mais ce que je vois m'obligerait à démâter dès maintenant pour réparer. Une opération dont je me passerais bien alors que je débute à peine mon entraînement.

Je sors mon couteau pour vérifier l'étendue des dégâts et c'est à cet instant que je sens quelque chose glisser de ma poche. Il y a des jours, comme ça, où on ferait mieux de rester calmement à la maison.

Mon porte-monnaie est en chute libre. J'espère une seconde qu'il atterrira sur le pont, douze mètres plus bas, mais pas de chance, il passe tout droit entre le bateau et le ponton.

L'eau est à dix degrés Celsius… Avant de plonger, j'essaie autre chose. J'emprunte d'abord une épuisette à long manche pour racler le fond. Une demi-heure plus tard, je suis toujours bredouille. Je me résigne alors à enfiler une combinaison néoprène. Elle n'a pas de cagoule, mais c'est tout ce que j'ai trouvé. Aussitôt sous l'eau, je sens ma tête comme prise dans un étau. Quelque chose me dit que ce bain forcé pourrait tourner mal. Je remonte.

Après la pluie, le beau temps. Mes billets sèchent au soleil et je suis rassuré à propos des fissures. Une série de tests m'a convaincu que la fibre de carbone n'est pas touchée. C'est le mastic polyester qui la recouvre, moins flexible, qui a craqué sous l'effort. J'ai bien failli craquer, moi aussi.

Je peux donc reprendre mon entraînement. Il me reste plusieurs voiles à essayer, dont mes deux gennakers et mes deux spis. Aujourd'hui il fait beau et j'aurai un copain pour manœuvrer avec moi. Tant que mon pilote automatique ne sera pas installé, il m'est difficile de me débrouiller seul dans certaines situations.

Yannick Hemet se prépare lui aussi pour la Mini-Transat 2001, avec un prototype qu'il a loué à Ollivier Bordeau. *Hakuna Matata* est un plan Rolland en contreplaqué, construit par le chantier il y a quatre ans et qui est arrivé quatrième à la Mini-Transat 1997.

La météo s'annonce clémente, le vent souffle du nord-ouest à dix nœuds, et Yannick propose que nous sortions de la rade. Mon équipier connaît bien le plan d'eau. Il sait où se trouvent les hauts-fonds, les rochers à fleurs d'eau, les contre-courants, et prend le temps de m'expliquer par où passer selon les marées. Par exemple, au centre du goulet, il y a un rocher signalé par une bouée fixe. Il me conseille de m'en écarter. Lors des grandes marées, un effet de succion peut jouer de vilains tours. Je devrai aussi faire très attention au phénomène du vent contre le courant qui peut atteindre sept nœuds à cet endroit.

Sous grand-voile et solent, *Dingo* déboule hors de la rade à plus de huit nœuds auxquels s'ajoutent cinq nœuds de courant. L'étrave pointée vers le large, il touche enfin la houle de la mer d'Iroise. C'est son baptême de l'océan.

La lumière est belle. Nous allons virer devant le village de Camaret, à onze milles au sud-ouest, et revenons ensuite vers Brest. Je me rends compte à ce moment de l'importance des ballasts de fond. Leur système de remplissage n'est pas encore en opération et sans l'inertie des 90 litres d'eau, mon bateau est trop ralenti par les vagues aux allures de près.

Mis à part ce fait, *Dingo* se comporte à merveille. J'imagine déjà mes futurs surfs, l'écoute de spi entre les dents et des embruns pleins la tronche, déboulant de longues vagues à plus de quinze nœuds.

Justement, si on l'envoyait, ce spi ! Nous approchons à nouveau la rade et j'attends d'être à l'intérieur. Notre deuxième passage dans le goulet est beaucoup plus long. *Dingo* remonte au près contre le courant. La marée baisse encore et il faut longer le côté sud pour éviter le gros du jusant.

Je laisse la barre à mon équipier. Il est temps de voir si le système de bout-dehors est au point. Ce long tube en carbone me permet de porter une énorme surface de voilure à l'avant. C'est un peu comme si je rallongeais mon bateau de trois mètres et demi. Il pivote sur une ferrure à l'étrave et je peux l'orienter à l'aide de deux écarteurs. Au repos, il est ramené le long des filières.

Je prépare le petit spi asymétrique… qui fait tout de même 66 mètres carrés, soit le double de la surface de ma grand-voile. Sitôt envoyé, l'accélération est instantanée. La vitesse passe de six à neuf nœuds, avec seulement dix nœuds de vent réel. Nous sommes au grand largue. Je décide de remonter vent de travers avec l'arrivée d'une risée. Allez, *Dingo* ! L'étrave se soulève soudainement. Le spi tire l'avant du bateau vers le haut et l'aide à déjauger. Une jolie pointe à douze nœuds s'affiche au compteur.

Avant de rentrer, on s'offre un empannage sous spi, une manœuvre délicate sur un mini. Il faut prendre le temps de bien la décomposer en plusieurs étapes. Finalement, j'affale seul ma voile pendant que Yannick tient toujours la barre : un autre bel exercice en solitaire.

Une fois le bateau bien rangé, je sors une feuille de papier et un stylo. Il est important de noter les changements, les améliorations et les réparations à faire après avoir navigué. Fiabiliser un bateau, c'est la clé d'une bonne préparation.

Au moment où j'écris ces lignes, un fort coup de vent balaie la Bretagne. Sur ces entrefaites, à l'entrée de la Manche, Bernard Stamm arrive de New York dans des surfs impressionnants sur son 60 pieds open, réduisant de trois heures le record de la traversée de l'Atlantique Nord en monocoque. En plus, c'est un « pote de la boîte »… si vous voyez ce que je veux dire. Nous l'attendons à Brest d'un jour à l'autre. Je vous en parle la semaine prochaine.

📄 Mini deviendra grand ! (Damien)

Notre pneumatique Zodiac file vers le goulet de Brest. Au loin, une voile immense se détache du ciel orageux. Ça me fait tout drôle de voir apparaître cette machine de course.

On m'aurait dit, il n'y a pas si longtemps, qu'un jour j'assisterais à l'arrivée victorieuse de Bernard Stamm, nouveau recordman de la traversée de l'Atlantique en monocoque, que je n'en aurais pas cru un mot.

Et pourtant, pas besoin de me pincer, c'est la réalité. Assis à mes côtés sur le boudin, Pierre Rolland, l'architecte de mon bateau, a raison d'être fier. Son dernier coup de crayon vient de franchir la distance New York – Cap Lizard, soit 2 925 milles nautiques, à une vitesse moyenne de 15,3 nœuds. Une sacrée performance réalisée dans des conditions météo extrêmes, vu la saison. Il suffit d'imaginer à quoi peut ressembler l'Atlantique Nord en plein hiver, balayé en permanence par des vents de 35 à 60 nœuds.

Je suis fier moi aussi puisque *Armor-Lux – Foies Gras Bizac*, alias *Superbigou*, est en quelque sorte le grand frère de *Dingo*. Une version trois fois plus grande de mon mini. Hier, au chantier, on rigolait en disant que la valeur de nos protos Rolland venait d'augmenter d'un seul coup.

Bientôt nous distinguons l'équipage canon sur le pont : Bernard Stamm et ses trois équipiers, Christophe Lebas, Jean-Baptiste L'Ollivier et François Scheek. Ils n'avaient jamais couru ensemble auparavant et se sont entendus comme larrons en foire.

À bord de notre Zodiac, il y en a un qui mange ses bas. C'est Ollivier, le patron du chantier Latitude 48° 24', qui avait été approché par Bernard pour participer à cette tentative mais n'avait pu se libérer. Il m'avouait hier qu'il n'a pas regretté beaucoup de chose dans sa vie, mais là, il s'en voulait. Il venait carrément de rater le bateau.

En approchant de la coque bleu métallique, je remarque les cicatrices de son combat : déchirures dans les voiles, chandeliers avant et lettrage arrachés. On s'accroche à ses flancs en sortant le champagne. L'honneur revient à Denis Glehen, le spécialiste en structures composites qui a participé à la construction. Il agite vigoureusement la bouteille et asperge les vainqueurs. Il fallait être gonflés pour tenter de battre un record détenu depuis 1998 par un maxi voilier

130

britannique de 44 mètres, *Mari Cha III*, mené par pas moins de vingt-trois hommes ! Ce fut David contre Goliath.

Grâce aux indications de Pierre Lasnier, leur routeur, les gars ont suivi les dépressions à travers l'Atlantique, surfant à des vitesses folles. Ils se sont même payé le record de distance en 24 heures sur monocoque : 465 milles ! Le bateau s'est couché à plusieurs reprises et des problèmes de quille les ont ralentis. Malgré tout, ils ont amélioré de trois heures le temps de traversée, l'abaissant à 8 jours, 20 heures, 55 minutes et 35 secondes.

Bernard avouera plus tard en conférence de presse : « On vient de vivre des moments formidables : on a battu une grosse machine (*Marie Cha III*) qui avait d'énormes moyens financiers et on a prouvé que notre bateau était une vraie bombe. »

À mes yeux, Bernard est un sacré bonhomme. Il a du culot et surtout une grande détermination, presque de la rage. J'ai entendu parler de lui pour la première fois lors de ma visite à Concarneau en septembre 1999. Ce Suisse de 35 ans avait participé à la Mini-Transat 1995 sur un proto Rolland qu'il avait lui-même construit et s'était classé troisième. Des résultats qui démontraient à la fois ses qualités de marin et de constructeur.

Mais surtout, il venait de mettre en chantier, au moment de notre visite, un 60 pieds open tout carbone pour faire le Vendée Globe, course autour du monde en solitaire, sans escale et sans assistance. Ce projet colossal était d'autant plus remarquable que, contrairement à la majorité, il n'avait pas attendu de trouver un commanditaire et s'était lancé dans cette aventure avec l'aide et la complicité d'un village breton.

Par la suite, j'ai suivi son projet sur Internet. Entouré d'une tribu de quatre-vingts « indiens », comme il appelle ceux qui l'ont soutenu, il a relevé son incroyable défi en s'endettant jusqu'à la dernière minute. *Superbigou* a été mis à l'eau quelques mois avant le départ du Vendée Globe et Bernard s'est qualifié de justesse.

J'ai souvent pensé à lui durant la construction de mon bateau. Son exemple m'empêchait de me décourager. Quand nous n'avions plus un sou, je me disais : « Lâche pas, Damien, ça ne peut pas être pire que Bernard, qui croule sous des dettes bien plus considérables que les tiennes. »

Encore aujourd'hui, alors qu'il me reste une part importante de mon budget à trouver si je veux prendre le départ de la Mini-Transat, je demeure confiant. Il y a bien une compagnie, quelque part, qui voudra mettre son nom sur la coque de *Dingo*... comme Armor-Lux et Foies Gras Bizac l'ont fait avec *Superbigou*. Sinon, je devrai vendre au moins deux mille tee-shirts dans les prochains mois ! Peu importe, j'y arriverai.

Lorsque Bernard a dû abandonner le Vendée Globe aux îles du Cap-Vert, en novembre 2000, à la suite d'une panne de ses pilotes automatiques, il était en quatrième position. Là aussi, je me suis imaginé à sa place. Cette décision devait être terrible à prendre. Tant d'efforts qui échouaient bêtement pour un problème technique. Mais Bernard s'est aussitôt tourné vers un nouveau défi : le record de la traversée de l'Atlantique Nord.

Aujourd'hui, c'est la fête dans la rade de Brest. Il y a une super ambiance sur l'eau. Un gros bateau moteur suit *Armor-Lux – Foies Gras Bizac* de près. Toute l'équipe de bénévoles de Bernard est à bord. Ils sont fous de joie. C'est assez émouvant de voir tous ces gens qui ont cru en lui depuis le tout début et qui célèbrent son exploit avec enthousiasme. Bernard témoignera plus tard que cette grande victoire, c'était sa manière à lui de les remercier.

À quelques centaines de milles plus au sud, les Sables d'Olonne se préparent aussi à accueillir des héros. Les premiers coureurs du Vendée Globe approchent de la ligne d'arrivée après trois mois autour du monde en solitaire. Deux grands marins vont se succéder en moins de 24 heures. Michel Desjoyaux et Ellen MacArthur ont formé le duo d'enfer qui nous a fait vivre de grands suspenses lors de la remontée de l'Atlantique en fin de course. La petite Ellen en a fait voir de toutes les couleurs à celui que l'on surnomme « le professeur ».

Ancien élève d'Éric Tabarly, Michel Desjoyaux a navigué sur tout ce qui flotte en Bretagne. Il est surtout connu pour avoir remporté plusieurs fois la course du Figaro, un événement majeur en France. Il a déjà couru aussi une Mini-Transat, tout comme 11 des 24 participants de ce Vendée Globe, dont Bernard Stamm et Ellen MacArthur.

Michel a un esprit innovateur remarquable. En 1991, il a mis au point la première quille pendulaire sur son mini 6.50. Il partage aussi sa grande passion de la course au large avec ses étudiants. Entre différentes courses, Desjoyaux enseigne à Port la Forêt, un centre d'entraînement réputé de Bretagne.

Je n'ai pas pu me rendre aux Sables d'Olonne, mais j'ai suivi son arrivée en direct à la télévision. *PRB* a fait son entrée de nuit, sous les projecteurs de centaines de bateaux et d'hélicoptères. Un spectacle grandiose. Michel devenait le premier solitaire à boucler un tour du monde en moins de 100 jours (93 plus exactement).

Le lendemain soir, c'était au tour d'Ellen McArthur. Je ne vous cache pas que cette jeune Anglaise de 24 ans était ma favorite. Je trouve qu'elle est presque surhumaine. Elle a une force psychologique et une ténacité à toute épreuve. Son histoire est digne d'un compte de fée. À 11 ans, Ellen économisait secrètement l'argent que lui donnaient ses parents, destiné à la cantine, pour se payer son premier voilier.

Depuis, elle s'est offert tout un palmarès. Tour de l'Angleterre en solitaire à l'âge de 17 ans. Trois ans plus tard, dix-septième à la Mini-Transat 1997. Première place dans la catégorie 50 pieds lors de la Route du Rhum 1998. Vainqueur de la Transat anglaise 2000 et, pour terminer en beauté, deuxième de ce Vendée Globe à 24 ans. Bien sûr, elle est aussi la femme la plus rapide avec un temps de 94 jours.

Elle a eu droit à un accueil mémorable. Les journalistes s'étonnaient de voir encore plus de spectateurs que la veille. C'est qu'Ellen a gagné le cœur de tous les Français. Lorsque *Kingfisher,* son bateau, s'est glissé entre les deux digues, des milliers de personnes se sont mises à crier son nom. J'étais ému pour elle.

Tous ces coureurs solitaires sont une source de motivation pour moi. Leur talent, leur ingéniosité, leur courage, leur débrouillardise dans les conditions de mer les plus démentes, la manière dont ils abordent les problèmes, les uns après les autres, en ne comptant que sur eux-mêmes et en trouvant des solutions parfois incroyables, comme Yves Parlier qui a démâté en plein océan et trouvé le moyen de réparer seul son mât et de poursuivre sa course… tout ça les rend exceptionnels. En plus d'avoir des bateaux extraordinaires.

En fermant la télévision ce soir là, j'ai repensé au Vendée Globe 1996. J'avais vu des images de *Groupe LG2*, le bateau du disparu Gerry Roufs, surfant à toute vitesse sur une longue houle. C'est à cet instant que je me suis promis de naviguer un jour sur ces grands oiseaux…

📄 Je bouffe des milles (Damien)

Déjà trois mois d'écoulés depuis mon arrivée en France. On me demande parfois comment je me sens ici. Je vous dirais que la solitude fait partie de mon projet, mais je ne pensais pas qu'elle me toucherait aussi vite. Malgré les nouvelles rencontres, il est toujours dur de laisser nos proches derrière. À 22 ans, c'est ma première grande séparation d'avec ma famille et c'est con, mais je m'ennuie parfois. Leur présence me manque. À cause de tout ce que nous avons vécu ensemble, sans doute.

Il y a aussi mes amis restés au Québec. Aller prendre une bière avec eux, voir un film ou encore faire de l'escalade, toutes ces activités me permettaient de bien rigoler et d'oublier durant quelques heures les tracasseries de la construction. Ici, les relations avec mes collègues de travail et les nouveaux copains de voile me gardent en permanence dans le vif du sujet.

Si je fais un premier bilan, deux points importants ressortent de mon entraînement à l'étranger. D'un côté, je me retrouve souvent seul à travailler sur *Dingo*, ce qui rend les petites tâches plus longues et compliquées qu'elles pourraient l'être au Québec. De l'autre, je profite d'un encadrement technique inespéré.

Je me répète souvent que l'on doit vivre avec les défauts des qualités. À Montréal, j'avais de l'aide mais je manquais d'informations. Ici, c'est fantastique ! Mon apprentissage dans le monde de la course au large se fait beaucoup plus vite.

J'écoute tous les conseils que chacun me donne. Ensuite, je suis en mesure de trier et faire mes propres choix. Par exemple, avant d'arriver ici, je me posais plusieurs questions au niveau des manœuvres. Je m'interrogeais sur les techniques idéales pour affaler un spi de 80 mètres carrés en solitaire ou bien encore celles utilisées pour empanner, sous spi, avec un système de bastaques. Après quelques discussions, le tour était joué.

Il y a aussi l'énorme avantage de pouvoir naviguer en plein hiver. Cela me laisse quelques mois pour mettre au point ce qui ne va pas sur *Dingo*. Les épreuves de qualification débutent en avril et le temps file, trop vite à mon goût. Je dois multiplier les sorties en solitaire pour que chacune de mes manœuvres soit parfaitement rodée.

J'attendais d'avoir fait plusieurs séances en équipage avant de me lancer seul. Il semble que le moment soit venu…

J'étudie la carte météo des deux prochains jours. Je n'ai jamais vu ça en trois mois. Il y a des anticyclones partout sur l'Atlantique. De belles journées ensoleillées prévues sur l'ensemble de la France. Dix à quinze nœuds de secteur nord-est. Voilà une chance inouïe. Je vais bientôt vivre mes premières sensations en tête-à-tête avec *Dingo*.

Il est 9 heures du matin. Faute de vent, je me fais remorquer hors du port de plaisance. Une fois dans le chenal, je hisse ma grand-voile. J'ai dû quitter le quai assez vite. Mes voiles d'avant sont encore dans leur sac à l'intérieur. Les amarres et les défenses traînent dans l'eau… Un bon ménage me permet d'y voir plus clair.

Solent ou gennaker ? Je suis tenté par cette dernière voile, plus grande et contrôlée par le système de bout-dehors. Mais sans pilote automatique et avec si peu d'expérience en solitaire, ça pourait mal finir. Je décide plutôt de rester sage et hisse le solent.

Je me sens bien sur l'eau. Seul avec mon bateau, c'est différent. Une réelle harmonie prend forme.

Le vent augmente. Au fond, j'ai bien fait de ne pas choisir le gennaker. Je m'attendais à un beau petit dix nœuds, relax, mais Éole veut me former à la dure. Lorsqu'on reçoit le vent sur l'arrière du bateau, il est plus difficile d'évaluer sa force. En fait, sa vitesse se soustrait à celle du bateau. Le contraire s'opère en faisant demi-tour. Ainsi, lorsque je décide de remonter au vent, *Dingo* se retrouve surtoilé car il en reçoit davantage. Je prends donc un ris. Avec une surface de grand-voile de 30 mètres carrés, je dois réduire rapidement.

Au près, je peux lâcher la barre sans problème. Si je règle bien les voiles, *Dingo* peut suivre sa route seul, en remontant ou abattant légèrement selon la force du vent. Je vais à l'avant, me retourne et j'admire mon bateau qui trace son propre sillage. Cela me fait plaisir de le sentir aussi vivant.

Toute la journée, je pratique virements et empannages. Il faut que je décompose chaque manœuvre. En étant très méthodique, tout se déroule pour le mieux.

Sans m'en rendre compte, je dépasse l'enlignement de deux bouées rouges en face du port militaire. Par chance, j'ai pris l'habitude de regarder constamment le profondimètre. Vite, il faut que je vire. Le fond remonte à vue d'œil. Les dérives, les bastaques, la grand-voile… eh merde ! j'ai oublié de remettre la quille droite. Trop tard ! Les trois cent cinquante kilos du lest sont restés « angulés » dans le sens contraire. Résultat, *Dingo* accuse une gîte importante. Je choque mes écoutes en grand pour le redresser et fais ensuite penduler la quille du bon côté. L'ordre revient et je repars à toute allure au portant.

Je bouffe des milles. Ma plus longue sortie jusqu'à maintenant était de 30 milles nautiques. Mon compteur indique déjà 45 milles pour aujourd'hui. Le vent a encore augmenté. Je commence à voir de plus en plus de planches à voile sur l'eau. Un bon 25 nœuds soufflent dans la rade. J'aimerais bien rentrer au port de plaisance, mais avec ce vent et la marée encore trop basse, je dois envisager une autre solution.

Le port de commerce n'est pas très loin. Je décide d'aller m'attacher le long d'un quai, en attendant que la marée soit haute. Seul petit problème, je vais devoir accoster à voile, sans défenses et sans amarres car tout est resté à l'intérieur et je ne peux pas lâcher la barre.

Une fois dans le port, je pointe mon étrave sur une échelle libre. Ce n'est pas évident avec les rafales. Rendu assez proche, j'affale la grand-voile. Manque de pot, le vent mollit du même coup et je n'ai plus assez de vitesse pour atteindre ma cible. J'empanne tant bien que mal avec le solent. Pour manœuvrer, je dois me glisser sous la grand-voile qui recouvre presque entièrement le pont. Bien sûr, je ne vois plus rien. Vite, je choque l'écoute puis me sors la tête. Il y a un cargo à quai, pas très loin devant, et je veux être sûr que ça passe.

Je fais cap sur une autre échelle. Celle-ci sera la bonne, il le faut. À trois mètres du quai, je choque ma voile, saute à l'extérieur du cockpit, me précipite vers l'avant du bateau et attrape un échelon de justesse. Ouf ! Par chance, personne ne me voit, car j'ai l'air un peu ridicule. Je tiens *Dingo* écarté de ce grand quai plein de coquillages. Le solent est toujours hissé. Entre deux rafales, je cours larguer la drisse. La voile s'affaisse sur le pont. Je retourne à l'avant pour accrocher à nouveau l'échelle, mais je n'ai rien pour attacher le bateau. Pas même un petit bout de corde qui traîne près de moi. Je repars en courant chercher une amarre… puis un pare-battage…

Enfin, tout se termine sans aucune égratignure sur la coque. À l'intérieur, toutefois, je découvre de l'eau dans les fonds. Elle est entrée par le puits de quille, car je n'ai pas encore posé la jupette pour créer l'étanchéité. Mon sac à dos est bien imbibé. Pas trop grave pour mes papiers et mon porte-monnaie, qui en a vu d'autres. Mais la caméra semble foutue.

Deux heures plus tard, nous sommes en route vers le Moulin Blanc. Le vent a diminué et je savoure cette magnifique fin de journée. Le soleil se couche dans notre sillage. Je suis heureux d'être sur l'eau avec *Dingo*. Je comprends mieux Ellen MacArthur lorsqu'elle parle de son bateau comme de son meilleur compagnon. C'est peut-être pour ça que les coureurs solitaires ne se sentent jamais seuls.

Ce soir, avant de m'endormir, je revis les moments forts de ma première sortie solo. La brise plus fraîche que prévu m'a obligé à carburer comme un fou et je suis complètement brûlé, mais très satisfait. Ma toute dernière manœuvre pour accoster seul au ponton a été parfaite, rien à voir avec le cafouillage au port de commerce. J'ai appris davantage aujourd'hui que lors de mes cinq sorties en équipage réunies. Et j'ai vécu quelques moments de bonheur intense qui m'ont fait oublier tous mes problèmes. Au fond, je suis chanceux d'être ici en France.

📄 Soleil, on tourne ! (Damien)

Brest. Il fait toujours aussi beau ! Au cours des deux dernières semaines, j'ai compté un nombre record de 13 journées ensoleillées. Du jamais vu ici. C'est super pour le moral. Et ça tombe bien, car j'ai de la visite du Québec.

Évangéline, ma sœur aînée, et Normand sont à Brest depuis une dizaine de jours. Normand est cet ami qui m'a loué un espace dans un local à Verdun où j'ai terminé *Dingo*. Un chic type, toujours prêt à aider, qui est en train d'opérer un virage dans sa vie : il songe à abandonner la course sur hydroplane pour se consacrer plutôt à la voile. Durant plusieurs mois, il a vu mon petit bolide prendre forme. D'où l'envie de venir l'essayer.

Évangéline est venue pour des raisons professionnelles. Bien sûr, elle avait hâte de voir son frérot, mais c'est surtout pour tourner des images en vidéo numérique qu'elle est ici. Elle filme chaque étape de mon aventure depuis l'achat des plans de *Dingo* jusqu'à l'arrivée au Brésil… si tout va bien. Sa formation en cinéma et son goût du voyage l'ont poussée vers le documentaire et je suis en quelque sorte son premier grand sujet !

Son projet a beaucoup évolué en un an. Il prend de l'ampleur. Jacques Pettigrew, président de CinéGroupe, lui a même « prêté » une productrice junior. Le scénario s'est précisé et va être très bientôt présenté aux diffuseurs dans l'espoir de trouver acheteurs et subventions.

À même cette banque d'images, Évangéline réalise aussi de courts documents vidéo qui nous aident dans notre recherche de financement et que l'on peut visionner sur mon site internet : oceanenergie.com. Par exemple, les images tournées à Concarneau lors du départ de la Mini-Transat 1999 sont spectaculaires et ont déjà été achetées par diverses organisations. Ce n'était pas évident de se retrouver sur l'eau au milieu des 70 minis qui tiraient des bords et des 200 bateaux spectateurs qui ajoutaient à la confusion. L'embarcation sur laquelle elle filmait roulait comme un tonneau et se tenir debout était déjà un tour de force.

Ça m'a fait un bien fou de voir ma grande sœur et de pouvoir parler en laissant libre cours à mon accent québécois. Parfois ici, j'ai l'impression d'être quelqu'un d'autre à force d'articuler chaque mot pour bien me faire comprendre des Français.

Le lendemain matin de leur arrivée, nous étions déjà sur les pontons. Après les émotions habituelles d'une sortie du port à la voile, chacun découvre le plaisir d'être sur l'eau à bord de *Dingo*. Évangéline est impressionnée par la douceur de la barre et Normand par notre vitesse.

Les conditions sont parfaites pour initier mes nouveaux équipiers. Avec trop de vent, une maladresse dans la manœuvre pourrait faire souffrir le matériel. Là, tout se passe bien.

Le soir, à notre retour, nous amarrons *Dingo* à un ponton situé plus près de l'entrée. L'endroit est exposé aux vagues lors de grosses dépressions par vents de secteur sud, mais ce sera plus facile pour nos départs et arrivées sous voiles dans les jours qui viennent.

Cette première sortie avec Évangéline et Normand aura été concluante. Mon équipage apprend vite, même si Normand m'avouera plus tard qu'il a été surpris par le nombre de « cordes » sur le pont de mon bateau. Il ne savait pas trop sur quel bout tirer. Maintenant je les sens tous deux d'attaque pour les prochaines navigations.

Au troisième jour dans la rade, il est temps de leur offrir des sensations fortes. Je vais enfin hisser le fameux « monstre » de 80 m². La brise est idéale. J'attends ce moment magique depuis des mois. Pourquoi tant d'excitation ? Parce que le grand spi affiche les couleurs et le nom de mon commanditaire le plus important à date : CinéGroupe, une compagnie montréalaise aujourd'hui spécialisée dans le dessin animé pour la télévision, le cinéma et l'Internet, et qui a produit entre autres *Spirou* et *La bande à Ovide*, deux séries télévisées pour enfants Ses productions sont reconnues sur la scène nationale et internationale et distribuées dans 125 pays.

Leur appui à mon projet est surtout un coup de cœur de Jacques Pettigrew, le président-fondateur, amoureux des bateaux et équipier-cameraman attitré de Réal Bouvier à bord du *J.E.Bernier II*, lors du passage du Nord-Ouest à la fin des années 70. C'est d'ailleurs CinéGroupe qui a produit en 1980 le film *Cap au Nord*, tiré de cette expédition, et quelques années plus tard *Jean du Sud autour du monde*, le long voyage en solitaire, par les trois caps, du navigateur Yves Gélinas.

Cet homme m'a fait confiance et aujourd'hui j'éprouve un grand soulagement en respectant la première partie de mon engagement. Dommage qu'il ne soit pas là pour assister au spectacle.

Je passe la barre à Evangéline. Normand s'occupe de mettre le bout-dehors dans l'axe et moi, de mon côté, j'accroche le sac à spi en avant et attache les points de drisse, d'écoute et d'amure. Je reviens ensuite dans le cockpit. De là, je commande tout. Je demande à Évangéline de bien garder le bateau vent arrière pour éviter de partir au lof lorsque le spi se gonflera. Ça y est. *Dingo* déploie ses ailes et accélère subitement. Je vais voir en avant. Superbe, le logo de CinéGroupe se détache au centre de l'immense étoile blanche, sur fond bleu et vert. Avec un peu de recul, ce doit être de toute beauté.

C'est fou, on va aussi vite que le vent ! Je pousse mon cri de guerre en sentant la puissance de *Dingo*. Évangéline, toujours cachée en arrière de sa caméra, filme et photographie cette scène émouvante.

J'en connais un autre qui serait fier. Je pense à Jean Saintonge, de la voilerie du même nom à Québec, qui m'a offert une importante remise sur la fabrication des voiles de *Dingo* et qui n'a pas eu la chance encore d'apprécier la qualité de son travail.

Évangéline a déjà de l'excellent matériel, mais il lui reste à capter des images à partir d'un autre bateau. L'embarcation parfaite est le pneumatique, très stable et capable d'accélération et d'une bonne vitesse. Après quelques démarches, nous dénichons un gros Zodiac équipé d'un moteur de 40 chevaux. Idéal pour suivre un mini dans la brise. Normand s'installera aux commandes. De mon côté, j'ai besoin d'un équipier et j'en trouve un de taille. Frédéric Boursier va naviguer avec moi. Il a fait la Mini-Transat en 1995 et a terminé en cinquième position. Une magnifique performance.

On annonce du mauvais temps pour les quatre prochains jours. C'est aujourd'hui ou jamais. Il y a peut-être un peu trop de vent pour faire des images avec le grand spi, mais au moins il fait soleil. Pendant que Normand et Évangéline se préparent à bord du Zodiac, je veille à tout organiser sur mon bateau.

Dans le chenal, une poulie cède en haut du mât et nous sommes obligés d'affaler la grand-voile en catastrophe. Nous dérivons rapidement. Il faut faire vite. Je lance un bout à Évangéline afin que le Zodiac nous remorque. En route vers le ponton pour réparer, second pépin : le moteur cale. Je n'en reviens pas. Le réservoir est plein et le moteur est neuf. Je crie à Normand de vérifier la nourrice. C'était bien ça, l'alimentation s'était débranchée. Ouf !

Second départ, réussi celui-là. *Dingo* est nerveux. Il va se faire filmer sous tous les angles. Évangéline s'accroche comme elle peut dans le Zodiac. Elle tente malgré les secousses de garder sa caméra la plus stable possible. Un travail très dur physiquement, mais finalement la journée se déroule très bien. De mon côté, je remercie Éole de m'avoir permis de hisser mon grand spi.

Nous rentrons à la maison. Durant son séjour à Brest, Évangéline reste avec moi chez Hervé et Catherine Lalanne. Hervé sera mon équipier pour les courses en double du calendrier 2001. Il a une grande expérience en mini. Il a participé à la Mini-Transat 1997 et à deux Mini Fasnet, épreuve qui se dispute tôt en saison entre la France et l'Irlande. Ce sera d'ailleurs la première course que nous ferons ensemble en juin prochain.

Il était aussi au départ de la Saguenay 2000 à Chicoutimi où je l'ai rencontré pour la première fois. Pas de chance pour lui et le skipper, Jean-Marc Lanussé, un démâtage dans un grain au large des îles de la Madeleine a mis fin à leur espoir de traverser l'Atlantique d'ouest en est et de couper la ligne d'arrivée aux Sables d'Olonne.

Mon entraînement aura été facilité par leur accueil chaleureux. Lorsque je passe toute une journée, seul sous la pluie, à travailler sur *Dingo*, ça m'encourage de savoir qu'en rentrant le soir je pourrai me faire une petite bouffe au sec tout en rigolant avec une famille que j'aime bien.

Le lendemain matin, je visionne les images d'Évangéline. Sacré travail ! Ça fait tout drôle de voir son bateau naviguer de l'extérieur. Là, sous spi, avec une belle lumière, c'est vrai qu'il en impose…

La course est lancée (Damien)

Brest. Après deux mois de navigation sur *Dingo*, je peux dire qu'une première pression est tombée. Je suis satisfait de mon bateau et mon apprentissage se déroule bien.

Mais une autre pression s'installe. La course est lancée. Je ne parle pas de celle qui va partir en septembre prochain de La Rochelle, la Mini-Transat même, la grande des grandes, mais de cet autre aspect de la compétition qui s'appelle la course aux qualifications. Et dans le cas qui nous concerne, cela n'a rien à voir avec la course automobile, par exemple, où le plus rapide est en pôle position et ainsi de suite. Ou encore avec les sports olympiques où l'on prend les meilleurs résultats.

Pour la Mini-Transat 2001, les 54 concurrents seront choisis pour deux raisons principales : la date à laquelle ils auront terminé l'ensemble de leurs qualifications, complétant ainsi leur dossier d'inscription, et, deuxièmement, leur ancienneté dans le milieu des minis. C'est-à-dire qu'en cas d'égalité « le nombre de milles parcourus en course mini sur le même bateau départagera les ex aequo ».

Les qualifications sont divisées en deux catégories : hors-course et en course. La première vise à vérifier le degré d'autonomie du candidat en lui demandant de naviguer en solo sur une distance de 1 000 milles. Ceux qui ont déjà terminé une Mini-Transat n'ont pas à faire ce parcours.

Pour moi, ce sera le prochain grand défi. Et le plus vite sera le mieux, comme ne cessent de me le rappeler les copains. « Alors, Damien ! C'est pour quand cette qualification en solo ? Dépêche-toi, sinon il ne restera plus de place ! »

Bien d'accord, mais il est encore un peu tôt en saison. N'oublions pas que je me trouve en Bretagne, dans l'hémisphère Nord, en plein hiver. Un des pires endroits au monde pour la météo. Le golfe de Gascogne, la Manche et la mer d'Irlande sont des lieux de navigation où le temps peut très vite se détériorer. Ensuite, mon bateau n'est pas fin équipé pour une aussi longue navigation. Il lui manque du matériel de sécurité dont une balise de détresse et un radeau de sauvetage. Et surtout, un pilote automatique.

Sans cet instrument, je ne peux pas naviguer en solitaire. C'est lui qui prendra ma relève pour barrer *Dingo* quand je serai occupé à manœuvrer, à calculer ma position, à choisir mes options météo, à manger ou à dormir. Même avec le meilleur des bateaux, on ne tient pas le rythme d'une course si le pilote tombe en panne.

J'ai longtemps hésité entre deux modèles, mais sur les conseils d'anciens participants, j'ai pris ma décision. Je négocie en moment avec la compagnie française NKE qui fabrique un système doté d'une intelligence artificielle : le gyropilote. Ce cerveau analyse un ensemble de données telles que la vitesse, le cap, la force du vent et l'état de la mer. Il arrive à anticiper les mouvements du bateau et à lui imprimer la trajectoire la plus rectiligne possible. C'est surtout un avantage aux allures portantes où les bateaux équipés de pilotes traditionnels ont tendance à tracer une route en zigzags. Au bout d'une traversée de 3 000 milles, cela fait une bonne différence.

Je suis conscient que le temps presse, mais à mes yeux la préparation est aussi importante, sinon plus, que la navigation elle-même. Pour me qualifier, je devrai compléter au total deux mille milles nautiques sur *Dingo* d'ici la fin-juin. C'est beaucoup, et ça demande une grande confiance dans son bateau.

Je vous avais déjà dit, aussi, que *Dingo* serait démâté pour me permettre de renforcer les barres de flèches. J'hésitais entre le faire maintenant ou après ma première qualification en solo. Je crois que j'aurai la conscience plus tranquille si je m'en occupe tout de suite. Ce sera donc ma prochaine opération. J'en profiterai pour ajuster tout ce qui touche le gréement et les voiles.

Revenons donc à ces fameuses qualifications dont j'ai commencé à vous parler. Pour les 1 000 milles hors-course, la date est choisie par le skipper qui a jusqu'à trois mois avant le départ de la Mini-Transat pour les compléter. Ce qui me laisserait théoriquement jusqu'au 22 juin. Mais comme je l'ai dit plus haut, la réalité est différente. La Mini-Transat a lieu tous les deux ans et plusieurs coureurs ont déjà commencé à se qualifier la saison dernière. Ils ont une longueur d'avance sur tous ceux qui, comme moi, viennent de mettre leur bateau à l'eau.

De plus, le nombre de participants a été ramené de 70 à 54 cette année, alors que la popularité de la Mini-Transat augmente d'une édition à l'autre. Tout ça pour dire que les places sont rares. Premier arrivé, premier servi. Je devrai donc me lancer aussitôt prêt, vraisemblablement début avril.

Le parcours dans l'Atlantique Nord est défini par la Classe Mini. En partant de Brest, j'irai virer un bateau-feu au sud de l'Irlande. Ensuite, je ferai cap au sud-est pour contourner, 500 milles plus loin, le Plateau de Rochebonne, en y relevant trois bouées. Puis *Dingo* passera au sud de l'île de Ré avant de pointer à nouveau son étrave vers Brest.

J'aurai droit à une seule escale, si je le juge nécessaire, qui ne devra pas dépasser 72 heures. Le règlement indique toutefois que « le parcours de qualification étant fait pour renforcer le sens marin des participants, ils peuvent, en cas de force majeur météo uniquement, décider de prolonger leur escale ou de s'arrêter à nouveau ».

En mer, pour des questions de sécurité, je devrai contacter au moins une fois par jour les bateaux rencontrés ou les sémaphores sur la côte afin que mon positionnement et des nouvelles sur le déroulement de ma navigation soient communiqués aux centres de surveillance maritime. En plus, il faudra faire contresigner mon livre de bord par une autorité locale au départ et à l'arrivée, ainsi qu'à l'escale, s'il y a lieu. Dans celui-ci, je devrai écrire tous mes calculs de navigation astronomique. De plus, afin de prouver que je suis bien passé par les endroits imposés, je prendrai des photos de *Dingo* et moi en avant plan d'une bouée ou du bateau-feu par exemple.

144

Pour cette qualification qui durera entre 7 et 10 jours, selon la météo, mon principal objectif sera d'arriver à bon port avec un bateau en un seul morceau.

Une fois cette dure épreuve terminée, rien n'est encore gagné. Il me restera 1 000 milles en course du calendrier Mini, en solo ou en double, avec au moins une étape de plus de 500 milles sans escale, à compléter à bord de *Dingo*. Là encore, l'important n'est pas de performer mais bien de terminer chacune des courses car seulement ceux qui franchissent la ligne d'arrivée se voient accorder la distance parcourue. La Classe Mini veut s'assurer, à travers ces événements, que les 54 bateaux choisis sont fiables, de même que leur skipper, bien sûr.

Les deux premières courses de la saison, la Sélect 6.50 et le Mini Pavois, épreuves en solitaire qui ont lieu en mai prochain, devraient totaliser la distance nécessaire. D'autres courses suivront, comme le Mini Fasnet, du 10 au 17 juin, auquel *Dingo* est inscrit. Mais si tout s'est bien passé avec les premières, mon dossier sera déjà complété et je saurai alors si j'ai réussi à prendre ma place parmi les 54 concurrents. Sinon, je serai sur la liste d'attente…

Quand je parle de 54 bateaux, j'oublie de dire qu'ils sont divisés en deux catégories. Il y a les 6.50 de série et les prototypes, dont *Dingo* fait partie. Or, pour la première fois, la Classe Mini a accordé un nombre égal de places à chacune des catégories. Il y aura donc 27 bateaux de série et 27 prototypes. Plusieurs personnes ont manifesté leur mécontentement car il y a toujours un nombre supérieur de prototypes qui se préparent pour cette course.

Disons que les nouveaux règlements font beaucoup jaser. D'abord le changement de parcours. Pour la première fois en 24 ans d'existence, la Mini-Transat ne se terminera pas aux Antilles mais au Brésil, obligeant les bateaux à traverser l'équateur et la zone du Pot au Noir. Je vous en reparlerai. Mais c'est surtout l'augmentation des distances de qualification et la diminution du nombre des inscrits qui mettent une pression supplémentaire sur ceux qui se préparent.

La plupart de ces décisions visent à renforcer le sérieux des participants. Et sur ce point je donne raison à la Classe Mini. J'étais sur place pour l'édition 1999 et je me souviens d'avoir été frappé par le nombre d'abandons. Le lendemain matin du départ, ils étaient une vingtaine amarrés aux pontons. Une grosse dépression allait passer sur le golfe de Gascogne et plusieurs ne se sentaient pas prêts à affronter de telles conditions.

Un dur bilan qui a fait mal aux organisateurs. 44 bateaux seulement, sur un total de 70, ont terminé la première étape et 38 sont arrivés en Guadeloupe. Deux jours après le départ, le vent est monté jusqu'à 60 nœuds dans le plus fort de la dépression. Il y a eu huit hélitreuillages et beaucoup de balises déclenchées. Une édition que les Affaires Maritimes et les assureurs ont du mal à oublier.

Alors oui, c'est vrai, les règles du jeu sont plus sévères, mais le motif est louable. Après tout, nous naviguons sur les plus petits bateaux de la course au large.

📄 La plus petite des grandes courses au large (Damien)

Brest. Pluie et vent sur la rade. Depuis qu'Évangéline est repartie pour le Québec, le système des dépressions de l'Atlantique Nord est de retour. Ça m'arrange en fait, car j'ai du boulot à terre. *Dingo* est démâté et je travaille au chantier pour renforcer les colliers de barres de flèche. J'irai aussi faire raccourcir une partie de mon haubanage chez Techniques Gréement et peut-être peindre mon mât.

Il y a longtemps que je voulais vous parler de l'historique de la Mini-Transat, question de bien faire comprendre son évolution en 24 années d'existence.

Comparons un peu ces chiffres : en 1977, année de sa création, le plus rapide mettait 38 jours à une vitesse moyenne de 4,3 nœuds pour rallier Penzance (pointe sud-ouest de l'Angleterre) à Antigua aux Antilles, une distance de 4 000 milles nautiques. En 1999, Sébastien Magnen complétait le parcours Concarneau Guadcloupe en 24 jours à 6,4 nœuds de moyenne. Quant à la gueule que les minis se payent aujourd'hui, par rapport aux bateaux d'alors, c'est comme voir côte à côte une Porsche Carrera du dernier salon de l'automobile avec une Coccinelle des années soixante. Les coques se sont élargies, les mâts et les bouts-dehors rallongés, surtout dans la catégorie des prototypes. À elle seule, la voilure a augmenté d'au moins 50 %.

Voilà donc l'occasion parfaite pour vous causer de tout ça alors que j'ai les mains dans la résine.

La Mini-Transat, appelée « la plus petite des grandes courses au large » et pour laquelle je me prépare depuis maintenant deux ans, est malheureusement encore mal connue en Amérique du Nord. Lorsque j'ai commencé à en avoir des échos, j'ai été le premier surpris d'apprendre que c'est un Britannique qui a eu l'idée d'organiser cette course océanique pour petits yachts. Ce geste survenait après le gigantisme de certains voiliers inscrits à la Transat Anglaise de 1976. Alain Colas, le plus extravagant, manœuvrait seul *Club Med*, une bête à trois mâts de 72 mètres, suivi par *Vendredi 13*, long de 39 mètres et *Pen Duick VI*, 22 mètres, mené par le vainqueur Éric Tabarly. Aujourd'hui, la limite des bateaux inscrits aux courses en solitaire est établi à 18 mètres, soit 60 pieds.

Bob Salmon, dégoûté de la tournure que prenait la course au large, réagit en créant la Mini-Transat. En réduisant la taille des voiliers à 6,50 mètres (21 pieds), ce qui lui semblait la limite acceptable pour la haute mer, Salmon réduisait du même coup les budgets de construction ou d'achat des bateaux engagés dans sa course. Il voulait rendre l'aventure accessible à tous ceux qui n'étaient pas riches mais rêvaient de traverser l'océan en course. Pour s'assurer toutefois que les bateaux étaient capables d'affronter les pires conditions, l'histoire dit qu'une grue les faisait tomber d'une hauteur de 4 mètres dans le bassin du port et que s'ils résistaient à l'impact, ils pouvaient prétendre à la traversée.

Aussitôt, tout le monde le traite de fou. La presse anglaise et française boude l'événement ou s'acharne contre lui. Certains accusent la bande de jeunes voyous inscrits à cette « transat des pauvres » d'offrir à leurs sponsors de la visibilité à peu de frais, ce qui pourrait nuire aux autres projets de courses océaniques qui impliquent d'énormes budgets.

Une majorité de Français s'inscrit à la première édition. Au total, vingt-six concurrents prennent le départ à Penzance, en Angleterre. Aux côtés de marins d'expérience, plusieurs jeunes d'à peine vingt ans en sont à leur première traversée, dont Halvard Mabire, qui se classera troisième à l'arrivée aux Antilles, et Bruno Peyron, qui deviendra l'un des grands skippers de sa génération. Bob Salmon arrivera quinzième sur les 19 finissants. Même résultat pour lui deux ans plus tard, alors que 28 coureurs rallieront Antigua sur les 32 inscrits.

À partir de 1985, les Français prennent la relève de l'organisation. Le parcours ne change pas beaucoup. La course part de Bretagne et arrive en Guadeloupe ou en Martinique, selon les années. Il y a toujours une escale aux îles Canaries pour permettre aux coureurs de reprendre leur souffle après une première étape de 1 300 milles souvent difficile. La traversée comme telle de l'Atlantique, qui fait environ 2 700 milles, débute vers la mi-octobre, période qui correspond à la fin de la saison des cyclones.

La popularité de la Mini-Transat augmente d'une édition à l'autre et cela malgré certains bilans lourds en abandons et parfois même en disparitions. Pour éviter les drames, les règlements concernant la sécurité se renforcent. Les bateaux deviennent insubmersibles, avec des compartiments de mousse qui doivent garantir le maintien à flot du bateau envahi par l'eau avec un équipage de deux personnes.

Chaque mini est soumis à des tests de jauge, comme celui du redressement où l'on place une charge de 45 kilos en tête de mât. On simule ainsi le poids d'une vague dans les voiles quand le bateau est couché par le vent. Il faut qu'il se redresse seul.

Les bateaux sont donc plus sécuritaires, mais ils demeurent fragiles, construits les plus légers possibles. Sur les prototypes de la dernière génération, il ne faut pas commettre d'erreur à la manœuvre. Ça oblige les coureurs à bien connaître leur monture et à se préparer sérieusement.

L'évolution des 6.50 mètres est constante et elle ne ralentira pas de sitôt. Jusqu'ici, les carènes avaient été dessinées et optimisées pour un parcours avec une dominante de vents portants. Mais cette année, les conditions vont changer. Pour la première fois de son histoire, la Mini-Transat se terminera à Salvador de Bahia au Brésil. La distance totale de la course est la même. Ce sont surtout les conditions de vent entre les Canaries et l'Amérique du Sud qui feront la différence.

Avant, le principal défi des concurrents était de rejoindre la latitude des alizés le plus vite possible. Ces vents portants du nord-est soufflent avec régularité sur la hanche des minis et assurent un excellent rythme de traversée.

Le nouveau parcours obligera les bateaux à franchir l'équateur, une zone de transition entre deux régimes d'alizés différents. C'est une ligne symbolique, disent les organisateurs. C'est surtout un endroit où il y a peu de vent, surnommé le Pot au Noir, cauchemar de tout navigateur et plus encore des coureurs.

Je me souviendrai toujours, à bord de la *V'limeuse,* de notre plus longue traversée, 30 jours dans l'Océan Indien, justement parce que nous passions de l'hémisphère sud à l'hémisphère nord, en route de Bali au Sri Lanka. Des jours et des jours à nous traîner dans une mer agitée. Nous prenions nos douches sous les énormes grains où le vent pouvait souffler jusqu'à 40 nœuds. Mais entre les nuages, pas un souffle. Souvent nous devions partir le moteur.

C'est vrai que la *V'limeuse* n'allait pas très vite dans les petits airs, mais au moins on pouvait se mettre à l'abri du soleil. J'imagine assez bien quel enfer physique et psychologique ça peut devenir à bord de nos palaces flottants de 21 pieds, qui n'offrent aucune protection contre la chaleur et l'humidité. Comme nous n'avons droit à aucune assistance extérieure, il sera impossible de savoir avec précision où se situe le fameux Pot au Noir entre l'Afrique et l'Amérique du Sud et quel est le meilleur endroit pour le traverser en longitude.

Le défi de la prochaine Mini-Transat sera donc encore plus grand. Ce qui ne semble pas décourager les candidats. Car si une seule chose n'a pas changé depuis 1977, c'est l'enthousiasme qui entoure cette course. L'enthousiasme de ceux qui se préparent comme de ceux qui l'ont déjà faite. Yves Parlier, par exemple, qui a remporté l'édition 1985 et qui termine en ce moment le Vendée Globe après avoir parcouru plus de la moitié du globe sous gréement de fortune, a dit un jour de la Mini-Transat qu'elle était de loin la course qui lui laisse le meilleur souvenir. Venant d'un aussi grand marin, le commentaire a encore plus de poids.

D'ailleurs, la semaine prochaine, je vous apporterai les témoignages de quelques anciens participants que je côtoie quotidiennement à Brest.

📄 L'océan me manque (Damien)

C'est quand même formidable d'être entouré d'autant de coureurs d'expérience avec qui j'en apprends un peu plus chaque jour. Certains sont d'anciens « ministes ». Chacun me raconte les péripéties de sa course et les moindres détails de leurs témoignages m'intéressent.

Par exemple, Pierre Rolland, l'architecte de mon bateau, m'a déjà parlé brièvement de ses deux Mini-Transat. Sa première participation remonte à 1991 sur un proto dont le dessin allait donner naissance au fameux bateau de série, le Pogo. Heurté par une grosse déferlante au large de l'Espagne, il a dû abandonner. Un côté de son mini s'était délaminé sous l'impact. En 1993, il repartira à nouveau. Pas de chance, la première étape sera annulée pour des raisons de fort coup de vent alors qu'il était très bien positionné dans l'ouest.

L'autre soir, j'ai décidé de poser quelques questions à Hervé Lalanne, qui m'héberge à Brest et sera mon futur équipier pour les courses en double. Nous avions déjà eu l'occasion de discuter de son expérience, mais cette fois-ci nous sommes rentrés un peu plus dans les détails.

En 1995, lors du départ de la Mini-Transat à Brest, Hervé observe en spectateur les bateaux s'éloigner dans la rade et décide à ce moment même de se lancer dans l'aventure. L'idée germait depuis quelques années puisque plusieurs de ses amis, dont Ollivier Bordeau, avaient vécu l'expérience.

Hervé aimait l'atmosphère sur les pontons : « Ça sentait bon l'aventure ! » Le côté humain de cette course lui avait bien plus aussi. Sur 55 participants, il y avait toutes sortes de personnalités. D'après lui, cette hétérogénéité des skippers de la Mini-Transat ne se retrouve pas dans des courses de plus haut niveau. « Il y a des jeunes qui espèrent lancer leur carrière... » Hervé me regarde avec un grand sourire. « Il y a des hommes d'affaires, des skippers professionnels, des médecins, des aventuriers, des pères de familles qui veulent s'évader et j'en passe. »

Hervé consacre deux ans à temps partiel à sa préparation. Après mûres réflexions, il choisit un 6.50 de série, le Pogo. Ce bateau correspond bien à ses objectifs.

Il l'achète en kit et le soir, après le boulot, travaille en arrière de chez lui.

Hervé m'avoue que ce projet de Mini-Transat était pour lui le meilleur compromis entre la course au large et la famille. Il souhaitait faire cette traversée davantage pour l'aventure que pour la compétition et pour réaliser un rêve qu'il avait depuis bien longtemps : traverser l'Atlantique... « Je voulais faire une belle course avec la satisfaction d'avoir mené à terme un tel projet. » Son souhait sera exaucé. Hervé termine la Mini-transat 1997 en milieu de tableau.

Il me raconte ensuite comment il a géré son sommeil, point délicat pour un solitaire. Il dormait toujours par tranche de 25 minutes avec l'aide d'une grosse alarme pour être certain de se réveiller. Un des conseils qu'il m'a donnés est de récupérer le plus possible lorsqu'on navigue au près. Le bateau est alors très bien barré par le pilote et il ne faut pas hésiter à faire des réserves de sommeil pour les allures plus rapides qui demandent une grande vigilance du skipper.

Assis devant la télévision, j'attends une pause publicitaire pour lui poser ma dernière question. Je veux savoir s'il a beaucoup appris sur lui-même durant cette course. « Oui, bien sûr. Je crois que tout individu qui repousse ses propres limites se connaît mieux ensuite. C'est le cas durant une course en solitaire de longue haleine. Confronté à soi-même dans un espace réduit, il y a aussi des moments de questionnement et de réflexion, surtout lors de calmes plats. Le plus dur c'est d'être seul lorsque ça va mal... On dit souvent que la Mini-Transat rend philosophe. »

À la fin, Hervé se retourne vers moi : « Et toi, Damien, pourquoi as-tu choisi cette course ? » Je me suis fait poser cette question si souvent que je n'hésite pas à lui répondre.

Je veux faire la Mini parce que je veux retrouver le grand large. J'ai été habitué à vivre sur la mer toute ma jeunesse et maintenant l'océan me manque. J'ai hâte d'être à la barre de *Dingo* durant plusieurs jours et de pouvoir jouer avec les vagues et la houle. Depuis quelques années, je tournais en rond sur des petits lacs autour de Montréal. C'est bien pour apprendre à régater, mais il n'y a pas grand défi.

J'adore aussi me mesurer aux autres. J'aime cette dose d'adrénaline que l'on reçoit lorsqu'on navigue côte à côte avec un autre voilier et qu'il faut toujours tenter d'aller plus vite. Je crois que j'aime me dépasser avant tout.

Comme on dit si bien ici en France : « Passe ta Mini d'abord ! » Une fois que j'aurai obtenu ce « diplôme », j'aimerais beaucoup continuer dans la course au large, même si je sais très bien que c'est difficile. La Mini-Transat est une véritable rampe de lancement. C'est un peu pour toutes ces raisons que je me lance dans cette grande aventure.

Ici, en France, beaucoup de coureurs de la Mini-Transat ont construit comme moi leur bateau. Je discute souvent avec l'un d'eux : Frédéric Boursier. Lors de nos sorties sur *Dingo* ou encore à l'atelier, nous parlons de voile et de minis avant tout. Il a pris le départ de l'édition 1995 sur son proto Rolland.

Un matin, devant un bon café, je lui ai posé quelques questions sur le déroulement de sa course. Il lui a fallu dix mois de dur travail avant de mettre *Réglisse* à l'eau. Une expérience qu'il ne recommencerait pas dans les mêmes conditions. Il a dû mener à terme et pratiquement seul sa construction avec un budget restreint.

Frédéric n'a pas eu beaucoup de temps pour s'entraîner. La construction l'a tenu occupé jusqu'à la dernière minute, mais il se sentait bien dans sa tête et prêt à prendre le départ. Il connaissait la mer et ses caprices depuis longtemps. Très jeune, il faisait déjà des ronds dans l'eau en dériveur. Il en a même fait son métier en devenant skipper professionnel.

La première étape de la course a été difficile pour lui. « La construction d'un bateau, c'est dur physiquement et la santé en prend un coup. » Frédéric m'avoue avoir eu du mal à se remettre dans le bain de la navigation. Il arrive quand même sixième aux Canaries et cinquième au général. J'ai bien rigolé lorsqu'il m'a dit qu'il avait eu le temps de lire deux livres durant la première étape. Au près, il laissait la barre au pilote et lui, assis au rappel, bouquinait tranquillement. Contrairement à Hervé, Frédéric ne s'est pas préoccupé de la gestion de son sommeil. À vrai dire, me confie-t-il, il dormait beaucoup. En moyenne six à sept heures par jour.

Il est d'accord avec moi pour dire que celui qui a construit son bateau démarre avec une longueur d'avance ; il connaît les points forts et faibles de sa monture. Mais ce n'est pas suffisant. Il insiste sur le fait qu'il aurait voulu naviguer davantage sur *Réglisse* avant la course pour être capable de le pousser au maximum. Les protos ont un potentiel énorme, mais il faut savoir l'exploiter, connaître ses limites pour ne pas trop casser le matériel. Un skipper mal préparé devra lever le pied plus vite.

C'est à ça que je travaille présentement. Et concernant les points faibles de *Dingo*, je discute depuis quelques jours avec les personnes ressources qui m'entourent afin de trouver la meilleure solution pour mes barres de flèche. Pour confirmer mes inquiétudes, le proto flambant neuf de Pierre Rolland, loué à un coureur pour la saison 2001, a démâté à sa deuxième sortie dans la rade il y a une semaine. Les deux barres de flèche centrales ont cassé net à la suite d'une mauvaise manœuvre et le mât est tombé vers l'avant.

Depuis, tout le monde s'interroge sur la solidité des colliers en carbone et surtout, sur leur capacité de pardonner une erreur de manœuvre. Ce serait simple si les avis concordaient. Le problème, c'est que personne ne propose la même solution. Une fois de plus, je me sens bien seul avec mon expérience toute neuve des composites et des prototypes. Pourtant je dois trancher et faire le bon choix. Cela fait sans doute partie de mon apprentissage de solitaire.

📄 Coup de collier (Damien)

Brest. Une heure du matin au chantier Latitude. Musique à fond et lutte contre la fatigue.

« Hé, Caribou ! As-tu installé ta pompe de sécurité ? » Guillaume me crie depuis le cockpit de son bateau. Je ne sais pas comment il fait, ce mec, pour tenir ce rythme depuis des mois. Le jour, il est l'employé d'Ollivier Bordeau et le soir il travaille sur son mini. Il devrait d'ailleurs le mettre à l'eau très bientôt.

Non, je n'ai pas encore posé ma pompe et justement le sujet m'intéresse. Je laisse de côté mon travail et vais rejoindre mon futur adversaire pour discuter un peu. La course contre la montre a commencé pour lui aussi. Il devra faire les mêmes qualifications, le plus tôt possible. Même si nous bricolons chacun de notre côté, sa compagnie me fait du bien. C'est plus motivant ainsi. On se tient réveillés avec de la bonne musique et du café qui nous stimule et nous réchauffe aussi, car le chantier est très humide.

J'ai beaucoup de respect pour ce jeune Breton. Il fait preuve d'endurance, de sérieux et d'une persévérance remarquable. Je ne connais pas beaucoup de jeunes de 21 ans qui seraient capables de suivre sa cadence. Il a construit seul son mini, avec parfois un petit coup de main des copains. Lorsque le temps est venu de l'équiper, il n'avait plus d'argent. Pendant quelques semaines, il s'est demandé comment il arriverait à se rendre jusqu'au bout. Comme dernière solution, il a dû vendre 60 % de ses parts à un ami qui, en échange, s'est engagé à payer l'accastillage, le gréement et l'électronique. Voilà un bel exemple de ténacité.

Mais c'est vrai qu'il n'est pas le seul. Un grand nombre de minis sont construits par les coureurs eux-mêmes. Ces derniers se trouvent un coin de local, ne se posent pas trop de questions sur le financement et foncent. Ils y vont au jour le jour, même avec un petit budget, et finalement leur bateau prend forme.

De tous ces passionnés de voile, ce sont quand même les jeunes qui me surprennent le plus. Ils n'hésitent pas à se mettre les deux mains dans la résine, que ce soit pour réparer leur planche à voile, leur petit dériveur ou même de plus gros bateaux. Ils sont curieux face aux techniques de construction en composites : sur moule, mannequin, en forme ou à bouchins, etc. Et quand ils décident de faire la Mini-Transat, ils s'organisent selon leurs moyens. Ils en achètent un d'occasion ou bien s'associent pour en construire un neuf.

En général, l'approche des Français que je connais vis-à-vis la course est très décontractée. Ils ne s'en font vraiment pas, toujours prêts à faire évoluer leurs voiliers, à les rendre plus rapides, quitte à fabriquer des pièces qui casseront peut-être. L'important c'est d'essayer différentes options et de repousser ainsi chaque fois les limites. Ils ont développé l'attitude qui va de pair avec cette mentalité : un bris survient et ce n'est pas la fin du monde.

J'ai beaucoup observé le patron du chantier, Ollivier Bordeau, depuis que je suis ici. Face aux problèmes, il ne perd pas une minute et il pense aussitôt à une solution. Sa philosophie est certainement la plus extrême que je connaisse. Un jour il m'a dit : « Si ça ne casse pas, c'est sûrement trop costaud, donc trop lourd. » C'est un peu une boutade, mais je comprends ce qu'il sous-entend. Selon lui, un prototype capable de gagner ne pourra pas nécessairement allier légèreté et fiabilité absolue.

Avec un bateau aussi limite qu'il le souhaite, on doit se croiser les doigts pour rencontrer des conditions idéales. Par exemple, si la première étape de la Mini-Transat se fait au portant et que la météo n'est pas trop mauvaise, situation plutôt exceptionnelle, le proto le plus léger a de bonnes chances de remporter la manche. Mais si les coureurs traversent une bonne dépression avec des vents de face dans le Golfe de Gascogne, la légèreté ne sera pas suffisante. Au près, dans des conditions musclées, les bateaux souffrent. Ils doivent donc être fiables car les avaries auront des conséquences beaucoup plus graves. Un bateau rapide qui casse une pièce d'importance avant l'arrivée sera vite dépassé par ses poursuivants.

Je préfère donc l'approche du juste milieu : un petit peu plus lourd, mais plus solide. Elle pardonne les erreurs du coureur débutant et surtout, elle convient mieux à mon caractère minutieux et très perfectionniste. Là encore, j'ai fait du chemin. Parfois je suis prêt à laisser tomber la solution idéale pour faire avancer plus vite les choses. C'est ainsi que j'ai pris ma décision pour mes barres de flèche.

L'une des options était l'ajout d'un barreau d'aluminium qui traverse le mât et sur lequel viennent s'insérer les tubes en carbone des barres de flèche. Ce barreau assure une plus grande flexibilité au point d'attache. Cette solution ne faisait pas l'unanimité entre Pierre Rolland, l'architecte, Ollivier, qui a fabriqué les barres de flèche et Éric Cochet, responsable de mon gréement. J'ai tout de même choisi d'en poser un sur l'étage du milieu, le plus long, le plus fragile et surtout le plus sollicité en cas de mauvaise manœuvre. Ça me paraissait le meilleur compromis.

Si tout va bien, *Dingo* sera de nouveau mâté d'ici quelques jours. Entre-temps, j'ai une foule de petites choses à faire. Par exemple, je termine en ce moment mon support de « dame de nage » qui me permettra de godiller par calme plat. Je n'aurai pas le droit d'utiliser mon aviron en course, mais il fait partie de l'équipement de sécurité obligatoire.

J'ai aussi fabriqué des pièces pour la mise en place de mon pilote automatique NKE. C'est une installation complexe et Hervé m'a offert son aide. En échange, je lui donne un coup de main avec la maison qu'il se construit et dans laquelle il emménagera très bientôt. Nous n'avons pas encore débuté notre entraînement sur *Dingo* ensemble, mais une fois par semaine nous naviguons sur un Melges 24.

Je connaissais ce bateau de réputation, mais je n'avais pas encore eu la chance d'en essayer un. C'est une véritable petite bombe pour régater autour des bouées. Sa rapidité d'accélération au portant m'a impressionné. Ces quelques heures sur l'eau me permettent de refaire le plein d'énergie et de ne penser à rien d'autre que mes manœuvres. Sinon, je crois que je sauterais un plomb.

J'ai passé tous les soirs de la semaine ici, au chantier, au moins jusqu'à minuit. Je voulais donner un coup de collier car le temps file et j'ai l'impression que je n'avance pas aussi vite qu'il faudrait. Je me demande sans cesse si je serai prêt pour le 20 avril, date que je me suis fixée pour ma qualification en solo. J'ai beau mettre les bouchées doubles, ma liste demeure toujours aussi longue.

Comme je passe tout mon temps à travailler, il n'y a plus de place pour faire la fête ni pour rencontrer du monde. Je n'avais pas vu ma vie en France sous cet angle. Je connais beaucoup de gens, mais ce sont presque tous des professionnels de la voile. C'est un des côtés de mon projet que je trouve difficile à gérer.

Déjà 2 heures et demie du matin. Assez pour aujourd'hui. J'entends la pluie tomber dehors. Depuis le départ d'Évangéline, la météo n'est pas bonne du tout. Le retour à vélo va être long et pénible. Ces temps-ci, je rêve à ma Honda Civic… Je me console en me disant que ça doit être pire en mer avec ce temps pourri. Sauf que justement, c'est là que je vais me retrouver bientôt. Ma première qualification approche et je ne serai pas aussi bien préparé que je l'imaginais. J'aurai bien aimé naviguer quelques jours d'affilée au large avant le milieu du mois d'avril. La gestion du sommeil, la solitude et la météo sont tous des éléments sur lesquels je m'interroge. Je suis persuadé que tout va bien se dérouler, mais j'ai quand même les boules. On ne sait jamais ce que la mer nous réserve…

📄 D'une pierre, deux coups ! (Damien)

Mon père fait des pierres aux reins tous les dix ou quinze ans. Et il paraît que c'est très douloureux, qu'il veut mourir à chaque fois. Sa dernière crise, c'était le 24 juin 1999 et on peut dire que le financement de mon projet a commencé ce jour-là. Je vous ai déjà parlé brièvement de cette belle histoire « enfantée dans la douleur », comme il se plaît à le répéter, mais en voici à nouveau les grandes lignes.

Il se ramasse – ce sont ses mots – à l'urgence de l'hôpital Charles-Lemoyne sur la rive sud. Le médecin de garde s'appelle Simon Phaneuf. Dans son délire, mon père allume ; ce nom lui est familier, mais pour l'instant il réclame à grands cris une injection de morphine. Quant au docteur Phaneuf, en consultant la fiche d'admission, il fait rapidement l'association avec la *V'limeuse*. Leur destin vient de se croiser, le mien s'en vient à grands pas.

Quelques heures plus tard, cet urgentologue béni des dieux passe revoir mon père à sa chambre. Le puissant calmant le fait flotter dans les nuages, mais ça ne l'empêche pas d'avoir les deux pieds sur terre. Il lui parle aussitôt de mon projet de Mini-Transat. Mon père a l'intention à ce moment de lancer une campagne auprès de professionnels, hommes d'affaires, etc., en les sollicitant pour une contribution de mille dollars.

Simon réplique qu'il n'est pas intéressé par un montant de cet ordre, mais qu'il serait prêt à considérer une plus grosse somme… et il lui remet sa carte.

Quelques semaines plus tard, je rencontre ce fameux médecin et découvre qu'il dirige aussi quelques sociétés dont l'une en recherche médicale. Nous parlons de voile bien plus que d'argent. Il me raconte qu'il a lu le livre des Glénans, bible de la fameuse école de voile française, quand il avait seulement onze ans, sans avoir jamais mis les pieds sur un bateau. Il a aussi rêvé de faire de la course océanique avant de choisir la médecine et s'est acheté trois voiliers… et une planche à voile.

Il s'informe ensuite de mes projets à long terme. Il veut savoir si la Mini-Transat est un *trip one shot* ou si je veux poursuivre dans cette voie. Enfin, il me dit qu'il ne croit pas au hasard. La scène à l'urgence était un signe que mon projet va réussir. Il a envie d'y participer.

En lui serrant la main avant de le quitter, j'ose à peine y croire… Ce pourrait-il que tout soit aussi simple ?

Eh bien, non ! Après ce départ sur les chapeaux de roue, nous sommes retombés en petite vitesse. Aujourd'hui, c'est-à-dire un an et demi plus tard, je peux vous dire que le financement est bel et bien le côté le plus difficile d'un projet comme le mien. Et qu'il ne faut surtout pas s'attendre à ce que les compagnies vous achètent facilement de la visibilité. L'espace sur ma coque est toujours à vendre, ainsi que presque toute la surface de ma voilure. Jusqu'à maintenant, il n'y a que le logo des Grands Explorateurs que l'on peut voir dans ma grand-voile. Bien sûr, il y a eu le formidable appui de CinéGroupe qui a acheté la visibilité du grand spi, mais mon père considère ne pas avoir de mérite dans ce cas précis. Selon lui, Jacques Pettigrew était gagné d'avance à ma cause.

Je sais qu'il a frappé à de nombreuses portes, souvent avec d'excellents contacts, mais sans succès. Et cela, même si le président possédait un 54 pieds sur le lac Champlain ou sur la côte est américaine. Mais il n'a jamais baissé les bras. À vaincre sans péril, on triomphe sans gloire, me disait-il sans cesse.

Pourtant, on ne parle pas de millions. Quand je vois l'argent investi dans certains sports, j'ai du mal à comprendre qu'il ne reste plus un sou pour la voile ! Chez nous, c'est le hockey, le base-ball et le golf qui siphonnent tout. J'espère qu'un jour le gouvernement et les entreprises verront qu'il y a d'autres centres d'intérêt.

Dès le début, nous savions que l'argent serait rare. Carl, mon père, m'avait prévenu que la belle époque des années soixante-dix était terminée. Lors de la construction de la *V'limeuse*, il avait obtenu l'appui d'une centaine de compagnies ! Selon lui, il y a moins de trente ans, le milieu des affaires se serait emballé pour mon projet. Aujourd'hui, la plupart des grandes entreprises encouragent seulement les causes humanitaires. Et surtout pas les projets individuels. C'est très bien, leur réplique mon père, mais ne perdez pas de vue la fierté de la jeunesse et son énorme potentiel lorsqu'elle est encouragée.

Le problème, c'est que les compagnies classent justement mon dossier dans la catégorie des dons alors que ce n'est pas du tout la charité que nous leur demandons. Mais les entreprises québécoises ou canadiennes ne voient pas encore comment la voile pourrait promouvoir leurs produits.

Pourtant, lorsqu'un projet de course au large est bien suivi par les médias, les retombées à long terme peuvent être très intéressantes. J'en ai la preuve depuis que *La Presse* publie mes textes tous les dimanches. C'est fou comme le public s'intéresse à la voile quand on lui en parle.

En France, le phénomène de la commandite à voile est bien connu. Il existe depuis au moins trente ans. Le principe est assez simple et a fait ses preuves. Un bateau peut devenir la vitrine de produits variés allant des matériaux de construction à l'alimentation. Par exemple, lorsque les Français mangent de la pizza Sodebo, ils goûtent tout autant l'aventure humaine de Thomas Coville qui participait au dernier Vendée Globe sur son 60 pieds open du même nom. On voit beaucoup de commanditaires qui suivent des skippers pendant plusieurs années, ce qui donne le temps au public de s'attacher au marin et à son bateau.

Aujourd'hui, même si l'avenir de mon projet reste flou et que je rêve toujours de mettre un nom sur la coque de *Dingo*, j'ai appris une chose importante : l'attitude de mon père aura été la plus belle des leçons de confiance et de persévérance. Le jour où il s'est retrouvé à l'hôpital, je peux dire qu'il a fait d'une pierre deux coups. Il a trouvé mon premier partenaire financier et m'a montré que lorsqu'on croit vraiment que quelque chose va arriver, cela se produit forcément. De façon parfois très imprévisible. À travers ce projet, il m'a légué une force incroyable. Je dois et devrai toujours avoir confiance en ce que je fais. Et ça, c'est encore mieux que l'argent.

J'ai peut-être les poches vides, mais j'arrive malgré tout à aller de l'avant. *Dingo* va bientôt être en configuration course avec tout l'équipement électrique et de sécurité nécessaire. Le dernier Salon du Bateau de Montréal et la participation de Renaud-Bray – avenue du Parc – auront permis de ramasser, avec la vente de tee-shirts et les dons, de quoi acheter le radeau de survie et la balise de détresse.

Pour revenir aux affaires courantes ici à Brest, les prochains jours seront consacrés à l'installation de mon pilote automatique NKE et, bonne nouvelle, j'ai enfin « remâté » *Dingo*. Les copains m'ont montré une technique très simple. Sans l'aide d'une grue. On commence par bien positionner *Dingo* entre deux bateaux. Ensuite, j'attache une drisse de chaque bateau au centre de mon mât. Quatre personnes sont nécessaires pour faire la manœuvre. Deux personnes tiennent le mât à l'horizontale sur le pont de *Dingo*. Les deux autres sont chacune sur un bateau voisin et s'occupent de contrôler les deux drisses. Ainsi, je suis capable de lever mon mât à la verticale tout en le centrant.

Ça me fait du bien de voir *Dingo* prêt à naviguer de nouveau.

Vendredi dernier, Bernard Stamm amenait *Superbigou*, son 60 pieds open, au chantier Latitude 48° 24' pour une révision complète avant la nouvelle saison de course. Je me suis joint à l'équipe d'Ollivier Bordeau pour l'opération.

La veille, j'avais travaillé très tard à bord de *Dingo* et plutôt mal dormi, moitié assis à côté de la chaufferette pour surveiller le séchage de la résine. À peine trois petites heures de sommeil.

Ce matin, je me lève un peu courbaturé, attrape une brioche et un jus d'orange à la boulangerie du coin et arrive à 7 heures au chantier.

On commence par démâter. Ça me fait tout drôle d'être sur le pont du monocoque le plus rapide de l'Atlantique Nord et de discuter avec Bernard Stamm. Ensuite, on prépare le bateau pour sa sortie de l'eau. Une heure plus tard, plusieurs personnes s'attaquent au démontage de la quille pendulaire et des deux safrans. *Superbigou* doit être abaissé pour passer la porte du chantier.

La partie du bateau qui m'impressionne le plus est la quille. Quatre mètres de tirant d'eau et un bulbe énorme de trois tonnes pour une coque qui en pèse cinq et demie. En la regardant, je peux m'imaginer la puissance d'un 60 pieds.

Mission accomplie. En moins de 5 heures, l'opération est terminée et le bateau repose sur son ber à l'intérieur. De mon côté, je suis content d'avoir ajouté ma goutte d'eau à cet océan d'énergie…

📄 Le sommeil du solitaire (Damien)

La nouvelle a fait le tour du port. Maman Caribou arrive. Au chantier, Florent a affiché le message en rouge sur la porte de la cuisine. Bien sûr, tous les copains rigolent. Ollivier m'a regardé d'un air moqueur : « Alors, Caribou, maman vient voir son petit ? »

Ce qu'ils ne savent pas, ces « tireux de pipe » brestois, c'est que mon nom de famille vient réellement du pays des caribous. Un jour, il faudra que je leur raconte l'histoire plutôt originale de mes parents qui ont choisi de donner le nom d'une rivière à leurs enfants. C'est en descendant la rivière De Pas en canot, dans le Grand Nord québécois, au début des années soixante-dix, qu'ils ont eu envie de faire une famille. Un merveilleux voyage, nous répètent-ils souvent, parmi les outardes et les troupeaux de caribous. Qu'ils aient ensuite décidé

162

de nous appeler De Pas, mes trois sœurs et moi, ne me surprend pas vraiment de leur part.

Je suis certain que les copains du chantier ne connaissent pas beaucoup de parents aussi spéciaux. Surtout des mères qui s'impliquent à ce point dans un projet de course au large. Alors, je les laisse rigoler. De mon côté, je suis très content et j'attends avec impatience le TGV en provenance de Paris qui arrivera à 22 heures. Mais avant d'accueillir Dominique, ma mère, et ma sœur Évangéline, qui est de retour pour continuer son documentaire, je me rends à mon cours du lundi soir.

Depuis trois semaines, l'association Iroise 6.50 propose une série de cours aux skippers de Brest qui se préparent pour la Mini-Transat. Des professeurs bénévoles viennent nous parler de météo, de point au sextant, de médecine en mer, etc. Bref, de tout ce qui pourrait aider des coureurs solitaires. Lundi dernier, un professeur de navigation astronomique nous a vulgarisé le sujet en moins de deux heures. Il reconnaissait que la méthode doit rester simple, car nous utiliserons le sextant seulement pour notre qualification en solitaire. Durant cette épreuve, il nous faudra faire les relevés de hauteur du soleil et tous les calculs nécessaires au positionnement. La Classe Mini veut s'assurer que chaque coureur se débrouillera si ses instruments électroniques lui faussent compagnie en cas de panne ou de graves problèmes électriques.

Ce soir, on discute de gestion du sommeil. Ce sujet m'intéresse vraiment. Comme je vais bientôt partir pour 8 à 10 jours en solitaire sans jamais avoir tenté l'expérience, j'aimerais bien savoir quoi faire et quoi éviter.

J'apprends d'abord qu'il y a différents types de sommeil : léger, profond et paradoxal. Par exemple, nous dormons plus profondément pendant les siestes et la première moitié de la nuit. La récupération physique y est plus rapide.

Toutefois, il peut être dangereux de perturber ce sommeil profond. Des médecins et des spécialistes ont remarqué, à l'aide de témoignages et d'observations, que la plupart des cas de somnambulisme surviennent lors d'un réveil brusque durant cette période. Dans de telles circonstances, le corps est réveillé mais pas l'esprit. Notre professeur nous donne l'exemple d'un type qui s'est jeté deux fois en bas de son balcon situé au premier étage. Par chance, ce n'était pas trop haut et ses chutes se terminaient dans les buissons, mais imaginez ce qui arriverait en pleine mer sur un voilier.

Un ancien « ministe » nous racontait qu'il a vécu une expérience semblable. Après avoir été brusquement tiré de sa bannette par le mouvement de son bateau, qui venait de passer à contre, il a ouvert son panneau de descente, s'est précipité sur le pont, a choqué sa grand-voile et débranché son pilote automatique, tout ça sans en être conscient. C'est seulement le choc de la bôme sur sa tête qui l'a finalement réveillé. Pour cette raison, plusieurs coureurs s'attachent lorsqu'ils dorment à l'intérieur.

Un autre point est aussi très intéressant pour les solitaires. Il existe une période de la journée où nous sommes tout juste bons à dormir. Entre 2 et 6 heures du matin, notre faculté d'analyse est diminuée de beaucoup. Dans toutes les professions où un haut niveau de concentration est exigé, les employés évitent le plus possible de prendre de grosses responsabilités pendant cette période.

Le besoin de sommeil varie d'une personne à l'autre, mais la moyenne tourne autour de sept heures par jour. En dessous de quatre heures et demie, il semble que nous perdions beaucoup de notre vigilance. On a observé que les meilleurs skippers des grandes courses au large s'en tenaient à ce sommeil minimum durant plusieurs mois, surtout quand les conditions de navigation sont difficiles et qu'ils manœuvrent jour et nuit.

Selon notre professeur, l'idéal serait de dormir quotidiennement quatre heures d'affilée, de préférence dans la seconde moitié de la nuit. Ensuite, il faudrait faire plusieurs siestes d'environ vingt minutes. Bien sûr, ça c'est la théorie. Lorsque je me retrouverai au milieu de la Manche, entouré de cargos, ou dans les zones de pêche le long des côtes françaises, anglaises et irlandaises, je ne suis pas certain de pouvoir m'offrir le luxe de quelques heures de sommeil en ligne. Et je ne parle pas du mauvais temps.

Mon expérience me dit que l'important est de rester aux aguets et de toujours sentir les mouvements de son bateau lorsqu'on s'allonge pour dormir. Vers la fin du voyage sur la *V'limeuse*, alors que j'avais 13, 14 ans, je me rappelle avoir souvent été tiré de mon lit sans que personne ne me réveille parce que je sentais une différence de vitesse ou d'angle de gîte. Je sortais alors sur le pont pour regarder si tout allait bien. Parfois je décidais d'affaler une ou plusieurs voiles pour anticiper l'augmentation du vent sous un grain qui s'approchait.

Si je fais le bilan de ce que j'ai appris ce soir, le coureur solitaire doit être prudent. Il lui faut gérer son sommeil, apprendre à le fractionner au mieux selon les circonstances et selon les périodes du jour et de la nuit. Il doit faire très attention à ne pas pousser la fatigue jusqu'à l'épuisement, quitte à réduire la voilure de temps en temps pour dormir un peu.

Comme le stress perturbe le sommeil, certains solitaires font des exercices de relaxation pour mieux s'endormir. Je ne sais pas comment je réagirai en mer, mais pour l'instant mon stress ne m'empêche pas encore de tomber comme une bûche chaque soir. Et ça, même s'il augmente de jour en jour à l'approche de ma première qualification.

Il faut dire que les semaines passent et j'ai du mal à remplir mes objectifs malgré tous mes efforts. Aussi, en allant à la gare chercher ma nouvelle équipe de « préparatrices », j'ai le cœur plus léger. Leur présence va me permettre de refaire un bon plein d'énergie avant le début de la saison. Durant les prochains quinze jours, nous mettrons *Dingo* en véritable configuration de course. Il faudra aussi vérifier que tout soit conforme à la jauge 6.50.

Je les aperçois bientôt qui marchent à ma rencontre. Ça me fait tout drôle de revoir Dominique, ma mère, après déjà cinq mois d'absence. Je suis content aussi de retrouver Évangéline. Toutes les deux sont chargées comme des mules. Leurs énormes sacs sont remplis de pièces d'équipement pour *Dingo*. Elles apportent entre autres un petit groupe électrogène Honda et un chargeur à batteries.

Nous sommes les seuls à marcher dans les rues de Brest à cette heure tardive. Philippe, le copain de Voiles Océan, nous attend chez lui. Sa femme Christine et lui ont d'abord accueilli mes sœurs jumelles, Sandrine et Noémie. Puis, ils ont rencontré Évangéline le mois dernier. Lorsqu'ils ont appris que « Maman Caribou » arrivait à Brest, ils ont encore une fois ouvert leur porte, curieux de connaître un autre membre de cette famille un peu spéciale.

Prêt pas prêt... (Dominique)

Les dernières nouvelles en provenance de Brest ne sont pas fameuses. Déjà début avril, le temps déboule, chaque item sur la liste de préparatifs prend un temps désespérant. Le vent et la pluie n'arrangent rien. En maîtres et rois depuis le début de l'hiver, ils accompagnent le cortège de dépressions qui traversent l'Atlantique d'ouest en est. Ils en deviennent obsédants, l'air de dire que même si *Dingo* était fin prêt, se lancer seul dans pareilles conditions avec si peu d'expérience serait suicidaire.

Au téléphone, il y a quelques jours, Damien cachait mal ses inquiétudes et a fini par nous avouer que sans aide, il n'y arriverait peut-être pas. « Tu devrais y aller » m'a suggéré Carl. « Prenez l'avion ensemble, Évangéline et toi, puisqu'elle doit y retourner bientôt... »

Que puis-je faire pour lui, à ce stade où il faudrait un ou deux préparateurs professionnels à temps plein ? Une foule de petites choses, sans doute, allant du vissage d'un écrou à l'application de *sykaflex* ou de l'achat de cartes marines au briefing sur la navigation. Ou plus simplement encore, lui apporter un peu de recul face à tout cela. Il est parfois difficile de voir clair quand le rythme s'accélère et qu'on se sent aspiré vers le fond de l'entonnoir.

Je ne l'ai pas revu depuis son départ du Québec, il y a cinq mois. Nous recevons chaque semaine son texte pour La Presse et lui parlons tous les trois ou quatre jours. Est-ce suffisant pour bien mesurer où il en est rendu ? Tout semblait sous contrôle jusqu'au moment où il s'est retrouvé seul après la visite d'Évangéline et de Normand, venus passer quelques semaines avec lui. À partir de là, les indices de découragement se sont multipliés.

Ce n'est pas le premier creux de vague depuis le début du projet. Damien a connu des moments difficiles durant la construction, puis à Verdun quand il a fallu faire une croix sur la mise à l'eau au Québec, faute de temps et d'argent. Nous avons toujours accepté que rien n'était garanti, mis à part notre confiance. La Mini-Transat 2001 demeure l'objectif, mais cela peut être reporté à 2003 sans que personne n'ait le sentiment d'un échec. L'important pour Damien est d'avancer et d'apprendre.

Il y a une petite chance, pourtant, que tout s'enchaîne jusqu'à la ligne de départ en septembre prochain. Attaché à chacun de ses

166

gestes, cet espoir miroite même quand il broie du noir. Il l'empêche de baisser les bras, le ramène chaque matin vers *Dingo* et, le moment venu, j'en suis sûre, lui insufflera le courage d'affronter ses 2 000 milles de qualification en mer.

Évangéline et moi sommes bien décidées à l'épauler dans son dernier sprint. Nous mettons au point notre plan d'action entre Paris et Brest. La campagne française défile par les fenêtres du TGV. Des champs entiers de moutarde lui donnent un air joyeux, bientôt lumineux sous un ciel de plus en plus sombre, à l'approche de la Bretagne.

Il est minuit passé et il pleut lorsque le train s'immobilise devant la gare de Brest. Damien nous guide à travers les rues silencieuses jusque chez Philippe, un copain qui nous offre l'hospitalité le temps que nous trouvions un petit studio.

Ce sera d'ailleurs notre toute première démarche. Je me sens un peu mal à l'aise devant la gentillesse de cette famille qui a déjà reçu nos filles en janvier, puis Normand en février, et a insisté pour nous accueillir aussi. J'espère ne pas les froisser en leur annonçant notre départ quelques jours plus tard. Nous avons en effet déniché un endroit grâce au bureau du tourisme. Le mot studio est un peu fort pour décrire cette pièce humide, dans un sous-sol, où nous déplaçons la table selon que nous voulons manger ou nous allonger, mais l'important est de retrouver un espace, chaque soir, où il est possible de se préparer un repas chaud et de rigoler un bon coup avant de s'endormir, sans craindre de déranger quelqu'un.

Il faut dire que les enfants ont tous dans la famille un côté joyeusement débile qui s'exprime surtout en privé et à coup sûr dès qu'ils sont ensemble. Ces accès de délire ont trouvé leur pleine mesure à l'adolescence : sessions de chatouilles et de mordillements, ponctuées de rires, de sons inarticulés, d'imitations diverses, animales et autres... Cette manière de « lâcher son fou » dans un monde qui se prend au sérieux est sans doute le meilleur moyen de rester sain d'esprit.

Je sens au fil des jours que la thérapie porte fruit. Damien demeure préoccupé, mais notre présence agit comme une soupape. Surtout celle d'Évangéline, cette grande sœur avec qui rien n'était simple lorsqu'elle était plus jeune et qui se retrouve aujourd'hui à ses côtés, parfois derrière la caméra, mais plus souvent à lui donner un coup de main, lui préparer un repas, ou simplement complice de fous rires libérateurs.

Ce ne sont pas les vacances pour autant. La discipline instaurée pour venir à bout du travail est sans pitié. L'alarme du réveil sonne une première fois à 5 heures le matin, puis toutes les cinq minutes jusqu'à ce que Damien se lève enfin, soit au bout d'une heure. Ce rituel nous rend dingues, Évangéline et moi, mais le patron tient à ses habitudes. Il fait donc encore nuit lorsque, tant bien que mal, nous nous extirpons de nos sacs de couchage et attrapons paires de chaussettes et sous-vêtements chauds pour affronter l'humidité ambiante. Pendant que l'un d'entre nous prépare le café, l'autre file à la boulangerie du coin et le troisième prend sa douche. Puis nous « petit-déjeûnons » à la française en fignolant le plan d'attaque. Évangéline consulte ensuite l'horaire des autobus et nous annonce invariablement qu'il faut se grouiller pour ne pas rater le prochain, sinon nous devrons attendre plus d'une heure ou descendre au port à pied, ce qui revient au même.

J'aime encore mieux marcher, tout compte fait, que de me faire houspiller par les enfants. J'ai passé l'âge de courir après les autobus en tenant d'une main ma casquette et en vérifiant de l'autre, dans les six poches de mes pantalons, si j'ai bien mon ticket... La lenteur me convient mieux. Et cela depuis toujours.

La grande côte qui nous mène au Port du Moulin Blanc fait un bon trois kilomètres. En sens inverse, lorsqu'il faut la remonter à 9 heures le soir avec une journée dans le corps, je comprends qu'elle nous arrache quelques soupirs. Mais le matin, après un bon café, il n'existe pas meilleure manière de se couler vers la mer. Tout autour, les gens s'agitent, les autos klaxonnent, la France s'éveille, alors qu'au-dessus de nos têtes les nuages défilent avec leur indifférence millénaire envers la race humaine. Pourtant, ils nous parlent. Dispersés dans un ciel tranquille, ils nous disent aujourd'hui que le temps sera frais et venteux du nord, sans menace de pluie.

L'air a une odeur d'océan, un goût salé qui remet tout en perspective. Je suis bel et bien en Bretagne, berceau des meilleurs marins, mais dont les côtes inhospitalières sont redoutables pour qui apprend à naviguer en solitaire comme Damien. Et pourtant, je suis venue larguer ses amarres. Comme ces oiseaux qui nichent dans les parois rocheuses et encouragent à grands cris leurs petits afin qu'ils

168

s'élancent pour la première fois, malgré les risques d'une maladresse fatale.

De quelle forme de courage font-ils preuve, ces oisillons si fragiles, hésitants, se balançant d'une patte à l'autre ? En se jetant en bas de la falaise, obéissent-ils aux exhortations des adultes ou, plus inconsciemment, à une impulsion génétique, cet instinct vital qui nous pousse vers l'avant, vaille que vaille, tout au long de notre existence ?

Et nous, parents humains, juchés sur les sommets de l'évolution terrestre, comme nous avons peur ! Prisonniers de nos sentiments, c'est nous qui hésitons, retenant trop souvent nos enfants par crainte de les perdre.

Je n'échappe pas à cette appréhension. Il m'arrive de regarder Damien et de penser qu'il pourrait mourir en mer. Mais quelque chose en moi, tout comme l'oiseau, me pousse à l'aider malgré tout.

Cette voie qu'il a choisie, tracée d'une vague à l'autre, est la sienne depuis si longtemps. Il l'a ouverte, enfant, et a déjà commencé à y inscrire sa propre histoire. Et moi, sa mère, témoin de sa métamorphose au fil des ans, je ne peux que bénir son retour vers un milieu dont l'hostilité cache des trésors d'enseignement.

Les Français ont conscience de cette richesse. Ce matin, la baie est couverte d'écoliers à la barre de leur *Optimist*. On leur apprend le vent. À tous. Aux petites à lunettes, aux grassouillets, aux timides comme aux frondeurs. Tous auront joué à saute-mouton dans les rafales, auront goûté à cette combinaison de solitude et de liberté. Pas étonnant que naissent ici des passions pour le large, comme en témoignent les centaines de voiliers amarrés aux pontons du Moulin Blanc.

J'éprouve toujours le même plaisir à apercevoir *Dingo* parmi eux. J'ai longtemps eu peur qu'il ne touche jamais l'eau, à force de courir les chemins d'un continent à l'autre. Aussi m'apparaît-il encore plus émouvant, avec son insolence de jeune coursier prêt à en découdre. Un tel compagnon ne peut qu'aider Damien dans son apprentissage de la course en solitaire, et cela malgré leur inexpérience commune. Il s'établira forcément entre eux cette connivence de la jeunesse. Ne sont-ils pas frères de sang, après ces milliers d'heures passées ensemble, mûs par une même volonté de naître à quelque chose de grand ? Pour accomplir leur destin sur l'océan, le marin et le bateau ne sont rien l'un sans l'autre.

Voilà d'ailleurs la tête de Damien qui émerge de l'intérieur de *Dingo*. Arrivé un peu avant moi, il est déjà au boulot. Le bac bleu en plastique, posé sur le ponton à côté des morceaux de tissu de verre, indique qu'il aura encore quelques strates au menu. J'admire sa patience. Chaque fois qu'il se glisse dans un des nombreux recoins du bateau avec son kit de fibre et de résine, je me demande comment il se retient de ne pas tout faire valser par-dessus bord, d'écœurement. Ce matin, par exemple, il doit travailler sous le cockpit, dans un espace guère plus haut que 40 centimètres, et à peine large d'un mètre, pour fixer les points d'ancrage du radeau de survie… Claustrophobes s'abstenir !

Tout cela achève, et j'ai hâte pour lui que la mer lui envoie d'autres soucis. Il me semble qu'il a eu son dû de petites misères, le nez à deux centimètres des cloisons, et qu'il est mûr pour s'éclater le cerveau sous la voûte étoilée.

📄 « Ça va le faire ! » (Damien)

Plus que huit jours sur mon calendrier. La préparation de *Dingo* suit son cours, mais elle est beaucoup plus longue que prévu. Plusieurs petites choses ne vont pas comme je voudrais. Je me console en me disant que je ne suis pas le seul. Les skippers des nouveaux prototypes sont tous en retard sur leur échéancier, tous aussi débordés les uns que les autres. Chacun surveille discrètement à quel stade sont rendus les copains, quelles solutions ils ont trouvées pour régler tel ou tel détail.

Dingo est toujours amarré le long du ponton principal, au port du Moulin Blanc, bien à la vue des nombreux passants. Il est d'autant plus visible que la plupart de ses voisins ont déjà libéré l'espace pour faire place aux participants de l'Edhec qui arriveront sous peu. Cette compétition de voile internationale réunira près de 200 bateaux menés par des équipages universitaires dont ceux de l'Université de Montréal et de Concordia. Au total, plusieurs milliers d'étudiants viendront régater durant une semaine. Il paraît que ça bouge pas mal, autant sur l'eau que sur la piste de danse, le soir… Dommage, je serai en mer.

Le travail au ponton offre des avantages et des inconvénients. Être dérangé toutes les quinze minutes par un copain ou une connaissance qui vient aux nouvelles ne rend pas les journées très productives. « Alors, Damien, c'est quand le grand départ ? » Le plus délicat, dans de telles circonstances, c'est de faire comprendre au visiteur que le temps presse. « Je dois partir dans quelques jours… et je ne vois pas comment je vais y arriver avec tout ce qui me reste à faire… » Normalement, ça marche !

Parmi tous ces visiteurs, il y a aussi des personnes ressources. L'autre jour, par exemple, j'installais dans le cockpit le vérin hydraulique du pilote quand Frank s'est arrêté pour voir si tout allait bien. Il est électricien professionnel, spécialisé dans le milieu du nautisme. Si j'en avais eu les moyens, je l'aurais engagé pour la pose de mon pilote automatique. C'est une opération longue et complexe, surtout pour quelqu'un, comme moi, qui n'y connait pas grand-chose. J'ai tout de même réussi à mettre en place les différentes composantes, compas, capteur d'angle, unité de contrôle, boîtier de commande et moteur du vérin, après en avoir fabriqué les supports en composites.

Les conseils de Frank m'ont beaucoup aidé. Ce jour-là, il a dû passer quatre ou cinq fois près de *Dingo* et a pris le temps de m'expliquer les petites astuces qui assurent une bonne fiabilité du système. Et Dieu sait que c'est important. C'est un gars sérieux et compétent, mais qui rigole souvent. Surtout lorsqu'il me voit trop préoccupé. « T'en fais pas, Damien. C'est bon, ton truc. Ça va le faire… »

Cette fameuse expression traduit parfaitement le côté décontracté de tous les Bretons que je connais et qui naviguent. Frank nous disait qu'elle exprime la « poésie » des Français. Cette façon qu'ils ont d'improviser, de « bidouiller un truc », d'y aller par instinct plutôt que « selon les plans ». Il paraît que les Anglais et les Américains, plus rigoureux, ont de la difficulté à s'y faire…

Je les comprends un peu car ce n'est pas évident quand on cherche à obtenir un avis fiable. Ce qui « le fait » pour un, très souvent ne « le fait pas » pour l'autre. J'en ai eu un autre bel exemple hier soir.

Au retour d'une sortie de voile, Ollivier Bordeau et Denis Glehen viennent saluer Hervé qui se trouve à bord de *Dingo*. Il me donne un coup de main pour terminer le circuit électrique. Ce n'est pas la première fois qu'Ollivier observe mon bateau, mais cette fois-ci il remarque que ma bôme dépasse le tableau arrière. Elle est trop longue et ne passera pas le test de jauge. Nous examinons ensemble comment la raccourcir et j'en profite pour lui demander son avis sur mon système de prise de ris qui me permet de diminuer la surface de la grand-voile lorsque le vent forcit. J'ai posé la même question à Pierre Rolland, l'architecte, il y a quelques mois pour avoir la conscience tranquille et il a approuvé sans hésitation. Je sais qu'Ollivier utilise un système différent. Comme c'est lui qui a fabriqué ma bôme en carbone, je me sentirais plus rassuré s'il me confirmait que « ça va le faire ».

Sa réponse est catégorique… « Ça va casser ! »

Malgré tout, j'essaie de garder le moral. Je me suis fixé une date pour ma qualification et je vais tenter de la respecter. Pour y arriver, il me faut gérer plein de choses en même temps. Par chance, Dominique et Évangéline sont là pour m'aider.

Si tout va bien, le pilote va bientôt être branché. Je commence à ranger le matériel à l'intérieur du bateau. Il me reste à stratifier les points d'attache pour les bidons d'eau, de bouffe et d'essence.

Je dois aussi fixer ma bouilloire après mon petit réchaud. Je pensais la faire souder, mais quelqu'un m'a conseillé de l'attacher simplement avec du vectran. L'avantage de cette corde résistante que l'on utilise beaucoup sur les voiliers de course est qu'elle ne brûle pas. J'accrocherai ensuite le tout au plafond. De cette manière on obtient un système simple et léger sur cardan.

Pour l'instant, je me contenterai de faire bouillir de l'eau car je mangerai surtout des plats lyophilisés. Ce sera la première fois que je goûterai aux recettes d'Odile Dumais, une spécialiste en nutrition qui est chargée de cours à l'Université du Québec, à Montréal. Elle prépare depuis plus de vingt ans des repas pour des expéditions internationales auxquelles elle participe à l'occasion. Je sais qu'elle me fera bien manger et que ce sera bon. Mes parents ont déjà goûté à ses plats lorsqu'ils faisaient du ski de fond l'hiver sur la Basse-Côte-Nord. C'est elle qui développe les recettes pour LyoSan, une entreprise de Lachute qui m'appuie dans mon projet.

J'apporterai aussi des fruits séchés, des noix, des barres énergétiques et du chocolat. En plus, pour ma qualification hors course, où l'économie de poids n'est pas une obsession, j'achèterai quelques fruits et légumes frais.

Je devrai aussi essayer de respecter, à quelques heures près, les trois périodes de la journée où l'on mange, normalement, sur la terre ferme. Selon des témoignages de coureurs au large, cela permettrait à l'organisme de ne pas se déstabiliser complètement.

Côté sécurité, j'ai reçu hier mon radeau de sauvetage et ma balise de détresse qui émet sur deux fréquences, celle des satellites et celle des avions. Si je devais la déclencher, elle enverrait un code individuel précis, permettant aux organismes de recherche de savoir exactement de quel bateau il s'agit. Enfin, Philippe, de la voilerie Océan, est venu prendre les mesures pour ma ligne de vie. Grâce à cette sangle obligatoire, fixée des deux côtés du pont, je resterai toujours attaché à *Dingo*.

En quittant le bateau chaque soir, ma journée est loin d'être finie. Nous nous dirigeons vers le petit appartement que Dominique et Évangéline ont loué pour un mois. C'est notre quartier général. Après le souper, nous déplions les différentes cartes marines qui couvrent mon parcours et j'examine par où je passerai, dans quel sens je partirai selon les vents et quels pourraient être les principaux ports de relâche en Angleterre, en Irlande ou sur la côte française, en cas de bris ou de très forts coups de vent.

Pour cette qualification hors course de 1 000 milles nautiques, nous serons peut-être deux à quitter Brest en même temps. Yannick Hémet sur *Hakuna Matata* sera bientôt prêt lui aussi. Ce serait beaucoup plus agréable de naviguer à deux bateaux. Nous pourrions communiquer ensemble par VHF. Lorsqu'on se sent seul, ça peut vraiment faire du bien d'échanger sur ce qui se passe à bord et, si le cœur y est, de rigoler un coup.

Idéalement, on essaierait de naviguer à vue le plus longtemps possible, quitte à se ralentir un peu pour s'attendre, si l'un de nous va plus vite. Si on réussit à se suivre, on pourrait même se photographier mutuellement devant les point de passages obligatoires. C'est aussi plus sécuritaire. En cas d'avarie sérieuse, l'autre peut toujours se dérouter pour aller prêter main forte.

Si je pars avec Yannick, je sais que je m'aventurerai plus facilement dans certains « raccourcis » dangereux le long de la côte bretonne, car il les connaît parfaitement. Alors que si je pars seul, je resterai prudent et ferai route vers le large.

Quoiqu'il arrive, je me répète que tout ira bien.

📄 **Mauvaise météo !** (Damien)

Évangéline en a marre. Elle dit que le sifflement constant du vent dans les haubans et le claquement des centaines de drisses sur les mâts lui mettent les nerfs à vif. Ça lui rappelle certaines nuits blanches à bord de la *V'limeuse*.

Depuis plusieurs jours, ça souffle un bon 30 à 35 nœuds sur Brest, avec rafales à 45 sous les grains. Tout en travaillant à l'intérieur de *Dingo*, nous écoutons les conversations à la VHF sur le canal 9, celui du port de plaisance. Les appels à l'aide sont nombreux.

Les compétitions de l'Edhec ont débuté lundi et les équipages universitaires y goûtent. Tout à l'heure, un voilier est rentré à toute vitesse au port, son mât plié en deux. C'est le troisième démâtage en deux jours. Un autre a coulé dans la rade, éperonné par un concurrent. Plusieurs se sont échoués. Ceux qui s'occupent de la sécurité en ont plein les bras. Le pire, c'est souvent à la fin des courses lorsque les 200 bateaux reviennent en même temps et que tous ceux qui n'ont pas de moteur manœuvrent à la voile entre les pontons.

Avec ces conditions de vent corsées, on parle d'annuler les courses. De mon côté, j'ai bien fait de ne pas partir lundi comme prévu. D'après Yannick, qui doit se lancer en même temps que moi, la situation ne risque pas de s'améliorer avant la fin de la semaine.

Demain, j'irai voir sur Internet. Il y a quelques bons sites météo qui donnent des prévisions sur quatre jours. Une chose est claire dans ma tête, je n'irai pas virer le bateau-feu en mer d'Irlande si on annonce du gros temps sur cette zone. Je n'ai pas envie d'y laisser mon bateau.

Dingo est presque prêt. J'ai nettoyé sa coque. Comme elle n'est pas protégée par une peinture antisalissures, elle s'était couverte d'algues en deux mois. Je me serais bien passé de ces deux heures de plongée en apnée, dans l'eau froide du port. Heureusement, une copine m'avait prêté sa combinaison en néoprène.

Mon pilote est enfin installé. Il me reste seulement à faire quelques tests dans la rade pour être certain que tout fonctionne bien. Autrement, j'en profite pour bricoler les dizaines de petits trucs qui se rajoutent sans cesse à ma liste.

Un matin, en arrivant sur *Dingo*, j'aperçois un Pogo amarré sur la digue des visiteurs. Dominique reconnaît aussitôt le numéro de course de ce 6.50 de série. C'est celui de Jean Rheault, un autre Québécois qui se prépare pour la Mini-Transat et avec qui nous avons communiqué par courriel. Nous savions que son bateau, *Le Poulpe*, était basé à Lorient. Je suis curieux de connaître la raison de son escale à Brest. J'ai surtout hâte de discuter avec un autre participant du Québec.

Jean est vraiment sympathique et on rigole un bon coup. Il est parti de Lorient 36 heures plus tôt pour faire, lui aussi, sa qualification de 1 000 milles hors course. Il naviguait avec un vent de 35 nœuds de secteur sud quand celui-ci est tombé d'un seul coup vis-à-vis l'île d'Ouessant, au large de Brest, en pleine nuit, pour se relever au Nord beaucoup plus fort sous un grain. Dans le feu de l'action, il a aperçu un cargo qui venait de dévier sa route pour l'éviter. Il se trouvait alors dans le fameux rail d'Ouessant, l'un des plus fréquenté au monde, fatigué, avec un fort vent au près qui menaçait de le repousser vers la côte… C'est là qu'il a décidé de venir s'abriter à Brest.

En apprenant que nous partirons bientôt, Yannick et moi, Jean décide de nous attendre. Nous parlons ensemble des dangers du parcours de qualification. À 44 ans et avec une bonne expérience de navigation et de course derrière la cravate, Jean n'a pas peur du gros temps. Mais il aime bien avoir de l'eau pour fuir ou se mettre à la cape si les conditions se gâtent. Et si possible, pas au milieu des cargos !

J'ai regardé mes cartes et calculé que nous allions croiser quatre rails différents avant d'accéder au bateau-feu au sud de l'Irlande. Pour revenir, ce sera la même chose. Traverser un rail, ce n'est pas de la tarte. Il faut être bien réveillé et très attentif pour éviter les nombreux cargos qui passent à plus de vingt nœuds et qui, surtout, ne nous voient pas toujours. Le capitaine du porte-conteneurs *Canmar Pride*, à bord duquel j'ai traversé l'Atlantique Nord avec *Dingo*, m'avait avoué qu'il pouvait facilement perdre de vue des petits bateaux comme les nôtres entre deux vagues. Il lui paraissait insensé d'envoyer des solitaires sur un tel parcours.

Moi, je trouve aussi que c'est jouer avec le feu, surtout à cette saison. Ça me rend nerveux. Et je ne suis pas le seul. Toutes les personnes concernées autour de moi partagent la même inquiétude.

Il y a trois semaines, une opération de sauvetage a été lancée en mer d'Irlande. Trois minis tentaient de se qualifier et la situation a mal tourné. Il ont dû faire face à des vents de force 10. Une balise de détresse a été déclenchée. Finalement, sur trois 6.50, un seul a passé au travers. Un skipper a abandonné son bateau et l'autre s'est fait remorquer vers les côtes anglaises à la suite d'un démâtage.

Les nouvelles règles de qualification ont été établies, en principe, pour augmenter le sens marin des coureurs. Mais comme tout le monde se bat pour avoir une place pour la Mini-Transat, elles font en sorte que la plupart d'entre nous se sentent bousculés et courent des risques qu'ils ne prendraient pas autrement. Lors de la réunion annuelle de la Classe Mini, en décembre dernier, l'ancien président de la classe et vainqueur des deux dernières éditions, Sébastien Magnen, a averti les intéressés qu'ils devraient se qualifier très tôt pour avoir une chance d'être inscrits à la prochaine édition.

Officiellement, nous avons jusqu'au 22 juin pour terminer le parcours solo. Mais dans la réalité, pour ceux qui veulent participer aux premières courses qualificatives de la saison, la date limite est bien avant.

En fait, il est déjà trop tard. Aujourd'hui, Jean s'est fait préparer des prévisions météo précises sur cinq jours. Une importante dépression va bientôt passer sur le sud de l'Irlande. Nous savons maintenant qu'il sera impossible de faire nos 1 000 milles en solo et de revenir à temps pour la Sélect 6.50.

Jean et Yannick ont pris leur décision. Ils ne participeront pas à cette course de 300 milles qui se déroule du 5 au 8 mai. Ils préfèrent partir en « qualif » aussitôt que le temps le permettra.

Je ne suis pas sûr de faire le même choix. Mon instinct me dit que ce serait une erreur de partir à tout prix. Contrairement aux bateaux de Jean et de Yannick, *Dingo* est un prototype neuf. Au fond, ce ne serait pas une mauvaise idée de descendre à Pornichet, à 150 milles au sud de Brest, pour prendre le départ de cette première épreuve en solitaire. Ensuite, trois jours de course le long des côtes bretonnes me permettraient de voir comment *Dingo* réagit et s'il est vraiment fiabilisé. J'ai besoin d'avoir confiance en mon bateau avant de me lancer tête baissée en mer d'Irlande, avec les risques de démâter dans un coup de vent et de ne plus être capable de finir la saison de course.

Je ne veux pas brûler les étapes simplement à cause de la pression. Pourtant, Dieu sait que j'aurais voulu en finir le plus vite possible, moi aussi, avec cette fichue qualification solo. Mais je me dis que si je reporte ce départ au mois de juin, après la Sélect 6.50 et le Mini Pavois, je pourrai peut-être compter sur une meilleure météo. Et si elle devait toujours être mauvaise, nous serions quand même plus prêts à l'affronter, *Dingo* et moi.

Je me donne encore quelques jours avant de prendre ma décision finale. D'ici là, je vais continuer à préparer *Dingo* en prévision du test de jauge... et suivre mon instinct.

📄 Un os entre les dents pour *Dingo* (Damien)

Lundi 30 avril, 16 heures. Belle mer le long de la côte bretonne. Nous sommes en route depuis ce matin pour aller prendre le départ de la Sélect 6.50, première course qualificative de la saison 2001. Un copain, Ronan, m'aide à descendre *Dingo* jusqu'à Pornichet.

Tout à coup, ma radio se fait entendre : « Sécurité, sécurité, sécurité, ici le CROSS ÉTEL pour la diffusion d'un bulletin météo spécial entre la pointe de Penmarch et l'île de Groix. »

C'est pour nous ! Je demande à Ronan de mettre la VHF sur le canal où sera diffusé le bulletin spécial. Nous attendons quelques minutes en vain. Je ne reçois rien sur le 80. Ronan suggère alors d'appeler le sémaphore le plus proche. Une voix nous confirme que le vent forcira cette nuit pour atteindre 40 nœuds au petit matin.

À notre départ de Brest ce matin, il n'y avait pas le moindre souffle d'air. La sortie à voile entre les pontons n'a pas été facile. Une heure plus tard, au beau milieu de la rade, nous nous demandions encore si *Dingo* réussirait à franchir le goulet quelques milles plus loin.

Finalement, une petite brise du nord-est s'est levée. *Dingo* avançait à 4 nœuds sous grand-voile et gennaker. Juste assez de vitesse pour ne pas être repoussé par la marée montante. Avec le soleil, la journée s'annonçait bien agréable. J'étais heureux de partir enfin à l'aventure et d'offrir à *Dingo* sa première vraie navigation en mer. L'idée de faire le trajet avec Ronan me plaisait aussi. C'est un jeune skipper très sympathique qui connaît bien les côtes bretonnes. Il a participé à la dernière Mini-Transat et possède une bonne expérience.

Une fois sortis du goulet, nous avons mis le cap sur le fameux Raz de Sein, un passage bien connu par tous les marins des environs pour ses difficultés. Lors de grandes marées, le courant peut y atteindre 5 nœuds. Avec le vent à contresens et des cailloux partout autour, on peut imaginer l'ambiance !

Aujourd'hui, les conditions étaient parfaites et nous avons franchi le Raz à bonne vitesse. Puis le vent s'est établi et *Dingo* a commencé à surfer de vague en vague, grand-voile et gennaker déployés. Ça me faisait un grand bien d'être enfin au large. J'éprouvais un tel plaisir à barrer que j'ai remis les essais de mon pilote automatique à plus tard.

Le moral est demeuré au beau fixe jusqu'à cet avis de coup de vent, en fin d'après-midi. Maintenant le ciel commence à se couvrir au loin. Le vent souffle déjà un bon 20 à 25 nœuds établis. Je prends un ris dans la grand-voile pour soulager *Dingo*. Comme il tape violemment dans la vague, je décide aussi de remplir mon ballast d'inertie au vent. La différence est remarquable.

Après consultation, nous décidons de poursuivre quand même notre route en nous rapprochant de la côte. Nous pourrons toujours nous abriter si la situation se détériore trop.

Les heures passent et le vent continue de forcir... Nous n'avons d'autre choix que de foncer vers Pornichet en espérant arriver avant qu'il n'atteigne force 8 ou 9 Beaufort. Pour ma première navigation au large avec *Dingo*, je préférerais ne pas rencontrer ce genre de conditions.

Nous sommes désormais sous solent et grand-voile avec deux ris. On se prépare pour la nuit. Je sors les lampes frontales et une lampe de poche. J'enfile ensuite deux couches de vêtements supplémentaires pour tenter de rester au chaud. Ce vent du nord nous transperce. Je prends aussi quelques minutes pour faire le point sur la carte et noter certaines observations dans mon journal de bord.

Une heure du matin. Le vent a encore grimpé d'un cran. Même très près de la côte, la mer se creuse. *Dingo* descend les vagues à toute vitesse. Le barreur doit se concentrer pour ne pas faire enfourner le bateau car le vent souffle maintenant sur l'arrière. Pour rajouter un peu de piquant, nous sommes entourés de bateaux de pêche.

Une demi-heure plus tard, la situation se détériore. Ronan est assis à côté de moi et il a du mal à rester réveillé. « Souviens-toi de notre cours sur la gestion du sommeil, me dit-il. Le prof avait raison. On ne vaut rien entre 2 heures et 6 heures du matin ! »

Je ne sais pas comment il fait pour s'endormir. Moi, j'ai les yeux ronds comme des billes. Le vent doit bien atteindre les 40 à 45 nœuds. *Dingo* file entre 14 et 16 nœuds. Impressionnant ! La visibilité est presque nulle. Je n'aperçois plus rien, seulement les grosses crêtes blanches partout autour de nous.

C'est trop limite ! Par deux fois, je perds le contrôle du bateau qui part au lof. On affale complètement la grand-voile, mais ce n'est pas suffisant. Avec seulement le petit foc à l'avant, la vitesse affichée est toujours de 14 nœuds. Il faut réduire encore. Je remplace le solent par le tourmentin, ma voile de tempête couleur orange fluo. Je me souviens lorsque Jean Saintonge l'avait dépliée dans sa voilerie en me disant : « Celle-là, Damien, j'espère que tu n'auras jamais à t'en servir... » Je suis bien content de l'avoir en ce moment car les rafales dépassent maintenant les 50 nœuds. Avec notre petit mouchoir de 4 mètres carrés en avant, nous avançons encore à 6 ou 7 nœuds, vent de travers.

Ronan m'avoue ne jamais avoir affronté une telle force de vent et pourtant il a fait plus de 10 000 milles sur son proto. Je le sens aussi inquiet que moi, sinon plus. Il sait que mon bateau est neuf et n'a pas encore fait ses preuves. J'espère moi aussi que rien ne cassera à bord. *Dingo* est malmené. Il cogne dur dans les vagues. J'ai l'impression que nous n'arriverons jamais à atteindre notre but. Il nous reste encore 20 milles jusqu'à Pornichet. Il fait froid et nous sommes trempés.

Je tente de remonter au vent pour faire cap sur un phare que j'aperçois au loin. Un gros rideau noir tombe autour de nous lorsque la pluie arrive. Du coup, toutes les lumières qui me servaient de points de repère disparaissent.

Le vent se calme enfin au petit matin. Nous hissons à nouveau la grand-voile arisée pour reprendre de la vitesse et faire un meilleur cap. Les derniers milles me paraissent les plus pénibles. Me tenir réveillé à la barre n'est pas une mince affaire. Je n'ai dormi qu'une heure et demie durant les dernières 24 heures.

À 9:30, *Dingo* est amarré au ponton. Je suis heureux d'être enfin arrivé et surtout d'avoir ramené mon bateau intact. L'un de mes objectifs avant la Mini-Transat était de naviguer dans du gros temps et maintenant c'est fait. Éole et Neptune nous ont baptisés à leur manière. Je me sens soulagé. Ce soir, je vais pouvoir dormir sur mes deux oreilles et Dieu sait que j'en ai envie.

Coup de vent en Bretagne (Dominique)

Minuit. Les rideaux sont tirés dans la chambre. De lourdes tentures qui masquent entièrement la porte vitrée. C'est le noir absolu. Comme ça, je ne vois pas les arbres pliés par le vent. Avec un peu de chance, je vais m'endormir. Ne penser à rien, surtout pas à Damien. Des kilomètres et des kilomètres de campagne me séparent de la mer. Les pierres de la maison ont emmuré le silence. Tout le monde dort depuis longtemps, mon oncle, ma tante, le chien, les chats, même Évangéline, à côté de moi, respire profondément. M'empêcher de penser à Damien, de toutes mes forces, juste le temps de sombrer dans le sommeil pour quelques heures. Zapper l'angoisse qui s'est installé dans mon ventre et grimpe comme une liane en s'enroulant autour du cœur, de la gorge... Dormir.

Trois heures du matin. Brusquement je me réveille. À tâtons vers les toilettes, je longe la porte, entends la pluie sur la vitre. N'écarte pas le rideau, Dominique ! Trop tard. Qui a dit que la nuit était noire ? Mes yeux s'accrochent aux branches qui tanguent. Mon cœur est déjà parti dans la tempête.

Dieu a créé l'homme impuissant et lui a offert la prière comme consolation. Mon Dieu, faites qu'il ne lui arrive rien ! Il y a si longtemps que je n'ai pas prié. Ai-je jamais prié d'ailleurs, autrement que sans y croire, petite fille ? Où est donc passée ma désinvolture de mère aguerrie aux dangers de la mer ? Me voilà à genoux parmi toutes celles qui depuis des siècles allument des lampions dans les églises. Comment ont-elles fait, ces mères ou ces épouses de pêcheurs, de marins, comment font-elles pour survivre ?

Il m'apparaît bien doux, le temps où nous naviguions ensemble, tous les six ballottés dans le ventre de notre bateau ivre, si facile pour une mère de traverser les océans pourvu que ses enfants soient blottis contre elle. Même lorsque Damien était petit, malade comme un chien, sa misère me paraissait plus supportable. Ne pas savoir comment il se débrouille cette nuit au large, dans le mauvais temps, est pire que tout. L'imagination déroule sa bobine infernale, ses cauchemars d'hommes à la mer...

Évangéline s'est réveillée. « Tu t'inquiètes ? »
Elle allume la veilleuse près du lit. C'est déjà mieux.
– Tu vas voir, maman, ils vont être arrivés.
– Et s'ils ne sont pas là...
– On ira voir à Lorient.

Le jour s'est levé alors que nous roulions vers Pornichet. Les arbres avaient fini de s'agiter. La campagne nous traversait le cerveau en y laissant un calme relatif. De mille en mille ce sentiment s'estompait à l'approche de la côte, remplacé par le besoin urgent d'apercevoir *Dingo*.

Après bien des virages et des ronds-points, la voiture a débouché sur la plage de la Baule. La baie s'étendait dans toute sa grisaille, ciel et mer confondus, déserte. Aucun bout de voile blanche recrachée par cette gigantesque gueule de plomb. Nous avons tourné à gauche, vers la forêt de mâts. *Dingo* devait se trouver là, au port de plaisance. Il le fallait.

Encore aujourd'hui je revois ces deux gars à la démarche incertaine, les yeux injectés de sang et de sel, venus vers nous comme des revenants de l'autre monde. Je ne savais plus qui remercier, Dieu, Neptune, la mer ou simplement mon fils.

Ce jour-là, j'ai compris avec quelle force le choix de Damien allait investir nos vies. Pour nous qui l'aimions, cela irait bien au-delà de l'appui moral ou des encouragements. Ce serait accepter de souffrir, de mourir un peu sur terre, le temps qu'il soit en mer.

📄 Ma première course en solitaire (Damien)

Dans deux heures, 59 minis vont s'élancer sur un parcours côtier de 300 milles et *Dingo* sera de la partie. La tension est palpable sur les pontons. Les concurrents de la Sélect 6.50 s'affairent à leurs derniers préparatifs. À bord de *Dingo*, on travaille fort pour que tout soit prêt à temps. Je me jure d'être mieux préparé pour la prochaine course. Pendant que Dominique rentre les points de passage dans le GPS, je répare le bout-dehors et la grand-voile avec Évangéline.

Un à un, les minis sont remorqués à l'extérieur du port. Les embarcations moteurs n'ont pas la tâche facile car la marée est très basse. Certains prototypes se sont échoués sans même quitter leur place à quai. Les Zodiacs se mettent à plusieurs pour les libérer de la vase.

Pour compliquer encore les manœuvres, il vente un bon 25 nœuds et quelques minis se retrouvent bien près des cailloux à la sortie. Tout ça nous rend nerveux, Guillaume et moi. Nos deux bateaux sont à couple et nous attendons notre tour avec impatience. Nous avons plusieurs choses en commun tous les deux. Nous sommes les plus jeunes concurrents et nous avons construit le même prototype. Ce sera aussi notre première course en solitaire.

Enfin, je me retrouve dans la baie de la Baule. Il y a du bateau sur l'eau ! Nous sommes près de soixante à tourner en rond en attendant la procédure de départ. Après avoir hissé la grand-voile, j'enlève les amarres et les défenses et les range à l'intérieur. Puis je tire quelques bords de réchauffement. Je n'en reviens pas : j'ai seulement cinq heures d'expérience en solo sur *Dingo* et je vais bientôt me lancer pour 300 milles en course. Suis-je vraiment prêt ?

Le coup de canon est donné. C'est parti ! La sensation est grisante. Dire qu'il y a deux ans, je rêvais à cette première régate et maintenant m'y voilà ! La vie me prouve une fois de plus qu'il faut s'accrocher à nos objectifs.

Celui que je me suis fixé pour la Sélect 6.50 est très simple : terminer ce parcours de qualification à tout prix. Je ne dois rien briser. Pour ça il me faudra « piler sur mon orgueil » et ne pas chercher à pousser *Dingo*. J'essaierai quand même de battre Guillaume...

Nous avons décidé de partir les derniers pour éviter au maximum les risques de collision. À la radio VHF, on annonce déjà des accrochages. L'une des victimes est Jean Rheault, notre ami québécois, mais heureusement son *Pogo* est en mesure de continuer. Un autre bateau doit abandonner la course. Je dépasse Guillaume avant la bouée de dégagement, mais bientôt c'est à son tour de me doubler. Merde ! Nous sommes vent de travers et une de mes dérives est restée en position basse. La différence de vitesse est nette.

Après une heure de course, je suis en quarante-septième position. Une vedette de la presse vient vers moi. C'est Évangéline et Pipof, journaliste qui a son propre site Internet de course au large. Ils sont venus filmer et faire quelques photos de *Dingo*. J'ai un peu honte d'être si loin derrière, mais je souris quand même pour la caméra.

La journée est magnifique. Nous longeons la côte pour les dix premiers milles. Comme le vent vient de cette direction, la mer est plate. Une fois passés la pointe du Croisic, le Nord-Est nous arrive du fond de la baie. Il lève alors de belles vagues assez courtes. Nos bateaux doivent tirer des bords de près jusqu'au prochain point de passage obligatoire. *Dingo* est remarquable à cette allure et rattrape une bonne dizaine de concurrents en moins d'une heure. À 16:30 je signale ma position au sémaphore de l'Île Dumet. J'ai fait une superbe remontée. J'apprendrai à mon retour que j'étais alors quinzième.

Neuf heures après le départ, je n'ai toujours pas lâché la barre et je commence à avoir envie de préparer ma première nuit. Il est temps d'utiliser le pilote automatique. Après quelques essais, je suis soulagé de voir qu'il marche. Il n'y a qu'un seul problème, mais de taille. Le système de recharge de mes batteries n'est pas encore fonctionnel en mer, sauf si les conditions de vent me permettent de sortir le petit groupe Honda dehors. La météo n'annonce pas d'accalmie pour les prochaines 48 heures. Je devrai donc économiser l'énergie du bord. Comme mon pilote consomme beaucoup d'électricité, je pourrai seulement m'en servir durant mes manœuvres et le temps de me faire à manger ou de dormir un peu.

Le vent monte avec la tombée de la nuit. La lune est presque pleine. Je vis des instants mémorables lors de grands surfs « à fond la caisse » vers l'île d'Yeu. Je trouve motivant de voir les feux de navigation de mes concurrents. L'envie d'en dépasser quelques-uns me tient réveillé toute la nuit.

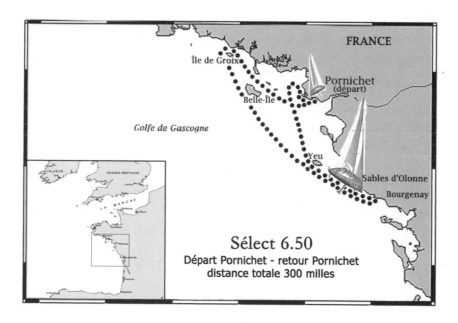

Sélect 6.50
Départ Pornichet - retour Pornichet
distance totale 300 milles

Au petit matin, je contourne une bouée au large de Port Bourgenay et repars, cap au nord-ouest, pour aller virer l'île de Groix à une centaine de milles. Ma deuxième journée de course se déroule très bien. Je suis fatigué mais sans plus. En matinée, le vent augmente jusqu'à 30, 35 nœuds dans les rafales. Chaque fois que *Dingo* tombe entre deux vagues, je me demande si quelque chose va casser tellement le choc est violent.

Je réussis enfin à me détacher de mes poursuivants. Vers midi, je réalise avec joie que j'ai rejoint plusieurs bateaux qui se trouvaient devant moi il y quelques heures. J'ai les mains gelées et je dois prendre les gants de ma « TPS », combinaison de survie Guy Cotten, pour les réchauffer. Une grande fatigue commence à se faire sentir, mais je tiens le coup grâce à la clarté.

21 heures. L'Île de Groix est à tribord et nous sommes sur la route du retour vers Pornichet. Maintenant je regrette réellement de ne pas avoir pris le temps de dormir dans la journée. La nuit s'annonce difficile. Je dois passer entre Belle-Île et la presqu'île de Quiberon, une zone de navigation avec des dangers isolés à éviter. Avec mes quarante heures de course dans le corps, j'ai peur de tomber dans un sommeil profond si je m'allonge pour quelques minutes.

Je commence à halluciner. Les ombres sur le bateau prennent des formes humaines. Je me surprends à parler avec elles. À plusieurs reprises, je dois faire un effort pour revenir à la réalité : « Damien ! Arrête de fabuler ! Tu es tout seul sur ton bateau... » Je chante pour garder les yeux ouverts.

Je ne suis plus qu'à quelques milles du but, mais je ne trouve pas les deux bouées lumineuses qui marquent l'entrée de la baie de la Baule. Avec les centaines d'hôtels, il y a des lumières partout le long du front de mer.

Enfin, je coupe la ligne. Lorsque je pose le pied sur le ponton, tout se met à tourner. Je suis soulagé et en même temps conscient d'avoir franchement poussé trop loin.

Au niveau de mon apprentissage, cette première course aura été très enrichissante. J'ai compris à quel point il est dangereux de mal gérer sa fatigue. La prochaine course de qualification, le Mini Pavois, partira de La Rochelle le 20 mai et sera deux fois plus longue et plus difficile. Pas question de répéter la même erreur.

De son côté, *Dingo* a passé au travers de cette épreuve sans aucun problème et m'a permis de terminer vingt-et-unième sur 48 finissants au classement général et quinzième dans la catégorie des prototypes (28 protos avaient pris le départ et 21 ont franchi la ligne d'arrivée).

Après réflexion, je suis bien satisfait de ma performance. *Dingo* aurait pu être plus rapide si j'avais hissé mes spis ou mon gennaker.

Mais j'aurais pris des risques inutiles, vu les conditions musclées de vent. Je ne dois jamais oublier que mon but est de me qualifier pour la Mini-Transat.

Et puis... j'ai battu Guillaume !

📄 Convoyage et ambiance « mini » (Damien)

Minuit, au large de l'île d'Yeu. Mer calme. Vent léger de l'ouest. Je lève les yeux vers ma girouette, située tout en haut du mât. Je l'aperçois à peine à travers la brume. Lors de notre départ de Pornichet en début de soirée, celle-ci s'était levée suffisamment pour nous laisser sortir du port. Maintenant nous naviguons dans la purée de pois.

Je convois mon bateau jusqu'à La Rochelle, comme disent les Français lorsqu'ils amènent leur bateau de course d'un port à l'autre. Un trajet d'une centaine de milles. Dans ces vents faibles et variables, *Dingo* se traîne entre deux et six nœuds.

Évangéline est assise sur le pont et monte la veille. Elle me semble un peu tendue. C'est tout à fait normal car moi aussi je suis inquiet. J'essaie, par contre, de ne pas trop le montrer. Avec cette brume et sans radar, il est toujours dangereux d'entrer en collision avec un bateau de pêche ou un cargo.

« Entends-tu le bruit de moteur ? » me demande-t-elle. Affirmatif, le son est clair. Toutefois je n'ai aucune idée de la distance à laquelle se trouve ce bateau. Parfois il semble se rapprocher dangereusement. Évangéline éclaire alors les voiles avec la lampe de poche. L'air est très humide. Même au sec, avec des vêtements chauds, le froid nous transperce.

3 heures du matin. La brume est moins dense. Nous apercevons quelques étoiles et la lune. Le vent a tourné légèrement sur le travers. Il est si faible que je hisse le grand spi et le borde plat sur le côté. C'est grandiose. *Dingo* avance doucement avec l'immense voile aux couleurs de CinéGroupe. L'oiseau du logo scintille sous la lune.

Dominique est heureuse. Après avoir passé des centaines d'heures à préparer ce bateau, elle peut enfin en jouir un peu. Moi, ça me fait plaisir de la voir à la barre de *Dingo*. J'ai alors une pensée pour Carl qui aimerait tant être là lui aussi.

Le lendemain midi, le vent nous fausse compagnie vis-à-vis l'île de Ré. En plein soleil, la chaleur est insupportable. Le calvaire commence pour moi. Je n'ai pas de patience et ne supporte pas de rester immobile sur cette mer d'huile. Évangéline me rappelle que c'est un excellent test pour le Pot au Noir, cette zone de calmes au niveau de l'équateur que nous devrons franchir durant la deuxième étape de la Mini-Transat.

Je manœuvre sans cesse tout l'après-midi pour avancer de risée en risée. Nous entrons à La Rochelle juste avant la nuit. Je suis encore très fatigué. J'ai dormi vingt minutes durant ces 25 heures de navigation. Ce n'est pas suffisant. Encore une fois, je me suis fait avoir par la clarté. Comme je me sens en forme durant le jour, je ne pense pas à me reposer. Pour la prochaine course, je me forcerai à dormir même si je ne suis pas fatigué.

La Rochelle. Plus de 3 500 bateaux dans le Port des Minimes !

L'ambiance est bonne sur le ponton 14, réservé aux 70 minis qui participeront à la prochaine course de qualification : le Mini Pavois. Cette épreuve de 700 milles en solitaire comprendra deux étapes, avec une escale de 48 heures à Portsmouth, Angleterre. Départ samedi le 19 mai, en face de Fort Boyard.

Pour l'instant, une cinquantaine de concurrents sont arrivés. C'est super d'être entouré d'autant de skippers d'âge et de nationalité différents. Chacun prépare son bateau, mais tout le monde déconne ensemble. L'entraide est aussi très importante. Les coureurs se déplacent de bateau en bateau pour emprunter des outils ou demander conseil.

Dans ce monde de 6.50, on évoque souvent « l'esprit mini » pour décrire l'atmosphère propre à cette classe. L'esprit mini, c'est le mec qui travaille lui même à la préparation de son bateau parce qu'il n'a pas les moyens de se payer un préparateur. C'est lorsque tout va mal et qu'on passe un temps fou à résoudre un problème. C'est vivre dans son bateau depuis six mois, comme Sander, le concurrent hollandais…

À ce sujet, on peut dire que l'équipe du numéro 305 fait preuve d'un bon esprit mini. Les gens autour de nous sont sidérés lorsqu'ils apprennent que nous dormons tous les trois à bord de *Dingo*. Pourtant chacun a sa petite place à l'intérieur et l'ambiance est chaleureuse.

Ce soir, à l'heure de l'apéro, nous invitons les copains à prendre un verre de rosé. Évangéline a acheté un cubitainer et bientôt nous sommes cinq assis dans le cockpit de *Dingo*. Quinze minutes plus tard, le nombre a doublé. Pas besoin de vous dire que nous parlons voile. Nous discutons de tous les sujets qui concernent nos bateaux et les courses. Mine de rien, chacun examine les détails de mon plan de pont, de l'accastillage et du gréement, et donne parfois son avis.

Évangéline se fait taquiner depuis qu'elle assiste le jaugeur de la Classe Mini. Elle reçoit une formation qui lui permettrait de pré-jauger les 6.50 nord-américains, si un jour il y en a. Il faut voir la tête des copains quand ils s'aperçoivent que c'est ma sœur qui vient les contrôler !

Le temps file et le grand jour approche. J'ai rempli ma fiche d'inscription hier. Les organisateurs demandent à chaque coureur de signer une feuille titrée : « engagements et obligations des concurrents ». Le ton de ce document écrit par leur avocat a choqué tout le monde et fait encore jaser sur le ponton. En voici un extrait : « En conséquence de mon plein gré et consentement, je prends la décision d'assumer et d'accepter les risques liés à ma participation à l'épreuve et en particulier le risque de perdre la vie que je considère comme un risque normal dans une telle course. » Et vlan !

En attendant d'y laisser ma peau, je prends un peu de bon temps. Il fait très beau à La Rochelle depuis deux jours. J'essaie de me reposer tout en me préparant le mieux possible. Il me reste quelques trucs à régler avant samedi prochain. Aujourd'hui, j'ai sorti les cartes marines qui couvrent le parcours et je vais analyser ma route selon les vents et les points de passages obligatoires. Cette course sera difficile et j'ai l'intention de tout faire pour être bien dans ma tête au moment du départ.

Mini-Pavois

Étape 1 : La Rochelle - Portsmouth, 500 milles
Étape 2 : Portsmouth - Saint-Quay Portrieux, 200 milles

📄 L'expérience la plus difficile de ma vie (Damien)

Baie de Portsmouth, côte sud de l'Angleterre. En mer et en course depuis quatre jours. Plus que six milles avant la fin de cette première étape. Je suis complètement vidé. Exténué. J'ai manœuvré toute la nuit vis-à-vis l'île de Wight. Je n'avançais pas à cause du courant. Les quatre ou cinq bateaux devant moi hier soir ont disparu depuis long-temps. Je dois être parmi les derniers prototypes. Je me sens nul…

Vers midi, j'aperçois un Zodiac qui fonce à ma rencontre. Je re-connais bientôt Évangéline avec sa caméra qui vient prendre des images. Je suis content de la voir. Je l'entends qui me crie : « Allez, Damien ! Lâche-pas ! Tu y es presque. T'es quinzième, c'est super ! » J'arrive à peine à le croire. Du coup, j'ai un regain d'énergie. J'ajuste au mieux mes voiles et me concentre pour terminer au plus vite cette épreuve.

Retour en arrière. Samedi le 19 mai : Port des Minimes, La Ro-chelle. Il est 10 heures. Dominique largue mes amarres et pousse

Dingo pour qu'il s'écarte du ponton. Elle repart au Québec dans quelques jours et je ne sais pas quand je la reverrai.

Dans deux heures, nous serons 65 minis (36 prototypes et 29 bateaux de série) à prendre le départ du Mini Pavois. Cette course en solitaire et en deux étapes qui totalisent 700 milles est considérée comme l'épreuve de qualification la plus difficile de la saison. Pour moi, elle est importante. Je vais mesurer mon endurance et tenter cette fois de mieux gérer fatigue et sommeil.

Le coup de canon est donné devant Fort Boyard. Encore une fois, je me tiens derrière pour éviter les risques d'accrochage sur la ligne de départ. Mon objectif est de terminer sans casse cette première longue étape de 500 milles jusqu'en Angleterre.

Il fait un temps superbe. Le vent du nord-ouest nous oblige à tirer des bords. *Dingo* aime bien cette allure de près serré. Parti cinquantième, il remonte ses adversaires un à un et se retrouve rapidement parmi les 15 premiers. Difficile de faire mieux. Le niveau des coureurs en prototypes est très élevé cette année. Certains d'entre eux ont déjà fait une Mini-Transat et reviennent sur des bateaux tout carbone.

Le vent bascule au nord-est en fin d'après-midi. Les bateaux situés près de la côte abattent et prennent l'avantage. Du coup je recule de sept positions. Le rythme de la course augmente. Avec 15 nœuds de vent de travers, les minis filent un bon 8, 9 nœuds.

Première nuit entre l'île d'Yeu et la côte. J'entends un bruit sous la coque. Plus rien. Ça revient… *Dingo* freine brusquement. Sa vitesse chute de 8 à 4 nœuds. J'aperçois deux traînées de plancton en arrière. Aucun doute, je viens d'accrocher un casier de pêcheur. Heureusement, le bout qui le retient contre ma quille se tend à mort et finit par céder. J'espère que je n'ai pas de dommage.

Allongé dans le cockpit, je ferme les yeux, mais je ne peux pas m'endormir. Comment font-ils, les autres ? Je les entends à la VHF :

– Qu'est-ce que tu fais ?

– Je viens de me préparer une bouffe et je vais aller roupiller…

Tant mieux pour eux, moi, je n'y arrive pas. Tous les bruits sur mon bateau me tiennent réveillé. Que va-t-il se passer si je ne dors pas ? Jamais je ne pourrai tenir comme ça pendant trois jours. Pour la première fois depuis le départ, je panique un peu.

Peu de temps après, à la VHF, j'apprends que mon copain Éric Defert, sur *Poch' Trot*, vient d'entrer en collision avec un chalutier juste un peu plus loin. Il était descendu dormir vingt minutes. Le choc a eu lieu quinze minutes plus tard, soit le temps pour un bateau qui file à vingt nœuds d'apparaître à l'horizon et de se retrouver à une distance critique. Éric a une voie d'eau à l'avant et doit abandonner la course.

Lundi soir. Après 57 heures de course, je vire le rocher Eddystone, de l'autre côté de la Manche, au sud de l'Angletterre. Je suis alors en dixième position, mais je ne le sais pas. Maintenant je dois longer la côte anglaise jusqu'à Portsmouth, 150 milles à l'est. Devant moi, un mini se prend à son tour dans un casier de pêcheur. Le gars est moins chanceux ; je le vois enfiler sa combinaison de survie et plonger pour couper la corde.

Nuit difficile. Dix minutes de sommeil ici et là, pas plus. Au matin, j'aperçois quatre minis devant. Ça me donne du courage surtout quand je reconnais celui de Jeanne Grégoire. C'est une excellente coureuse. Je m'approche suffisamment d'elle pour que nous puissions parler ensemble. La journée est belle. Je fais sécher des trucs, attrape quelques minutes de sommeil, mange un peu. Les autres bateaux sont toujours à vue. Coucher de soleil magnifique. De grandes flammes couvrent la moitié du ciel.

Tout se gâte ensuite. Le vent accélère, toujours de face. Je dois manœuvrer sans arrêt et je n'ai plus de force. Je perds rapidement du terrain sur les autres bateaux. Je n'arrive plus à les suivre. Bientôt je me retrouve seul dans la nuit.

Dingo fait du surplace. Il file pourtant à 6 nœuds en surface, mais un courant presque aussi fort le repousse. Je vois les mêmes lumières sur l'île de Wight, heure après heure. Jamais je n'y arriverai. J'aurais envie de mettre *Dingo* à la cape et d'aller me coucher. Toute la nuit je me parle à voix haute. « Accroche-toi, Damien ! Faut pas que t'abandonnes. » Je me bats contre les hallucinations. J'essaie de garder la tête froide. Au matin, le courant se renverse enfin.

📄 **Guerre des nerfs** (Damien)

« Je veux faire de la course au large pour repousser mes limites. »
Combien de fois ai-je répété ça d'un air innocent. En 800 milles de
course, j'ai enfin appris ce que ça voulait dire.

Durant la première étape du Mini Pavois, entre La Rochelle et
Portsmouth, j'ai eu peur de ne pas surmonter ma fatigue. J'ai vraiment cru, vers la fin, que cette course en solitaire était au-dessus de
mes forces. Et finalement j'y suis arrivé et, à ma grande surprise,
dans les quinze premiers.

Repousser ses limites, c'est lorsqu'on est persuadé qu'on en peut
plus, et que quelque chose en nous refuse d'abandonner.

Après 48 heures d'escale en Angleterre, nous repartons vers la
Bretagne. La seconde étape du Mini Pavois ne fait que 200 milles,
mais le parcours nous oblige à retraverser la Manche et ses deux rails
de navires commerciaux. Quant à l'arrivée à Saint-Quay, on nous a
bien avertis que c'était un « maelström de violents courants au milieu
d'un chapelet de cailloux ».

Sur la ligne, je prends un bon départ. Je compte les bateaux devant moi et je serais douzième. Si je veux conserver cette place jusqu'à l'arrivée, je vais devoir gérer ma course au niveau tactique. On

196

nous annonce très peu de vent et il faudra se méfier des dangers de la côte. J'en ai la preuve quelques heures plus tard quand un concurrent se fait déporter par les courants et talonne sur les récifs.

Le vent tombe complètement avec la nuit. Autour de moi, les autres commencent à jeter l'ancre. Je n'ai pas trop le choix, moi non plus. Quelqu'un derrière m'avertit que je recule sur lui. Je n'aurais jamais cru en arriver là en course. En sortant mon mouillage sur le pont, je ne peux m'empêcher de penser à tous ceux qui nous demandaient au retour de notre voyage sur la *V'limeuse* : « Qu'est-ce que vous faites la nuit en mer ? Vous jetez l'ancre ? »

Toute la journée suivante, nous naviguons dans la brume le long de la côte anglaise. J'aperçois à peine le bateau devant moi à 50 mètres. Heureusement la visibilité s'améliore avant la nuit, au moment de traverser la Manche. C'est la partie qui m'angoisse le plus. J'appelle le bateau accompagnateur sur la VHF pour vérifier s'ils ont averti les chalutiers et les cargos de notre présence. On me rassure.

À une douzaine de milles derrière moi, plusieurs concurrents ont décidé de rester groupés. Ils veillent les cargos à tour de rôle. Les autres peuvent dormir. Je les entends discuter à la radio. Ils ont l'air de s'amuser pendant que moi, seul de mon côté, je me fous des claques pour me tenir réveillé.

Lorsque j'aperçois mon premier groupe de cargos, la fatigue disparaît d'un coup. Ils sont cinq de front. Impressionnant ! Cette poussée d'adrénaline me stimule toute la nuit. Jumelles au poing, j'étudie les feux de navigation, évalue l'angle des bateaux, le meilleur passage. Les groupes se succèdent. Une seule fois, je dois virer de bord pour éviter l'un d'eux. Quand je suis bien certain d'avoir franchi les deux rails, je descends dormir à l'intérieur.

Troisième journée de course. Je suis confiant d'arriver ce soir, même si le vent est faible et que les courants me ralentissent. À l'aide du grand spi, surnommé « SpinéGroupe », je gagne chaque mille au prix de nombreux ajustements. Vers 7 heures du soir, le port est enfin en vue. Évangéline reconnaît aux jumelles les couleurs de mon spi. Les copains m'attendent pour aller boire un coup. J'y suis presque. Plus que deux milles…

Je l'aurai raté de justesse. Je me retiens de hurler. Le vent tombe et je vois mon bateau repartir avec la renverse. Rien à faire. Déçu, je jette l'ancre pour la seconde fois, par 38 mètres de fond. J'ai toutes les misères du monde à me raisonner. Je m'oblige à faire du ménage sur le pont, le temps de me calmer. Ensuite je vais m'allonger en vérifiant toutes les demi-heures si un souffle ne me permettrait pas de combattre le courant.

À minuit, un voix à la VHF me réveille. Les organisateurs nous informent que la ligne d'arrivée est officiellement fermée, soit 12 heures après que le premier l'ait franchie. C'est un coup dur pour les 45 bateaux encore en course. Nous serons classés « hors-temps ».

J'ai laissé mes voiles hissées pour m'avertir du retour du vent. Vers 4 heures du matin, mon solent se met à faseyer. Je remonte l'ancre en vitesse. J'ai bien étudié la carte des courants : « Ça devrait le faire ! » En barrant du bout des doigts et en attrapant chaque risée, il me faut trois heures pour franchir les deux derniers milles !

Le Mini Pavois aura été pour tous les coureurs une impitoyable épreuve d'endurance et de patience. Il y en a plusieurs qui ont craqué. Une concurrente à bout de nerfs s'est mise à crier sur son bateau. Un autre a demandé à se faire remorquer parce qu'il n'en pouvait plus.

Malgré ces conditions difficiles, j'ai conservé ma douzième place parmi les 36 prototypes. J'en suis heureux et je sais que je peux encore faire mieux. Ce qui me sépare du groupe de tête, c'est surtout l'expérience. Des petits détails dans les manœuvres. Par exemple, j'ai bien observé un concurrent qui était à ma hauteur au milieu de la Manche. Il faisait un cap moins serré et peu à peu m'a distancé pour finalement arriver dans les dix premiers. Aussi, je n'ai pas « matossé » comme on dit ici dans le jargon nautique. Je ne déplaçais pas les poids importants d'un côté ou de l'autre de *Dingo* pour faire varier la gîte et ainsi gagner quelques dixièmes de nœud.

Pour l'instant, je me prépare psychologiquement à affronter la deuxième partie de mes qualifications : les 1 000 milles hors course. Niveau solitude, ce sera mon prochain sommet.

Parcours de qualification solo

Départ Saint-Quay Portrieux - retour au même port
total 1 200 milles

📄 « Oublie ça, *Dingo*, t'es trop top ! » (Damien)

Seize, dix-sept, dix-huit nœuds au compteur… je ne lâche pas la barre pendant trois heures. Aucune chance à prendre. À cette vitesse, une petite ratée de mon pilote et je partirais en vrac avec de gros risques de casse. Tout se passe bien à bord et j'ai intérêt à continuer ce sans-faute. Je suis allé virer le bateau-feu au sud de l'Irlande il y a 56 heures et là, je déboule à toute allure vers le plateau de Rochebonne au large de La Rochelle. Ensuite je remonterai la côte Atlantique vers la Manche et Saint-Quay Portrieux d'où je suis parti. J'espère boucler le parcours en dix jours.

Le vent d'ouest de vingt-cinq nœuds m'arrive sur le travers. Je porte ma grand-voile à un ris, le gennaker sur emmagasineur et le solent. Il fait un grand soleil et *Dingo* enchaîne les surfs, sa coque à moitié hors de l'eau sur la crête des vagues. Il doit être beau à voir avec ses moustaches blanches à l'étrave. Je lui frappe le flanc comme à un jeune cheval fou : « Oublie ça, *Dingo*, t'es trop top ! »

Je suis de bonne humeur même si je me retrouve seul. Je mange bien, dors souvent. Le soir, je me prépare un plat lyophilisé ; le matin, un café, des biscottes avec confiture ; le midi, je m'ouvre une barquette de salade de thon avec fèves. J'ai apporté aussi des fromages, des pâtés, du chocolat, des biscuits. Mais je ne bois pas assez. On le remarque quand le bout des doigts devient sensible.

Je prends mes trois à quatre heures de sommeil par jour. Je mets l'alarme pour vingt minutes et je me réveille à quinze. Mon cadran biologique est en avance. C'est mieux ainsi.

Avant-hier, dix milles après le bateau-feu de Conningbeg, j'entends à la VHF : « Mini au large de l'Irlande, ici *Pappy Speedy*. » Je sors la tête et aperçois deux 6.50 de série, un Pogo et un Super Calin, partis de Camaret, au sud de Brest, le même jour que moi. Grégoire et Loïc sont en « qualif » eux aussi. Ils écoutent de la musique irlandaise sur leur BLU et se traitent d'imbéciles : venir si près de ces côtes où les paysages sont magnifiques et les filles encore plus belles, paraît-il, et repartir aussitôt comme des vrais cons pour aller plutôt flirter avec les vagues. Je suis bien d'accord.

Beaucoup choisissent de partir à deux bateaux pour l'épreuve des 1 000 milles hors course. Comme ça, l'un peut aller se reposer pendant que l'autre assure la veille. On peut aussi se prêter main forte en cas de pépin. Tout ça, bien sûr, à la condition de rester à vue ou à portée de radio, soit une vingtaine de milles.

De mon côté, j'étais parti avec Sander, le concurrent hollandais, mais il a cassé dès le premier jour sa drisse de grand-voile. Ensuite, il a perdu son antenne VHF, ce qui nous a empêchés de communiquer ensemble. Je me suis donc retrouvé seul pour la fameuse « boucle du nord » qui commençait par la traversée de la Manche. C'est ma troisième en quinze jours !

J'en garde un mauvais souvenir. Des vents de face de 25 à 30 nœuds. Les bottes trempées à chaque manœuvre sur le pont. Le froid glacial la nuit. J'ai souvent confié la barre au pilote NKE pour me réchauffer à l'intérieur.

Ensuite, j'ai filé vent de travers au large des côtes anglaises jusqu'au Cap Lizard. Le paysage est d'un vert « pétant », tout en falaises et en lumières. J'ai hésité avant de passer entre les îles Scilly et Lands End, un autre rail pour les cargos qui entrent ou sortent de la mer d'Irlande et où les courants sont très forts. On annonçait une alerte météo pour le coin, mais faire le tour des îles me rallongeait d'une vingtaine de milles. Finalement, le vent est resté stable et le courant favorable m'a permis de passer en vitesse.

Le lendemain, le vent a faibli. J'aurais dû être content, c'était mieux qu'une tempête. Pourtant, je ne me sentais pas très bien. Il y avait une sorte de pesanteur au-dessus de la mer Celtique, qui baigne la côte sud irlandaise. Tous ceux à qui j'en ai parlé ensuite ont ressenti le même malaise. On n'avait qu'une idée en tête : se tirer de là au plus vite. Le sondeur indiquait entre 40 et 70 mètres, un peu comme sur les Bancs de Terre-Neuve. On s'imagine très bien quel genre de mer dangereuse peut se former à cet endroit dans un coup de vent.

Il y a maintenant une semaine que je suis en mer. Depuis deux jours, j'ai retrouvé les copains, *Pappy Speedy* et *Pussy Cat*. Ils m'ont rattrapé vis-à-vis le Plateau de Rochebonne. Je m'étais recalé au large car la météo annonçait un sud-ouest qui n'est jamais venu. Maintenant, nous naviguons côte à côte. On discute et on déconne à la VHF, question de garder le moral. C'est super et j'ai décidé de ralentir ma vitesse pour rester avec eux. Aujourd'hui, il fait grand soleil et nous prenons du bon temps au large des Glénans.

Vers la fin de l'après-midi, le nord-ouest forcit d'un seul coup. En moins de 30 minutes, je prends un ris, puis 2, puis 3 dans ma grand-voile. Une mer de malade se lève aussitôt. Nous sommes dans un autre sale coin, à la limite du plateau continental où les fonds remontent brusquement.

Le jour tombe et je prépare *Dingo* pour la nuit. Je prends une première vague en pleine tronche. Le sel me brûle les yeux, surtout à cause de mes verres de contact. J'aperçois au loin des feux de navigation. Deux bateaux de pêche viennent vers moi. Je garde le même cap. Il est encore trop tôt pour voir si nos routes vont se croiser.

Le temps s'écoule. Les feux se rapprochent. Je n'ai pas envie de virer de bord. J'ai la quille pendulée à fond, le bas-étai installé à l'avant... Ça doit passer. J'éclaire mes voiles avec une lampe pour être vu. Aucune réaction à bord des bateaux qui seront sur moi dans moins d'une minute. Je mets *Dingo* face au vent pour le ralentir. Tout se précipite. Ça ne va pas. J'abats alors un grand coup pour m'écarter du bateau le plus proche et me penche sous la grand-voile pour mieux voir. L'étrave est juste là, à moins de 10 mètres. « T'es con, Damien, ils vont te rentrer dedans. »

📄 Youpi ! j'ai réussi : je suis qualifié ! (Damien)

Mer mauvaise. L'eau salée me brûle les yeux. Il fait nuit et ces deux chalutiers vont couper ma route. Instinctivement, je repousse la barre au vent en catastrophe et tiens mes voiles en drapeaux pendant que le premier passe sous mon vent. À cet instant, de puissants projecteurs s'allument et sont dirigés sur moi. Leur lumière m'aveugle sur le coup mais la scène qu'ils me permettent de voir ensuite me donne des frissons : ces deux bateaux avancent en remorquant ensemble un énorme filet de surface.

Comment aurais-je pu le deviner ? Normalement, ils auraient dû braquer leurs projecteurs vers le centre du chalut, au moins à mon approche. Bref, si j'avais réussi à me glisser entre les deux, j'étais bon pour le poêlon.

Quelques jours plus tard, en prenant une bière avec les copains à qui je raconte ma frousse, on rigole un bon coup. Nous mimons la tête des deux patrons-pêcheurs qui se parlent sur la VHF : « Hé, Roger ! on a attrapé un gros thon, il est bleu et jaune… et à l'intérieur, y'en a un plus petit ; il est blanc, il a mauvaise mine… et il ne doit pas sentir bon. »

Sur le moment, c'est nettement moins drôle. Je branche le pilote et vais m'asseoir à l'intérieur, les jambes molles. Je mesure à quel point je suis fatigué après huit jours en mer. J'ai bien failli faire une grosse connerie et suis passé à un doigt de compromettre ma qualification. Ces deux-là avaient beau être fautifs, c'est moi qui aurait été perdant. À partir de maintenant, vigilance absolue et me tenir le plus loin possible des bateaux de pêche.

202

Je ne dors pas de la nuit. Au matin, les copains, *Pappy Speedy* et *Pussy Cat*, m'appellent une dernière fois sur la VHF. Ils ont bouclé leurs 1 000 milles nautiques et rentrent à Camaret, tout près de Brest, d'où ils sont partis. « Bravo, Damien ! Tu as fait du bon boulot jusqu'ici. Accroche-toi, t'es presque rendu ! »

Il me reste encore 140 milles avant Saint-Quay Portrieux. J'amorce le sprint final en mettant un peu plus de charbon dans la machine. Une fois passé Ouessant, le vent me permet d'abattre en longeant la côte. Le nez dans mes livres, j'étudie à fond les heures des marées ainsi que la direction et la force des courants. Si le vent tombe, j'ai intérêt à être au large, loin des cailloux. Mais si je veux profiter des puissants courants, je dois me rapprocher à environ dix milles. Ce que je fais, enchaînant les passages à niveau aux bons moments.

Vingt-quatre heures plus tard, Saint-Quay Portrieux est en vue et j'aperçois Évangéline au bout de la jetée. Debout sur le pont, je me mets à danser comme un fou. Elle vient ensuite me rejoindre sur le ponton, caméra à l'épaule, pour cueillir mes premières réactions : « Hé, le barbu ! heureux d'être arrivé ? »

C'est vrai qu'en dix jours, une petite barbe a poussé. Si je suis heureux ? Je plane… Ma dernière épreuve de qualification est terminée. Deux ans de pression viennent de glisser de mes épaules. Mission accomplie !

Pour la première fois depuis le début de mon projet, le but me semble tout proche. Avec un peu de chance, je serai bientôt inscrit à la Transat 6.50 Charente-Maritime – Bahia, nouveau nom que portera la Mini-Transat pour les deux prochaines éditions.

Évangéline m'apprend que je suis le vingt-huitième prototype qualifié, donc troisième sur la liste d'attente puisqu'il n'y a que 25 places disponibles. Mais j'aurais aussi de bonnes chances d'obtenir une carte d'invité. Le Grand Pavois, organisateur de la course, en accord avec la Classe Mini, peut en décerner un maximum de cinq aux coureurs, particulièrement aux étrangers hors communauté européenne. On m'a donc suggéré d'en faire la demande et je recevrai bientôt la réponse. Puis Évangéline braque sa caméra sur moi :

– Alors, Damien, un bilan rapide de tes qualifications ?

– C'est comme si j'avais pris dix ans d'expérience en un mois ! Honnêtement, je ne pensais pas que ça serait aussi difficile. Bien sûr, j'appréhendais la navigation en Bretagne, en Irlande et en Angleterre. C'est une dure école pour quelqu'un qui débute en solitaire.

Mais le plus dur a été de vivre avec une pression constante, en sachant que la moindre erreur risquait de tout foutre en l'air. Je devais absolument terminer chaque course : les 300 milles de la Sélect 6.50, suivis des 700 milles du Mini Pavois. Ensuite il me fallait boucler ce fameux parcours de 1 000 milles hors course. Si j'ai réussi tout ça, c'est que *Dingo* était bien préparé et j'en suis d'autant plus fier. »

Tout le monde est surpris que je n'aie toujours rien brisé sur le bateau. C'est bon pour la réputation du premier prototype construit par un chantier québécois : Atlantix Innovations Marines, de Montréal. Je pense aussi à ma petite équipe de préparateurs, venue me prêter main-forte à Verdun : Stan, Alex, Martin... Chacun d'eux a contribué à faire de *Dingo* un bateau fiable.

Évangéline me demande ensuite comment je trouve l'ambiance entre les coureurs. Excellente ! même si cette année, tout le monde se bat pour une place. Jusqu'ici, je sens une grande sympathie à mon endroit. Au début, j'avais l'impression que les autres jaugeaient *Dingo* en se disant : « Beau bateau, mais que vaut le petit Québécois ? » On m'observait, spécialement du côté de la Classe Mini. Le nouveau président, Richard Mérigeaux, voulait bien évaluer chaque coureur pour être certain que ceux qui s'aligneront sur la ligne de départ de la Mini-Transat seront prêts à en baver.

J'ai fait la preuve de ma détermination en construisant puis en transportant *Dingo* par cargo jusqu'en France et maintenant je me suis prouvé, à moi et aux autres, que je suis capable de naviguer en solitaire.

Il était une fois Ouessant (Évangéline)

« Un expresso, s'il vous plaît ! »

Assise à la terrasse d'un petit café, je pratique mon activité favorite lorsque Damien est en mer : j'attends. J'essaie de lire un peu, d'écrire aussi, mais j'en ai parfois ras le bol. Surtout que je suis dans un coin relativement perdu de France d'où je peux difficilement visiter les environs. De toute façon, avec la quantité de sacs que Damien m'a laissés avant de partir, question d'alléger son bateau, je me vois mal sauter dans un autobus ou un train. D'ailleurs mon budget fond comme glace au soleil ; le tourisme est donc hors de question.

Alors j'attends…

Je suis en France depuis cinq mois. Au départ, j'avais prévu rejoindre Damien deux ou trois fois au cours de sa période d'entraînement et de qualification. Et puis l'aspect financier m'a contrainte à rester avec lui plus longtemps. Je n'avais tout simplement pas assez d'argent pour multiplier les allers-retours Québec-France. Mais comme aucun travail ne m'attendait à la maison, aussi bien rester avec mon frère et lui donner un coup de main dans ses préparatifs.

Cela me permet d'être aux premières loges dès qu'un évènement me semble intéressant à filmer. Car l'objectif de ma présence en France, après tout, demeure la réalisation d'un film sur son projet, de la construction de *Dingo* jusqu'à la ligne d'arrivée au Brésil, si tout va bien. Cette idée a fait lentement son chemin après notre voyage à Concarneau lors du départ de la Mini-Transat 1999. Je venais de terminer mes études en cinéma, le documentaire m'attirait davantage que la fiction et j'avais envie de faire mes premières armes avec un sujet proche de moi et dans un milieu que je connaissais bien : la voile. J'ai donc suivi Damien à travers chaque étape importante.

En ce moment, il complète ses qualifications. C'est sa dernière épreuve mais non la moindre. Je n'avais jamais senti un tel état de stress chez mon frère. J'avais mal au cœur de le voir si angoissé sans pouvoir faire quoi que ce soit pour l'aider. Ce parcours de 1 000 milles nautiques, établi par la classe Mini, est jugé difficile. Il oblige les coureurs à virer un bateau-feu au sud de l'Irlande. Selon les conditions de vent, cet endroit peut devenir très dangereux à cause de la remontée des fonds.

Damien est parti depuis déjà neuf jours. C'est la première fois qu'il navigue seul sur *Dingo* aussi longtemps. Et qu'il n'a aucun compagnon avec qui parler à la VHF, ni bateau accompagnateur si quelque chose arrive. Donc aucune nouvelle pour la grande sœur durant huit à douze jours, selon la météo.

Par chance, durant cette période, il y a eu de l'animation sur les pontons de Saint-Quay Portrieux. Tous les copains se préparaient pour la course suivante : la Mini Fasnet. Une autre belle occasion de faire la fête, bien entendu !

Mon logement principal, *Dingo*, n'étant plus disponible, je trimbalais mes sacs d'un bateau à l'autre. Malgré la gentillesse de ceux qui m'ont laissé dormir sur leur mini, je dois dire que j'en ai un peu marre d'être constamment en transit avec tout mon matériel. Il y a des jours où je rêve d'un espace qui fait plus d'un mètre carré pour mettre mes affaires. À ce niveau là, les cinq mois sur *Dingo* n'ont pas toujours été commodes. On ne peut pas dire que l'intérieur d'un proto soit très spacieux ; il est facile de devenir fou quand, le soir venu, il faut déplacer les voiles, les sacs de linge, les panneaux solaires, etc., pour se frayer un petit chemin jusque dans sa couchette.

Si tout va bien, *Dingo* et son skipper devraient arriver bientôt. Je me tiens dans les environs immédiats du port au cas où… À midi, le mec de la marina vient m'annoncer que Damien a appelé à la VHF pour dire qu'il était à quelques milles du port ! J'ai tellement peur de manquer son arrivée que je me dépêche d'aller sur la digue, même si je sais qu'il ne sera pas là avant une bonne heure.

Peu à peu, je distingue une petite voile blanche qui se découpe sur l'horizon. Je n'ai jamais ressenti un si grand soulagement, j'ai l'impression que l'on a enfin coupé un filet qui m'étreignait la poitrine depuis dix jours en se resserrant toujours un peu plus chaque jour.

Avec le zoom de ma caméra, je surveille de loin *Dingo* qui approche doucement. Damien a même affalé sa voile d'avant, il n'a laissé que sa grand-voile pour être plus tranquille. Le vent souffle bien assez fort de toute façon. J'éclate de rire en voyant qu'il a déjà installé ses pare-battages le long du bateau ; il est vraiment très impatient d'arriver !

Le mini bleu est maintenant assez près de la digue pour que je distingue Damien qui se lève et marche jusqu'à l'avant du bateau. Je lui fais des signes en criant très fort pour qu'il m'entende. Il m'aperçoit, lève les bras en l'air et lâche un grand cri de caribou.

Puis il saute sur le pont comme un singe, manifestant sa joie d'avoir enfin terminé toutes ses épreuves de qualification.

Je recueille ses premières impressions à la caméra, ensuite nous filons vers un restaurant. Damien rêve d'un bon repas et surtout de verdure. Devant une grosse salade et un croque-monsieur, il me raconte en détails les péripéties de sa dernière navigation. Dans son sourire, il y a une joie que je n'ai pas vue depuis très longtemps. J'ai l'impression qu'une tonne de briques vient de lui glisser des épaules. Malgré son épuisement physique, il rayonne.

Une fois l'estomac plein, la deuxième priorité est la douche avant d'aller retrouver une couchette qui, enfin, ne bouge pas. Pendant ce temps, j'essaie tant bien que mal de nettoyer l'intérieur du bateau d'où se dégage un mélange d'odeurs de gasoil, de vieilles chaussettes humides et de renfermé qui me lève le cœur.

Damien a décidé de s'offrir deux semaines de vacances au Québec, question de fêter ce grand moment avec le reste de la famille. Une petite trempette en eau québécoise ne lui fera certainement pas de mal. Mais nous devons d'abord ramener *Dingo* à Brest. Depuis plusieurs jours, nous surveillons les cartes météo, sans succès. Un énorme anticyclone s'est établi au large de la Bretagne. Il nous donne un temps superbe, ciel bleu éclatant, de la chaleur, mais pas un souffle de vent.

Et puis ce matin, un brin d'espoir. Ils annoncent un changement, un petit vent qui devrait, d'ici demain, s'établir et nous mener à bon port.

Il faut attendre la marée montante pour quitter la baie, parsemée de récifs. À peine sommes-nous sortis du port, la mer revêt sa plus belle parure d'huile… Confiants que le vent viendra à notre rescousse, nous nous laissons entraîner par le courant.

Il fait noir. Je suis étendue dans l'étroite couchette arrière de *Dingo*, avec mes bottes, mon ciré, ma tuque, tout le kit ! Je somnole depuis une heure, sans réussir à vraiment me reposer. Dans mon état semi-comateux, le bruit de la génératrice se transforme en grondement de moteur de cargo. Merde ! il y a des feux de navigation rouges, verts et blancs qui s'approchent. Des cargos partout autour. L'un d'eux fonce droit sur nous ! Je me réveille brusquement et me cogne la tête sur le plafond de ma couchette, à vingt centimètres de mon nez.

On n'avance pas, il n'y a pas un pet de vent. Là-haut, Damien se démène à faire je ne sais trop quoi. La résonance de ses pas sur le pont est telle qu'on dirait qu'ils sont quinze à manoeuvrer. Impossible de dormir.

Nous sommes immobilisés depuis deux jours, sans vent au large de Ouessant. Et pourtant, ce devait être un tout petit convoyage de 120 milles entre St-Quay et Brest, une traversée d'à peine une journée quoi ! Nous avions oublié qu'ici, en Bretagne, on a le choix entre la tempête ou rien du tout.

Et ce rien du tout est en train de nous rendre complètement fous. À cause des forts courants qui longent la côte, nous n'avons aucun contrôle sur la trajectoire de *Dingo*. Nous sommes à sec de toile car les voiles faseyent sans arrêt et c'est très dur pour les nerfs. C'est notre deuxième nuit en mer. Consciente que Damien est mort de fatigue, je lui dis d'aller se coucher, je vais faire le guet. Il fait assez froid, mais c'est surtout l'humidité qui me glace à travers mes couches de vêtements. J'essaie de différencier les lumières de la côte de celles des bateaux de pêche. À la VHF, j'entends les pilotes des cargos qui s'annoncent au contrôleur du trafic maritime de Ouessant. Il faut surtout surveiller le courant qui pourrait nous pousser trop sur la côte, car dans ce coin de la Bretagne, elle n'est pas bordée de sable fin.

Vers 4:00 du matin, un léger souffle forme des ridules à la surface de l'eau. Nous essayons de dissimuler notre joie, de peur qu'Éole ne se froisse et nous renvoie sa calmasse. Damien hisse le solent qui se déplie, frais et dispos, le long de l'étai. J'entends avec plaisir le murmure subtil mais reconnaissable entre tous : celui des petits remous à l'arrière de *Dingo*. Ça veut dire que nous avançons au moins à un noeud ! Il y a de l'espoir.

Le jour se lève doucement, le ciel se pare de rose, puis d'orangé et progressivement, comme pour ne pas trop nous décevoir, le souffle s'éteint au moment où le ciel s'allume… Merde !

Depuis quelques heures, Damien commence à péter un plomb. Il s'est mis dans la tête qu'il allait rater son avion si le vent ne revenait pas. Au début, je me foutais carrément de sa tête : « Voyons, Damien, on a juste 100 milles à faire et ton avion part dans cinq jours ! C'est sûr qu'on va arriver à temps, arrête de paranoïer ! » Je me rends compte qu'à travers cette inquiétude pointe un véritable besoin de retourner au Québec. C'est bien plus qu'un plaisir, c'est une nécessité.

Les heures passent et mon optimisme s'envole peu à peu : « De toute façon, si jamais le vent ne revient pas, on appellera la garde-côte, mais c'est sûr que tu vas partir ! »

La situation risque de s'aggraver avec le changement de marée. Nous sommes assez près de Ouessant où les courants peuvent atteindre jusqu'à sept ou huit nœuds.

À l'époque de la *V'limeuse*, nous ne connaissions pas cette angoisse, car il y avait le moteur pour nous sortir du pétrin. Mais, drôle de coïncidence, il était en panne en 1984 alors que nous naviguions exactement au même endroit. Nous étions passés de justesse, les voiles à peine gonflées.

Ici, sur *Dingo*, à quelques milles des cailloux, nous sommes encore une fois à la merci d'Éole et c'est très désagréable. Je trouve bizarre de me sentir menacée alors que rien ne bouge autour. On aurait plutôt envie de se dire, ben voyons, avec ce calme, il est où, le danger ?

Le soleil est déjà haut et la mer toujours d'huile. La renverse est prévue dans deux heures et si nous ne trouvons pas de solution, les courants vont bientôt nous pousser sur les rochers.

Notre bonne étoile doit veiller sur nous ; deux voiliers apparaissent à deux milles derrière et s'enlignent pour traverser le chenal du Four. Ils vont donc passer juste à côté.

Damien me regarde :

– Tu penses-tu que... ?

– Ben, je sais pas...

– Ouais, mais on a rien à perdre, non ? On peut toujours leur demander ?

Trente minutes plus tard, nous sommes à la remorque d'un beau voilier neuf de 45 pieds, propriété d'un charmant couple de Français qui vient tout juste d'en prendre possession. Ils se rendent à Camaret, à une douzaine de milles de Brest et offrent de nous y conduire. Ils n'ont pas hésité lorsque Damien les a appelés à la VHF. Ils nous ont répété plusieurs fois que c'était très dangereux de faire de la voile dans ce coin de Bretagne sans moteur, qu'il y a eu beaucoup de naufrages. Au moment d'attraper leur amarre, nous avons eu quelques sueurs froides, car le cordage trop long a failli se prendre dans leur hélice !

Bref, nous voilà confortablement étendus sur le pont de *Dingo*, au soleil, à écouter de la musique en mangeant des chips, en nous répétant toutes les cinq minutes :

– Eh ben, on est vraiment chanceux ! T'imagines si on était encore là-bas ?

– Ouais, pis on aurait vraiment été dans le trouble à la renverse des courants !

– Mets-en ! On se serait fait pousser sur les cailloux !

– Ouais !

– On est bien, hein ?

– Ouais !

Le lendemain matin, par une bonne brise, nous rentrons au port du Moulin Blanc, mettant fin à un convoyage dont nous allons nous souvenir très longtemps.

🖹 Une grande nouvelle dans mes bagages ! (Damien)

Bien calé dans mon fauteuil, je survole l'Atlantique. Cette traversée sera nettement plus rapide que ma précédente en novembre dernier. C'était bien différent à bord du porte-conteneurs *Canmar Pride*, avec *Dingo* dans les cales et une énorme pression sur les épaules. Je voguais alors vers l'inconnu, loin de m'imaginer que la partie serait aussi rude.

Aujourd'hui, je reviens après sept mois passés en France et je ne me suis jamais senti aussi bien. Hier au téléphone, l'organisation du Grand Pavois m'a assuré d'une place pour la Transat 6.50* Charente-Maritime – Bahia. C'est la plus belle nouvelle que je pouvais rapporter avec moi au Québec. Grâce à tous ceux qui me supportent, je couperai donc la ligne de départ le 22 septembre prochain à La Rochelle. Après deux ans d'efforts, tout semble vouloir aller pour le mieux.

Pour la deuxième fois dans l'histoire de la Mini-Transat, le Canada sera représenté. Marc Perron, de Chicoutimi, avait participé à l'édition 1985 et avait fait bonne figure en terminant en huitième position. Après seize ans d'absence, le Québec revient en force. En effet, Jean Rheaut, dont je vous ai déjà parlé dans une précédente chronique, vient de se qualifier lui aussi. Nous serons donc deux Québécois inscrits cette année. Chacun dans sa catégorie : lui en série et moi en prototype. Du jamais vu !

Ayant deux fois mon âge, Jean confirme bien que la Mini-Transat n'intéresse pas seulement les 20 à 30 ans. Originaire de Granby, il a connu la Classe Mini en 1988 alors qu'il faisait de la compétition en Laser à Lorient. En 1994, lors d'un autre séjour en France où son travail l'amenait, il a même pensé s'acheter un proto Rolland. En 2000, il débute un stage d'entraînement en Figaro à Port-la-Forêt, en vue d'une année sabbatique consacrée à la course en solitaire. Mais lorsqu'il apprend que la Mini-Transat 2001 se terminera au Brésil, où il a longtemps travaillé, il s'achète finalement un 6.50 de série. Son Pogo, *Le Poulpe*, porte le numéro de course 259.

---

* Transat 6.50 : nouveau nom officiel de la Mini-Transat

J'essaie depuis quelque temps de le convaincre de ramener son bateau au Québec après la Mini-Transat. Je suis certain qu'il trouverait acheteur. Plusieurs personnes se préparent en vue de la prochaine Saguenay – Les Sables d'Olonne. Cette nouvelle Transat 6.50, entre le Québec et la France, est maintenant inscrite au calendrier international. Elle se répéterait, en principe, tous les deux ans. Je n'avais pas pu y participer en juillet dernier car *Dingo* n'était pas prêt. Mais je compte bien y être en 2002.

Lors du départ de cette course en double, nous avions accompagné en Zodiac les sept minis jusqu'à l'embouchure du fjord. C'était émouvant de les voir disparaître dans la brume du fleuve, direction Halifax ou se terminait la première étape. Je les trouvais pas mal gonflés de traverser ensuite l'Atlantique Nord sur leur coquille de noix, durant dix-huit jours. Je me demandais alors s'il était plus facile de courir avec un équipier plutôt qu'en solitaire. Je n'ai pas encore la réponse. Certains disent qu'on a tendance à pousser davantage les bateaux, ce qui augmente le risque de casse. Chose certaine, il faut choisir un caractère compatible avec le sien.

Le commandant de bord nous annonce que nous sommes au-dessus du Labrador. La vue est magnifique. De nombreux icebergs dérivent le long de la côte. Mais ce qui retient le plus mon attention, c'est l'incroyable quantité de lacs qu'on aperçoit du haut des airs. Je m'imagine déjà en train de taquiner la truite, chose que j'aimerais faire pendant mon séjour au Québec.

Durant les deux prochaines semaines, je passerai du bon temps avec ma famille et les amis. Je me ferai aussi le plaisir d'annoncer la bonne nouvelle à mes commanditaires, même si la course au financement n'est pas terminée pour autant. Il me reste encore beaucoup de sous à trouver d'ici septembre prochain.

Soit dit en passant, la réussite de mon projet n'est pas seulement une affaire de gros sous. Comme tous les coureurs, je rêve bien sûr de dénicher des commandites importantes mais je ne pourrais passer sous silence le formidable appui que je reçois des amis et du public. Je trouve souvent dans mon courrier des messages d'encouragement qui n'ont pas de prix. Encore merci à tous ceux qui m'ont aidé, d'une façon ou d'une autre, tout au long des deux dernières années. Je suis fier que *Dingo* soit le produit d'autant de solidarité. Et j'espère être à la hauteur.

📄 Une bonne bouffée du Québec (Damien)

Nous avons levé nos tentes pour quelques jours sur un îlot du réservoir Taureau. Il ne manque qu'Évangéline, restée en France, pour que la famille se retrouve au complet. Nous avons vécu si longtemps et si près les uns des autres sur la *V'limeuse* qu'il suffit d'être ensemble pour retrouver l'esprit de clan.

Nous regardons un petit voilier qui tire des bords dans un bon vent. Mon père me fait remarquer que les temps changent ; lorsqu'il venait ici, début des années soixante-dix, il n'y avait que des bateaux moteurs. Aujourd'hui, d'après lui, il y aurait au moins une trentaine de voiliers habitables. Ce sera notre plus sérieuse réflexion de la journée. Rien de précis au programme le reste du temps : bavardage autour du feu, quelques coups d'aviron vers l'île voisine et il m'arrive de crier tout haut, en pleine nature : Ouais ! Je suis qualifié !

Les chiens se baignent et courent comme des fous. Ils me manquaient là-bas, en France. J'ai apporté mes cannes à pêche en sachant très bien que ce n'est pas l'endroit idéal. Il y a trois ans, j'étais revenu bredouille. Nous sortons malgré tout, à la tombée du jour, une quinzaine de petits poissons.

J'imagine déjà la tête de mes copains français quand je vais leur raconter que j'ai pêché sur un lac qui faisait 120 kilomètres de tour, à seulement deux heures de Montréal. Et que j'ai même vu des traces d'orignaux.

Depuis que je suis au Québec, les journées sont bien remplies. Le lendemain de mon arrivée, Jacques Pettigrew, p.d.g. de CinéGroupe, mon commanditaire principal, m'invitait à dîner. Je l'avais rencontré une fois ou deux brièvement et n'avais jamais eu l'occasion de bien le connaître. C'est un homme qui a le sens du risque. Il était content d'apprendre que j'allais prendre le départ le 22 septembre prochain, mais si les choses n'avaient pas tourné à mon avantage, il aurait tout de même été satisfait d'avoir aidé quelqu'un qui a tenté le coup. Pour lui, c'est ce qui importe. « Si ton exemple ne déclenche qu'une seule autre passion chez nos jeunes, nous aurons accompli quelque chose. » Il a l'avenir de notre jeunesse à cœur. Maintenant je comprends mieux pourquoi il dirige une maison de production spécialisée dans les films pour jeunes.

Bonne nouvelle ! Il y quelques jours, le club nautique Jacques-Cartier de Gaspé m'a confirmé sa commandite. Les couleurs de *Gaspé : porte d'entrée du Saint-Laurent* seront visibles dans ma grand-voile.

Il manquait justement un nom de région sur mon bateau. En plus, les Français adorent le Québec.

Je suis aussi allé prendre une bière avec Simon Phaneuf, mon associé. Après lui avoir fait un compte rendu des derniers mois, nous avons discuté de mes intentions à plus long terme. Même si je suis très concentré dans mon projet actuel, je pense déjà à de futures courses. Notre compagnie, Océan Énergie, a pour but de promouvoir ma carrière de coureur océanique. Elle a aussi comme objectif de sensibiliser les Québécois à la course au large.

C'est quand même chouette d'avoir un partenaire qui est médecin et homme d'affaires à la fois. Après notre dîner, Simon m'a préparé une trousse médicale. Il m'a fourni ce dont j'avais besoin pour parer à toute éventualité ; coupure, brûlure, fracture, etc. Il avait d'excellents conseils à me donner, dont un en particulier : il faut toujours laver une plaie ouverte avec de l'eau et non, comme on nous l'a toujours enseigné, avec du peroxyde. Par exemple, une coupure fraîche ne doit pas être nettoyée avec un produit que nous n'oserions pas mettre dans nos yeux. De tels produits tuent des cellules à l'intérieur de la plaie, créant ainsi un champ propice au développement de bactéries.

Le temps file. Je n'aurai pas la chance de voir tout le monde. Douze jours c'est court, mais ça m'aura fait un grand bien. Je vais repartir gonflé à bloc, prêt pour mon dernier long sprint.

Dès mon retour en France, je vais préparer *Dingo* pour la prochaine épreuve. Il me reste deux courses au programme avant le 22 septembre : l'Open 6.50 Demi-clé et la Transgascogne. Ces deux dernières ne seront pas qualificatives, mais plutôt un excellent moyen d'acquérir plus d'expérience et d'optimiser mon bateau.

L'Open 6.50 Demi-Clé partira de Locmiquélic le 21 juillet pour se terminer cent milles plus loin à Port Bourgenay. Elle peut être courue en double ou en solo. Évangéline et moi avons décidé de la faire ensemble. Nous formerons un super duo familial.

La dernière et non la moindre de la saison sera la Transgascogne. Elle s'élancera de Port Bourgenay une semaine après l'arrivée de l'Open 6.50 Demi-Clé. Au départ, les bateaux mettront le cap sur Belle-Île avant de redescendre vers les côtes espagnoles ; un parcours de 450 milles traversant le Golfe de Gascogne jusqu'au port de Gigon. Après trois jours de fête, retour à Port Bourgenay.

🗎 Retour en Bretagne (Damien)

Brest. Eh oui, les vacances au Québec sont déjà finies ! Douze jours à me changer les idées... tout en parlant voile de temps en temps. Mais le contexte était très relax. Ça se passait entre amis ou connaissances la plupart du temps. J'ai donné quelques entrevues, mais je n'y allais pas pour faire du « booking » médiatique.

La veille de mon départ, j'étais à la librairie Renaud-Bray, sur l'avenue du Parc, où j'ai reçu de nombreux encouragements et de beaux témoignages. Certaines personnes m'avouaient n'avoir jamais posé les pieds sur un bateau mais se passionnaient pour mon aventure et découvraient par le fait même le monde de la course au large. Des jeunes sont venus me féliciter et m'annoncer qu'ils espéraient bien se lancer dans un projet semblable. Voilà des signes encourageants pour l'avenir. Il faudra donc continuer à piquer la curiosité des jeunes pour les amener à pratiquer la voile de plus en plus.

Lors d'une entrevue pour les nouvelles sportives de Radio-Canada, Marie-Claude Savard me demandait justement pourquoi cette activité n'était pas très répandue ici au Québec. Selon moi et de l'avis de bien des gens, il ne faut pas chercher trop loin : c'est à l'école que les futurs adeptes doivent être sensibilisés. Il devrait exister des cours de voile dans les programmes scolaires.

Si l'on compare le pourcentage d'enfants qui naviguent en France et au Québec, la réponse est là. Le nombre de jeunes qui sortent sur l'eau chaque jour dans les clubs de voile le long des côtes françaises est tout à fait impressionnant. Là-bas, on initie très tôt les enfants et les jeunes en général aux choses de la mer. C'est vrai qu'ici, les gros bassins de population ne se situent pas le long de la mer. Mais, entre nous, ce n'est pas l'eau qui manque au Québec.

Je suis reparti avec plus de bagages qu'à l'aller et je ne m'en plains pas. J'emportais un second pilote, un Raymarine 4000 (anciennement connu sous le nom d'Autohelm), qui m'a été offert par Walter Timmerman, le distributeur. Il travaille dans le milieu du nautisme depuis une vingtaine d'années, en plus de beaucoup naviguer. Walter a participé à plusieurs courses dont la dernière Québec – Saint-Malo à bord du 60 pieds open *Bell Mobilité – Océan* de Georges Leblanc.

Avec ce nouveau pilote, je vais pouvoir économiser de l'énergie dans certaines conditions. Au près, par exemple, lorsque le bateau est bien équilibré avec une barre beaucoup plus douce qu'à d'autres allures. Ou encore lorsque je naviguerai dans des vents légers et réguliers.

Ce pilote consomme moins que mon gyropilote hydraulique actuel, mais il est aussi moins puissant. Lorsque la barre exige une grande poussée ou traction de la part du vérin électrique, le moteur de ce dernier risque de surchauffer. Aussi il faut prévoir plusieurs vérins de rechange si on utilise uniquement ce type de pilote.

J'aurai dorénavant deux systèmes de pilotage automatique indépendants, NKE et Raymarine, installés chacun sur leur propre circuit. Selon la majorité des coureurs que je connais, c'est la solution idéale. On alourdit un peu le bateau et il faut en avoir les moyens, mais ça vaut le coup pour une transat en solitaire.

Après huit heures d'avion et quatre heures de train, j'ai retrouvé Évangéline au port de plaisance du Moulin Blanc. Il était temps que je revienne m'occuper de *Dingo*. Un copain me demande si j'ai apporté mon rasoir… car de longues algues pendent sous la flottaison ! Ce n'est pas la faute des peintures International si la coque se salit aussi vite. J'ai voulu essayer un produit à base d'époxy et de téflon, favorisant une meilleure glisse. Par contre, cette peinture ne possède aucune caractéristique antibactérienne. Elle est efficace seulement si les bateaux sont sortis de l'eau entre les régates. Peut-être que ça fonctionnerait avec *Dingo* si je plongeais chaque semaine pour le nettoyer.

Pour la Mini-Transat, je ne prendrai pas de chance. Tant que le bateau avance à six nœuds et plus, les micro-organismes, algues ou coquillages, ne peuvent s'accrocher au téflon. Mais si nous restons englués dans le Pot au Noir, je risque de me traîner ensuite jusqu'au Brésil avec toute une colonie d'anatifes. Je sortirai donc mon bateau de l'eau avant le départ pour lui appliquer quelques couches de peinture antisalissures.

En écrivant cette chronique, je repense à tous les encouragements reçus ces deux dernières semaines et j'ai déjà le cœur à l'ouvrage. Ça tombe bien car la nouvelle liste est longue.

📄 Mise au sec (Damien)

Brest. *Dingo* est grimpé sur son ber. À l'intérieur, Évangéline et moi essayons de dormir, mais les violentes rafales qui frappent la coque et le mât nous en empêchent. En pleine nuit, nous sortons sous la pluie pour installer un renfort supplémentaire. Nous regagnons nos couchettes bien trempés, mais au moins nous réussirons à fermer l'œil. J'apprendrai le lendemain que cette tempête a fait des victimes dans le golfe de Gascogne. Deux équipiers sur des bateaux différents sont passés par-dessus bord et n'ont pu être récupérés. Ils participaient à une course entre la Bretagne et l'île de Madère.

J'ai pris la décision de mettre *Dingo* au sec il y a deux jours. À chaque fois que je le regardais, je ne pouvais m'empêcher de faire une fixation sur les algues accrochées sous la flottaison. Il était temps de passer à l'action. J'ai emprunté une combinaison et une bouteille d'air comprimé, mais une fois sous l'eau et après avoir gratté pendant une heure, j'ai tout arrêté. Impossible de m'en tirer avec un simple nettoyage cette fois-ci. Je devais appliquer une couche antisalissures le plus tôt possible.

En annonçant la mauvaise nouvelle à Évangéline, je savais qu'elle serait aussi déçue que moi. Nous devions faire la prochaine course ensemble. En sortant *Dingo* de l'eau, nos chances d'être prêts à temps sont nulles. De toute façon, ce n'est pas très grave. J'aurais participé à l'Open 6.50 Demi-Clé pour le simple plaisir.

Ce même jour, je me suis rendu au chantier Latitude pour organiser le transport de mon ber jusqu'au port de plaisance. Ollivier Bordeau m'a proposé d'utiliser plutôt l'un des siens, déjà sur place là-bas. Pendant que nous discutions, quelqu'un s'est approché et m'a demandé si j'allais prendre le départ de la Mini-Transat. J'ai senti derrière cette question que l'ambiance était un peu tendue ici. Il faut comprendre que de tous ceux qui préparaient leurs prototypes Rolland à Brest, nous ne sommes que deux à nous être qualifiés dans les temps. Certains ont carrément renoncé, comme Yannick Hémet, Éric Defert et Yann Guen, en raison d'avaries ou de problèmes de jauge.

Guillaume, de son côté, est si loin sur la liste d'attente que ses chances sont bien minces pour la 2001.

Lundi matin. Le rendez-vous avec le chariot-cavalier a été fixé à 11 heures. Je saute dans l'autobus en direction du chantier. Lorsque je demande à Ollivier Bordeau où se trouve plus précisément son ber, il se rappelle tout à coup qu'il est déjà pris par un autre mini.

Il est 9:30. Il ne me reste qu'une seule alternative. Trouver une remorque pour transporter le ber de *Dingo* jusqu'au port. Après plusieurs démarches infructueuses, l'un des employés du chantier nous propose la sienne. Elle est trop petite et dans un piètre état, mais le temps presse. Je n'ai plus le choix. À cinq paires de bras, nous hissons tant bien que mal la lourde structure en acier. Guillaume l'imagine déjà renversée au premier virage. Et c'est parti ! Je ne dépasse pas les 30 km/h. Après quelques frayeurs nous arrivons enfin. Le temps de le débarquer, de retourner la bagnole à Ollivier et revenir en catastrophe au port, il est onze heures moins cinq.

Cette semaine, j'ai la chance de me faire aider par un ami québécois. Olivier Tache est un jeune passionné de voile. Nous avons souvent régaté ensemble à Montréal sur le bateau de son père. Il a étudié en Suède cette année, en design industriel, dans le cadre d'un échange inter-universitaire. Comme ce n'est pas très loin d'ici, il a décidé de venir m'aider.

Dommage qu'il reparte bientôt, car j'ai une foule de choses à faire sur ma liste. J'avais presque oublié à quel point tout va plus vite à deux. Je me sens parfois comme un pilote de Formule Un, mais sans le soutien technique d'une équipe. Pour faire exprès, cette grosse dépression qui passe présentement sur la Bretagne vient retarder l'opération peinture. Pluie et forts vents au programme pour les jours à venir.

📄 Sage décision (Damien)

Je dois toujours me rappeler une chose depuis le début de ce projet : mon premier objectif est d'être fin prêt le 22 septembre prochain à La Rochelle pour le départ de la Transat 6.50 Charente-Maritime – Bahia.

Cela me place devant un dilemme ces jours-ci. Dois-je annuler ma participation à la Transgascogne, la dernière course de la saison, si elle risque de compromettre ma préparation ?

Le convoyage de *Dingo* de Brest à Port Bourgenay, la semaine de course incluant trois jours d'escale en Espagne et le retour ici représentent environ trois semaines. C'est bien long, compte tenu de tout ce qui reste à faire sur mon bateau.

Il y a d'autres points importants à considérer. Côté budget, je n'ai pour l'instant aucune marge de manœuvre s'il y avait un bris. Pas de quoi remplacer un mât ou une voile. Certaines de mes voiles, comme le solent en mylar par exemple, ont déjà bien vieilli après 3 000 milles de navigation. Si je ne peux m'en payer des neuves, il me faut au moins les préserver au maximum.

Après plusieurs jours de cogitation, j'y vais avec le choix qui me semble le plus sage : je ne serai pas sur la ligne de départ de la Transgascogne. C'est dommage car j'aurais bien aimé faire une dernière course avant la Mini. Je n'ai pas besoin d'y participer, étant déjà qualifié, mais cela m'aurait permis d'améliorer mes réglages et mes manœuvres.

Je vais plutôt en profiter pour mettre d'autres atouts de mon côté en « fiabilisant » *Dingo* au maximum. Les derniers mois en qualification m'ont permis de déceler des points plus fragiles à renforcer ou à modifier. Déjà là, il y en a pour plusieurs semaines. Je dois aussi installer le second pilote automatique et compléter mon approvisionnement en énergie par l'ajout de panneaux solaires.

Mais d'abord, je prends mon courage à deux mains et annonce ce changement de programme à mon coéquipier, puisque je devais faire cette course en double. Il accepte très mal la nouvelle. C'est vrai que je désorganise ses vacances en le prévenant à la toute dernière minute, mais je ne pouvais pas faire autrement. Il a donc le droit d'être en colère. Toutefois sa réaction est si démesurée et ses paroles si blessantes que ça me permet de le découvrir sous un jour différent. Je ne voudrais surtout pas me retrouver en mer avec lui dans une situation de crise. Du coup, je ne me sens plus coupable.

Cette semaine, je refais entièrement le point de fixation de la sous-barbe du bout-dehors, situé à l'extrémité inférieure de l'étrave. Cette partie qui subit des efforts énormes, lorsque je suis sous spi ou gennaker, avait été sous-échantillonnée. Depuis mon arrivée en France, plusieurs personnes dont Pierre Rolland, l'architecte, m'avaient fait part de leurs doutes sur la solidité de ce point d'attache, mais je ne voulais pas me relancer dans de grands travaux. Lors d'un carénage, j'avais aperçu deux petites fissures et depuis j'ai toujours été nerveux à chaque utilisation de mon bout-dehors. Je n'osais pas trop tirer sur mes voiles d'avant. Pour mes qualifications, ça pouvait encore aller, mais pour la prochaine traite de 4 000 milles nautiques jusqu'au Brésil, je veux pouvoir tirer le meilleur de mon bateau.

Je me retrouve donc, une fois de plus, les deux mains dans la résine. Ce n'est pas une tâche d'un après-midi. Je dois faire cette modification en plusieurs étapes et de nombreux allers-retours au chantier Latitude qui me prennent beaucoup de temps car je voyage en autobus. Heureusement, un copain va peut-être me prêter sa bagnole pour quelques semaines. *Dingo* restera à Brest tout le mois d'août. C'est bien plus pratique avec tous les contacts que j'ai ici.

Samedi, j'ai eu des nouvelles du Grand Pavois de La Rochelle, les organisateurs de la course. Ils m'accordent enfin, officiellement, une carte d'invité, ce qui me retire de la liste d'attente. Les quatre autres ont aussi été attribuées à des étrangers hors communauté européenne, soit un Brésilien, un Capverdien, une Américaine et mon confrère québécois, Jean Rheaut.

La météo est avec moi cette semaine. Il fait un temps superbe. Les deux couches de peinture antisalissures ont été appliquées et la finition du point d'attache de la sous-barbe tire à sa fin. Avec cette étrave renforcée, je pourrais sans doute frapper une bûche à quinze nœuds ! Si tout va bien, *Dingo* se rafraîchira le ventre d'ici quelques jours. En tout, il aura passé une semaine et demie au sec.

En plus des travaux, je continuerai bien sûr à m'entraîner sur l'eau durant le prochain mois. À ce sujet, Corentin Douguet, qui se prépare lui aussi pour la transat, m'a fait une proposition intéressante. Comme le mini qu'il a loué à Pierre Rolland, *Caméléon*, est le jumeau de *Dingo*, nous pourrons effectuer des tests comparatifs de vitesse et de réglages.

L'autre aspect important de ma préparation, que je ne dois surtout pas négliger, est l'étude des données météo sur les zones qui touchent le parcours de la Mini-Transat. Le passage de l'équateur et du Pot au Noir sera la partie la plus délicate. En examinant les routes suivies par d'autres voiliers en course à la même époque, je devrais être en mesure d'y voir un peu plus clair. Enfin je l'espère.

📄 Portrait des quatre concurrentes en protos (Damien)

Brest. *Dingo* est de retour dans son élément. Comme cadeau, je lui ai offert une petite balade. Ça nous a fait un grand bien. Notre dernière navigation remontait à la fin juin. Il était grand temps de reprendre l'entraînement.

Lors de cette sortie dans la rade de Brest, j'ai amélioré mes virements de bord à l'aide de la fonction « virement automatique » de mon pilote. Il suffit de tenir enfoncées deux touches en même temps et le pilote modifie la route du bateau de 100 degrés dans la direction souhaitée. Je n'avais jamais eu le temps de me familiariser avec cette option. En solitaire, la manœuvre est maintenant accélérée et le bateau relancé plus rapidement. Je dois désormais mettre mes anciens automatismes de côté et en développer de nouveaux.

En longeant le ponton, à l'entrée du port de plaisance du Moulin blanc, je frôle la toute nouvelle machine de course d'Olivier de Kersauson. Là, devant moi, est amarré le plus grand trimaran au monde, qui vient tout juste d'être mis à l'eau à Vannes, près d'ici. Il mesure 34 mètres de long par 21 mètres de large, avec un mât de plus de 40 mètres !

Kersauson et son équipage ont convoyé *Cap Gémini Ernst &Young – Schneider Electric* jusqu'à Brest, son port d'attache. Le skipper semble très satisfait des premiers résultats de ce plan Van Peteghem - Lauriot Prévost. Les preuves sont là. Le nouveau trimaran a atteint 26 nœuds au près, avec un vent réel de 14 nœuds. Sa vitesse aux allures portantes dépasserait les 40 nœuds !

Bord à bord, *Dingo* se sent minuscule. Je me rends mieux compte de la démesure de cet engin. C'est impressionnant ! Mais jusqu'où irons-nous pour continuer à battre des records ? Kersauson veut tous les faire tomber, à commencer par son propre temps de référence pour le trophée Jules-Verne (tour du monde en moins de 80 jours) de 71 jours, 14 heures et des poussières.

Justement, le trimaran *Sport-Elec*, avec lequel il a établi ce record, est amarré derrière le nouveau multicoque géant. Avec ses 27 mètres, il me semble tout à coup bien petit. Comme quoi tout est relatif !

Comme je vous le disais la semaine dernière, je ne participe pas à la Transgascogne qui a lieu en ce moment entre la France et l'Espagne. Par contre, Évangéline était au départ et suivra toute la course pour faire des images. Au téléphone, elle me disait que c'est Jeanne

222

Grégoire qui a remporté le prologue. Cette jeune femme de 24 ans se prépare elle aussi pour la Transat 6.50 Charente-Maritime – Bahia et ça m'a donné l'idée de vous présenter durant les prochaines semaines certains des concurrents auxquels je vais me mesurer à travers l'Atlantique. Commençons par les dames...

Jeanne est la plus jeune des quatre femmes inscrites dans la catégorie prototype. À 17 ans, elle n'avait encore jamais navigué. Partie de chez elle pour aller prendre des cours aux Glénans, elle a tellement adoré la voile qu'elle y consacre sa vie depuis ce temps. Enseignement, convoyages et régates, elle touche à tout. Il y a deux ans, Jeanne a acheté un plan Rolland 1995 et commencé son entraînement en vue de la Mini-Transat 2001. Depuis, elle participe à toutes les courses et se classe régulièrement parmi les 10 premiers. L'année dernière, elle a remporté la Solo Concarneau. C'est donc une adversaire motivée qui connaît parfaitement son bateau et a eu le temps de bien le mettre au point. Nos prototypes se valent et ce sera plutôt l'expérience et l'endurance qui joueront au classement.

Il y a aussi une jeune Anglaise de 26 ans, Samantha Davies, que je vois déjà comme la future Ellen McArthur. Elle connaît à la fois la course au large, ayant fait partie d'un équipage féminin autour du monde sur un catamaran géant, et l'art du *match racing* après deux saisons de préparation olympique. Deuxième de la seconde étape du Mini-Pavois, juste derrière Ronan Guérin, un figariste d'expérience (huit Solitaires du Figaro), Samantha a un excellent bateau dont elle sait tirer le maximum. C'est le genre de fille aussi jolie que surdouée...

Karen Leibovici, 30 ans, est préparatrice de bateaux depuis plusieurs années. Elle a participé à la construction de *Karen Liquid*, le proto dessiné par son copain Sébastien Magnen et sur lequel il a remporté les deux dernières éditions de la Mini-Transat. Cette année, c'est elle qui sera à la barre de ce bateau célèbre. Elle avait, elle aussi, pris le départ en 1999, sur un autre prototype, mais a dû abandonner à la suite d'un démâtage durant la première étape.

Des quatre concurrentes, Karen a certainement le meilleur bateau, le plus léger et optimisé au maximum. Elle le connaît dans les moindres détails et le manœuvre en solitaire ou en double, avec Sébastien, depuis plus de deux ans. Ils ont remporté ensemble la Mini-Fasnet il y a un mois, malgré une forte compétition et des conditions musclées.

La lutte pour la première place chez les femmes sera serrée entre ces trois « blondes » déterminées qui laisseront bien des skippers machos derrière elles.

Enfin, la doyenne et première Américaine à faire la Mini-Transat : Gale Browning, 44 ans. Cette mère de trois adolescents rêve de participer un jour au Vendée Globe, course autour du monde en solitaire et sans escale. Elle a rencontré un jour Isabelle Autissier qui lui a parlé de ses débuts en mini ; une excellente manière de voir si l'on est fait ou non pour la course au large. Gale a donc acheté un plan Finot-Conq à l'arrivée de la dernière édition en Guadeloupe. Ce proto, construit et mené par l'Espagnol Albert Bargues, venait de se classer en neuvième position. Elle a donc pensé qu'elle aussi pourrait terminer facilement dans les dix premiers. Mais depuis le début de la saison en France, Gale a été surprise par le niveau élevé des coureurs européens.

Je ferais un grand plaisir à mon père en saluant ces dames au passage avant d'arriver au Brésil…

📄 Les cinq « invités » (Damien)

Congé de travaux pour deux jours. Je suis venu faire un tour à Port Bourgenay, par la route, histoire de dire bonjour aux copains qui ont couru la Transgascogne et de ramasser de l'information sur des points techniques, comme les panneaux solaires.

Je n'avais pas eu la chance de suivre le déroulement de la course. Seulement quelques échos, ici et là, sur les conditions auxquelles les 65 bateaux ont dû faire face. En gros, des vents portants pour les deux étapes. Des allures rêvées pour ce type de voiliers. Le vent est monté parfois jusqu'à 30 nœuds alors que la majorité des concurrents n'osaient plus lâcher la barre pour réduire. Plusieurs ont poussé leur mini au maximum. Certains bateaux en ont souffert : deux démâtages, trois bômes cassées et quelques spis explosés.

Une Québécoise, Magali, participait à cette course avec son co-pain Éric Defert, skipper de *Poch'Trot*. Je vous ai déjà parlé d'Éric, celui qui a dû abandonner le Mini-Pavois à la suite d'une collision avec un bateau de pêche. Ce retard dans ses qualifications l'a empêché de s'inscrire à la Transat 6.50 entre La Rochelle et le Brésil, mais il a quand même pu participer à la dernière épreuve de la saison.

Magali a déjà navigué sur des 60 pieds open, monocoques et multicoques, mais c'était sa première course en 6.50. La puissance du bateau l'a impressionnée. Et l'ambiance à bord, pour un couple ? Selon elle, il faut avoir du caractère et de l'humilité pour tenter l'expérience. Le courant passait bien. Tout s'est déroulé sans aucune prise de bec, malgré les difficultés de la course. « Ce fut parfois très dur, nerveusement et physiquement. Jamais le temps de souffler une seconde. Passer deux heures à la barre, en y mettant toute sa concentration et sa force pour garder le contrôle du bateau, c'est crevant. Je me suis souvent demandé ce que je faisais là… » Je l'ai rassurée en lui disant qu'on se pose tous la même question, par mauvais temps ou quand ça va mal.

Elle s'est pourtant sentie en sécurité tout au long de la course. Une forte mer s'était levée, mais au portant, comme les minis vont plus vite que les vagues, elle n'a jamais éprouvé le sentiment d'être sur une coque de noix secouée dans tous les sens. Sous spi, à des vitesses pareilles, on a davantage l'impression de faire corps avec les vagues.

225

À la fin de notre discussion, Magali m'a regardé avec un grand sourire : « Vous êtes fous ou masos de vouloir vivre comme ça ! »

J'ai discuté ensuite avec Jean Rheault, mon compatriote, qui s'est amusé comme un fou durant la Transgascogne. Comme ils étaient en double, ils ont mis la gomme. Il me décrivait quelques-unes de leurs « figures de style » lors de pertes de contrôle du bateau. Jean s'est même retrouvé la moitié du corps dans l'eau, accroché à bout de bras après la barre alors que le bateau était couché. Il est content d'avoir poussé aussi loin sa monture. Par contre, cette course lui aura coûté cher : la perte de son gennaker, incluant le système enrouleur. Il avait « matossé » sa voile dehors sur le pont et les sangles qui la tenaient en place ont cédé sous la pression de l'eau.

Pour la première fois, les « invités » de la Transat 6.50 Charente-Maritime – Bahia sont réunis à Port Bourgenay et Évangéline en profite pour nous photographier ensemble. Comme je vous l'ai déjà expliqué, en plus des 50 participants divisés également en 25 « prototypes » et 25 « séries », les organisateurs se réservaient cinq places supplémentaires pour des invités. Ils ont choisi d'accorder ces cartes aux étrangers « venus de loin », soit Gale Browning, l'Américaine dont je vous parlais la semaine dernière, Antonio Pedro Da Cruz, des îles du Cap-Vert, le Brésilien Roberto Holzhacker et deux Canadiens, Jean Rheault et moi-même.

Je n'ai pas réussi à parler beaucoup avec Roberto Holzhacker. Pas très causeur. Je sais de lui ce que j'en ai appris sur Internet. Il a 41 ans et rêve de la Mini-Transat depuis une dizaine d'années : « C'est un esprit que j'aime : un bateau simple, de petite taille, un budget raisonnable ». Lorsqu'il apprend que la course, pour la première fois de son histoire, arrivera dans son pays, il est le premier à s'inscrire. Cet architecte naval a fait ses études en France, à Nantes, et a ensuite travaillé dans le cabinet du Groupe Finot. En 1993, il construit lui-même son prototype au Brésil, un plan Finot-Conq, bien sûr. Depuis, il navigue beaucoup là-bas et veut créer une classe mini. Ce sera le premier Brésilien, de toute l'histoire de la Mini-Transat, à participer à cette course. Il n'a pas été chanceux durant la Transgascogne puisqu'un concurrent lui est rentré dedans au départ de la seconde étape. Son proto *Or* a été un peu amoché, mais il a quand même fini la course.

Antonio, pour sa part, a déjà fait la Mini-Transat en 1999. Il recommence par amour pour les 6.50, des « bateaux bandants », pour employer son expression. Il adore l'ambiance de cette course : « Sur l'eau, tous les skippers poussent leur bateau à leur façon et ils gèrent leur propre truc, mais au ponton on est tous là pour s'aider. » Ce skipper professionnel de 35 ans, très sympathique, a plus de 28 traversées de l'Atlantique à son actif et 15 ans de régates côtières, surtout en Angleterre. Lors de la dernière édition de la Mini-Transat, il avait démâté et terminé sous gréement de fortune. Il ne voulait pas déclencher sa balise de détresse pour si peu... Arrivé vingt-deuxième prototype, il se promet cette fois de faire une bonne place avec le même bateau, *Femme Jazz Magazine*, un Bouvet-Petit 1989.

Je serai donc le plus jeune des « invités », mais comme dirait ma grand-mère de 93 ans, la valeur n'attend pas le nombre des années.

📄 **Les enchères montent...** (Damien)

« Salut, Damien ! Juste pour te dire que les "voileux" du Québec ont misé sur toi. Nous avons investi une bouteille de sirop d'érable contre des frites et de la mayonnaise. Tu dois finir parmi les cinq premiers et ne laisse aucun Belge te passer devant... Bonne chance ! »
J'ai reçu ce courriel de Jean la semaine dernière, à la suite d'un *chat* entre partisans belges et québécois. Merci, les gars, pour votre confiance, mais vous me mettez la barre un peu haute ! Je serais très

heureux de terminer dans les dix premiers. Je connais les concurrents, je les ai vus courir et plusieurs d'entre eux me donneront du fil à retordre. Ils ont déjà atteint, selon moi, un niveau professionnel.

Bien sûr, même les meilleurs peuvent être ralentis par un bris ou peuvent se planter dans leur choix tactique, mais ce n'est pas dans l'« esprit mini » de leur souhaiter malchance. Laissez-moi plutôt vous faire un tableau des forces en présence pour la Transat 6.50, catégorie prototype. Ceux qu'on nomme « les favoris ».

Je pense tout de suite à Brian Thomson, de nationalité irlandaise. À 39 ans, il est loin d'en être à sa première expérience en course au large. Il a participé à de nombreuses épreuves autour du monde sur monocoques et multicoques. En ce moment même, il court sur le 60 pieds open *Kingfisher*, entre Boston et Plymouth. Il a beau être un nouveau venu sur le circuit des 6.50, il est tout de même monté sur le podium lors de trois épreuves de qualification. Son bateau, *I must be mad,* est le seul proto équipé d'une quille qui avance et recule de 80 centimètres en plus d'être pendulaire, ce qui le rend encore plus performant.

Avec Samantha Davies, la jeune Anglaise dont je vous ai déjà parlé, Brian Thomson est celui qui menace le plus les Français.

Parmi les favoris français, justement, il y a ceux qui ont déjà fait la Mini-Transat et se lancent à nouveau dans la course. Arnaud Boissières et Yannick Bestaven en sont un bel exemple. À leur retour de la dernière édition, ils ont monté un projet ensemble, soit la construction de deux nouveaux protos sur plan Magnen-Nivelt, des petites bombes tout carbone, plus légers que *Dingo* dont les peaux sont en fibre de verre. Leur association leur a permis de diminuer les coûts et concentrer leur énergie. Cette fois, ces deux jeunes skippers de 27 ans visent les premières places.

Les médias parlent aussi beaucoup d'Yves Leblevec qui a acheté le fameux plan Finot-Conq *Déphémérid'Eux* qui avait terminé deuxième de la Mini-Transat en 1995. La course au large est une nouvelle aventure pour lui. À 36 ans, il se sent en réelle harmonie avec son bateau et adore être seul en mer. Troisième à la Sélect 6.50, quatrième au Mini-Pavois, il a finalement remporté avec brio la Transgascogne. Son bateau est surtout redoutable par petit temps, à cause de sa faible surface mouillée. Si tout va bien pour lui, il sera sûrement dans les cinq premiers au Brésil.

Il y en a plusieurs autres qui ont de l'expérience, du talent et d'excellentes machines entre les mains. Cette très forte compétition qui se dessine ne fera que me stimuler davantage. Quant à la préparation de *Dingo*, si je m'en reporte au nombre d'heures que je mets à régler des détails, je calcule que j'aurai mis toutes les chances de mon côté à ce niveau.

J'essaie aussi de multiplier les périodes d'entraînement dans la rade de Brest. Avant-hier, justement, j'ai fait une belle sortie pour la chaîne FR3 Bretagne de la télévision française. Deux heures de manœuvres en solo : envois de spi, empannages, etc.

Je quitterai Brest à la fin août, direction La Rochelle. Évangéline sera du convoyage et en profitera pour ajouter des scènes à son film. À ce sujet, nous avons pensé que son document serait plus complet si je recueillais moi-même des images pendant la course. La question était de trouver l'appareil numérique ultra-compact et léger… et les sous. C'est chose faite. Le Groupe Dumoulin a été très réceptif à mon projet et son équipe de Laval nous a bien conseillés tout en m'accordant un prix de faveur. Quelques jours plus tôt, Jacques Pettigrew de CinéGroupe y allait encore d'une généreuse contribution. Cela me permet des achats comme celui du caméscope mini dv et m'assure également d'une réserve si je brisais un safran ou déchirais une voile.

D'ici le grand départ, le 22 septembre prochain, j'essaierai de ne pas me mettre trop de pression. En médiatisant mon projet, je suis conscient d'avoir créé des attentes. Moi aussi je rêve de gagner. Toutefois, je pense aussi à cette très belle lettre reçue il y a quelques mois qui se termine ainsi : « …mais peu nous importe l'ultime victoire, car l'univers de la mer est de celui qu'on ne peut jamais défier avec insolence, mais qui, pour tous ceux qui en éprouve le respect, les rend seulement plus forts et plus riches d'un peu plus d'humilité, d'un peu plus de savoir sur eux-mêmes… Damien, je le répète… quoiqu'il advienne, tu es notre fierté !... à tous ceux qui, comme moi, auraient aimé épouser les vastes plaines infinies des horizons-océans… »

Merci, Daniel !

📄 À moins d'un mois du départ (Damien)

L'alarme du réveil me tire hors du lit. Une autre journée qui commence et une de moins avant le grand départ. Depuis quelques jours, c'est plus fort que moi, je ne peux m'empêcher de regarder la date en me levant. Hier ma montre affichait le 22 août. Sur le coup, ça m'a fait tout drôle. Eh oui ! dans un mois exactement, je m'élancerai vers le Brésil. Ce départ, j'y pense depuis si longtemps que j'ai du mal à me faire à l'idée. Je suis vachement heureux d'avoir ma place parmi les concurrents. Ça n'a pas été une mince affaire !

Je me souviens d'une discussion avec un copain. Il avait conclu en me disant : « Demain, tu te réveilleras et tu seras sur les pontons le jour du départ. » C'était bien vrai et c'est grâce à ce sentiment que j'ai parfois trouvé la force pour continuer. Lors des difficultés rencontrées durant la construction, je savais que la mise à l'eau et tous ces supers moments arriveraient vite.

Plus loin encore, je me revois à Longueuil. Je viens d'avoir 19 ans et je ne suis pas trop convaincu que le programme choisi au cégep est la bonne route pour moi. Ce matin-là, je surfe sur Internet à la recherche de sites intéressants et voilà que je tombe sur celui de la Mini-Transat. L'édition 1997 vient juste de se terminer. Après avoir lu quelques communiqués, je dis à mon père en rigolant que cette course serait chouette à faire. Et aussi incroyable que cela puisse paraître, quatre ans plus tard m'y voici. Le pouvoir de la volonté et des rêves m'impressionne toujours.

Je ne vous cacherai pas que je commence à avoir le trac. Hier, un ami me disait que mon tempérament a changé ces derniers jours. Je suis de nouveau hyper sérieux, préoccupé par mes préparatifs. J'essaie pourtant de relaxer, d'arrêter mes journées de travail à 7 ou 8 heures le soir et de prendre le temps de me préparer un bon repas.

J'aimerais partir dans le même état d'esprit que mes parents en 1986. Ils nous ont souvent racontés comment ils se sentaient ce fameux 11 octobre à Longueuil. Loin d'eux l'idée d'un tour du monde. En fait, ils se foutaient royalement du lendemain. C'était leur façon d'éviter de se mettre de la pression. Ils ont d'abord visé les îles de Sorel, puis le pont de Trois-Rivières, et un an plus tard ils jetaient l'ancre à Tahiti. Ils n'étaient pas engagés dans une course comme je le serai, mais mon attitude devra être la même ; essayer de me rendre au lendemain matin en donnant le meilleur de moi-même.

Je voudrais pouvoir rester zen, mais j'appréhende tout de même les difficultés de la première étape. La météo me rappelle que l'automne approche. Les dépressions se suivent de plus en plus. Je me souviens de notre visite à Concarneau, en 1999, au départ de la dernière édition. Nous avions été surpris par la rapidité avec laquelle le temps changeait. Parfois, on avait l'impression de vivre les quatre saisons dans une journée. Finalement les coureurs sont partis avec un avis de coup de vent. Ils ont traversé le golfe de Gascogne avec plus de 40 nœuds de sud-ouest dans le nez sur une mer démontée. Difficile de ne pas y penser…

Le plus dur, c'est toujours de partir. Ça comprend tous les préparatifs qui nous tiennent occupés jusqu'à la dernière minute. Ensuite ce sont les adieux. On quitte le ponton avec le cœur dans la gorge pour se diriger vers la ligne de départ, au milieu d'une belle cohue. C'est là qu'on affronte le premier danger, celui d'une collision avec un autre concurrent ou un bateau spectateur. En 1999, ils étaient plus de deux cents et plusieurs ne respectaient pas le périmètre réservé aux coureurs. Il y a eu quelques accrochages qui ont causé des dégâts et même des abandons. Je devrai donc être très vigilant.

Une fois la bouée de dégagement virée, je vous jure, je vais pousser le plus beau *call* de caribou jamais entendu par les Français. Je me vois déjà barre à la main, l'écoute entre les dents : « au taquet », comme ils disent ici. Je me sens plus motivé et mieux préparé mentalement que jamais, donc plus apte à pousser mon bateau.

Dingo portera le nom de *CinéGroupe* sur sa coque. Ce sera son nom de course pour la Mini-Transat, celui inscrit dans tous les communiqués. En lui offrant cette visibilité supplémentaire, je voulais remercier Jacques Pettigrew. Il est le commanditaire qui m'a le plus aidé financièrement sans jamais me mettre de pression.

Dans un mois, je partirai pour ma première transat en solitaire et pourtant je n'aurai pas l'impression d'être seul, à cause de tous ceux qui m'ont encouragé, d'une manière ou d'une autre, parfois avec un simple message comme celui-ci : « J'aimerais te dire que nos pensées seront accrochées en quelque part... dans les écoutes, les drisses, les haubans... qu'elles t'accompagneront en tout temps et t'insuffleront cette énergie dont tu auras besoin tout au long de ton périple... et surtout, qu'elles te protègent ainsi que *Dingo*, de tout malheur... »

📄 L'école de la mer (Damien)

C'est la rentrée scolaire et j'ai justement reçu cette semaine deux courriels de la part d'enseignants, l'un du Québec et l'autre de France.

Le premier vient de Michel Leduc, un de mes anciens profs à Jacques-Rousseau, à Longueuil, où j'ai fait mon secondaire. Voici ce qu'il m'écrit : « Cher Damien, je lis depuis quelques mois dans La Presse les péripéties de ton défi et je trouve que ton projet est vraiment extraordinaire et pourrait servir d'inspiration pour tous les jeunes. Il y a quelques semaines, tu mentionnais l'importance de l'apprentissage de la voile et tu manifestais ta déception du peu d'intérêt pour celle-ci au Québec. Laisse-moi te dire qu'il y a des efforts, minimes peut-être, mais réels. À ton ancienne école, les élèves du programme d'Éducation Internationale ont participé à une sortie de fin d'année où la voile était une des activités inscrites à l'horaire. Elle a été l'activité la plus populaire du séjour. (…) Pour promouvoir la voile au Québec, il faut toucher les jeunes ; or, pour ce faire, il leur faut un « héros » (le terme est fort, j'en conviens) ou du moins un mentor, un jeune qui peut parler aux jeunes dans leur propre langage. Je pense que tu es le candidat idéal pour ce rôle. C'est pour cela que j'aimerais t'inviter à l'école, après ta course bien sûr, pour parler de ton expérience de la voile et de la mer… »

Cette lettre m'a fait un bien grand plaisir. S'il y a une chose dans mon projet qui me tient à cœur, c'est bien de sensibiliser les jeunes à la pratique de la voile. Je suis persuadé que c'est une formidable école où on apprend à relever des défis différents et à développer des qualités qui ne sont pas sollicitées entre quatre murs. D'abord, le simple fait de se retrouver sur l'eau, avec des vagues, sur un bateau qui bouge et gîte, oblige à s'adapter à un nouveau milieu. Ensuite, il faut comprendre la manière de diriger son embarcation avec le vent, être attentif aux éléments, aux courants, etc. Croyez-moi, le plaisir de tenir la barre d'un bateau, même petit, donne un sentiment extraordinaire de liberté. Tous les enfants devraient goûter à cette joie toute simple, au moins une fois. À partir de là, certains auront l'idée d'aller plus loin, de partir à l'aventure et découvrir le monde...

Dans l'autre lettre écrite depuis la France, Annie m'explique qu'elle est prof de géographie-histoire pour des jeunes de dix à douze ans. Elle prépare un voyage en bateau avec sa famille. Elle a lu les livres de *La V'limeuse* et découvert ensuite, en surfant sur Internet, que je serai à La Rochelle pour le départ de la Transat 6.50. Comme elle habite tout près de là, elle aimerait bien que je vienne discuter avec ses élèves.

Ça tombe plutôt bien parce qu'à chaque édition de la Mini-Transat depuis 1993, une opération est lancée pour sensibiliser les jeunes de la région. Cette opération, appelée Label Bleue (la belle bleue), a un but écologique et pédagogique. Elle vise d'abord à préserver l'environnement marin en demandant aux concurrents de ne jeter aucun détritus non-biodégradable par-dessus bord durant la course. Elle offre ensuite aux écoles la possibilité d'être marraines des bateaux. Les classes reçoivent un document qui contient de l'information sur la course et les coureurs et aussi sur les différents aspects de la navigation (le vent, le ciel, l'eau, etc.) avec une carte pour suivre la progression des voiliers. Les élèves s'engagent à faire un dessin qui sera collé dans la grand-voile, avec pour thème « la mer sans pollution ». J'ai donc proposé à Annie de prendre contact avec les organisateurs de la course pour voir si sa classe pouvait participer à l'opération.

Toujours dans la même veine, le magazine scientifique *Les Débrouillards* me consacre un article avec de nombreuses photos ainsi que la première page de leur numéro de septembre. Ils ont fait un excellent travail en vulgarisant les aspects plus techniques de mon projet, la construction de *Dingo* par exemple. C'est super, d'autant plus que cette revue rejoint 35 000 jeunes au Québec. Comme la débrouillardise est la qualité première de tout bon marin, je ne suis pas inquiet pour ma relève.

Aujourd'hui, mercredi 29 août, je quitte Brest en direction de La Rochelle, pour rejoindre les 54 autres concurrents. J'aurai passé, en tout, près de huit mois ici, au Port du Moulin Blanc. J'y ai vécu de grands moments, comme la mise à l'eau de *Dingo*, son baptême, ma première sortie à voile en compagnie de mes sœurs et les débuts de mon apprentissage en solo.

Beaucoup de monde du milieu de la voile m'ont aidé et soutenu à travers mes préparatifs. Sans l'appui d'Ollivier Bordeau qui m'a ouvert la porte de son chantier, celui de Philippe, chez Voiles Océan, devenu un ami au fil des mois, ou d'Éric Cochet, le patron de Technique Gréement, sans l'accueil d'Hervé et Catherine durant l'hiver et celui, plus récent, d'Éric Lamy, un jeune préparateur super sympathique chez qui j'ai passé les deux derniers mois, sans toutes ces marques de gentillesse envers le jeune « caribou » débarqué en Bretagne, mon séjour à Brest aurait été bien différent.

Évangéline largue les amarres… En route vers de nouvelles aventures, comme disait Carl, notre père, à la fin d'une longue escale.

Le nerf de la guerre (Évangéline)

Ce soir, Damien écrit sa chronique et lâche quelques jurons quand ça ne sort pas comme il voudrait. Moi, je fais la popote sur le petit réchaud de *Cept'hic*, le voilier qu'un ami nous a gentiment permis d'habiter pour un mois. Il n'est guère plus grand que *Dingo*, mais c'est un bateau de croisière, donc mieux aménagé.

Au menu : aiguillette de poulet sur riz pilaf. Mais ne vous méprenez pas, je n'ai pas concocté ce petit plat patiemment toute la journée, il ne faudrait quand même pas ambitionner. C'était déjà tout prêt, grâce aux plats William Saurin, savoureux d'ailleurs. Je fais seulement rôtir quelques oignons pour ajouter une touche de fantaisie au riz.

Je devine déjà quelques sourires sur les lèvres de ceux qui ont lu *La V'limeuse autour du monde* et qui doivent se dire que, décidément, Évangéline n'a pas beaucoup changé, elle est toujours aussi obsédée par la bouffe ! Eh bien oui, c'est vrai ! Pour moi, le nerf de la guerre demeure la nourriture et je suis convaincue que dans bien des situations difficiles, physiquement ou moralement, si on mange bien il y a toujours de l'espoir ! Un peu simpliste comme vision, direz-vous, mais moi elle me convient parfaitement, et si vous vous demandez combien je pèse, eh bien environ 60 kilos !

Je me souviens du jour où un ami producteur qui préparait un tournage dans le Grand Nord m'a téléphoné : « Évangéline, j'ai besoin de toi comme cuisinière dans notre expédition. Il n'y a pas beaucoup de choix d'ingrédients là-bas, mais je suis sûr qu'avec tes années d'expérience sur la *V'limeuse*, tu pourras te débrouiller. Je t'avertis, ça ne sera pas facile, les gars de cinéma sont exigeants, habitués à bien manger, et s'ils ne sont pas satisfaits, ils vont te le faire savoir. Bon, je ne veux pas te mettre de pression, mais il me faut une réponse demain. »

Pas de pression, il est drôle lui ! Oui, c'est vrai que sur la *V'limeuse* il fallait souvent se débrouiller avec un minimum d'ingrédients frais, donc innover avec des conserves de légumes, du riz, des pâtes, etc. Mais il y a des zones très sombres dans mes connaissances en cuisine, comme l'art de préparer la viande. Nous n'en mangions pas beaucoup sur le bateau et au moment où tombe cette proposition d'emploi, je sais tout juste comment faire cuire un steak dans un poêlon !

J'ai pourtant accepté l'offre. La possibilité d'aller chez les Inuits m'attirait beaucoup, de même que le milieu du documentaire. Cette expérience comme cuisinière de camp de base fut à la fois très belle et très stressante. Au début, j'en faisais des cauchemars la nuit. Je rêvais au menu du lendemain ! Il faut dire qu'au niveau de la variété d'ingrédients, je n'étais guère servie. Viande hachée, côtelettes de porc, poulets entiers ou cuisses, tout cela congelé depuis parfois bien longtemps. Tout devait être mijoté en sauce pour bien camoufler le goût de la congélation. Mais j'ai eu bien du plaisir à apprendre de nouvelles recettes, testées subito presto. Il n'y a pas eu de plaintes et somme toute, j'étais assez fière de moi. En plus, j'ai découvert des coins superbes au Québec et vécu de beaux moments au sein de l'équipe.

Il me fait plaisir maintenant de contribuer au bon moral de mon frère de cette manière. Ce sont toujours des heures agréables, le soir venu, autour de la popote qui réchauffe. On relâche la pression, le stress accumulé dans la journée. Ce soir d'ailleurs, je sens qu'il en a besoin, car l'écriture de sa chronique hebdomadaire lui demande toujours un grand effort, lui qui n'a la tête qu'à ses préparatifs.

– Je ne dois pas oublier le pourquoi de tout ce projet… Ça se dis-tu, Évangéline ? Il me semble que ça fait un peu boiteux, non ?

– Ouais, c'est un peu lourd…

Entre deux phrases sur l'ordinateur portable, nos crises de fou rire détendent l'atmosphère. Il faut dire que quand Damien lâche son fou, on dirait *Dingo* qui dérape dans un surf, complètement hors de contrôle.

Je débouche la bouteille de rouge et nous trinquons à tous ces bons moments passés ensemble depuis bientôt sept mois.

Jeudi, 22 août. Ça y est, aujourd'hui nous hissons les voiles pour le dernier convoyage de la saison. La météo annonce du vent, mais pas beaucoup. De toute façon, nous ne pouvons attendre plus long-temps, car Dominique et Carl vont bientôt arriver à La Rochelle et il faut y être avant eux.

La journée s'annonce triste et grise, typique de la Bretagne, avec une bruine qui transperce tout. Nous quittons à la voile le port de Brest. C'est bizarre de penser qu'il est devenu, dans un certain sens, notre port d'attache, un peu comme la maison. Nous regrettons presque de partir, surtout que le vent semble vouloir encore nous faire souffrir…

Sept heures plus tard et avec seulement dix milles parcourus, les pénibles souvenirs de notre dernier convoyage, entre Saint-Quay Portrieux et Brest, nous reviennent en mémoire. Pas du tout prêts à revivre la même expérience, nous sommes à deux doigts de nous arrêter à Camaret, quand un timide souffle vient chatouiller les voiles. Retenant le nôtre, nous assistons avec soulagement à la naissance d'un vent léger, devenant bientôt brise.

Je prépare une petite bouffe avant qu'il ne fasse trop noir. Au menu : fromage, biscottes et, comme plat principal, couscous déshy-draté et soupe chinoise. Quelques biscuits et nous sommes prêts à passer la nuit. J'ai rempli un thermos d'eau chaude pour quand viendra le temps d'un café vers 3 heures du matin.

Le temps est superbe, un bon vent nous pousse vers le sud, le soleil de fin de journée éclaire avec douceur la côte abrupte de la pointe de Sein, passage bien connu des Bretons où la mer peut être d'une extrême violence sous la force des courants.

Mais pour le moment, la mer est calme et l'endroit ne semble guère menaçant, au contraire.

Lorsque je prends la barre, la lune est presque pleine et donne un air familier au décor. Avec mon CD de Moby dans les oreilles, bien au chaud dans mon ciré, la voûte céleste au-dessus de la tête, il y a bien longtemps que je n'avais vécu un pareil moment de pléni-tude. Un de ces moments où l'on se sent la reine du monde, forte, sûre de soi. Pleine de cette énergie du vent et de la mer, lumineuse sous les étoiles, comme si chaque parcelle de l'univers me souriait.

Cette nuit, à bord de ce petit voilier qui fend la vague avec sou-plesse, c'est une beauté invisible qui me touche, me rend euphorique.

Un frémissement au fond du ventre monte doucement. Une boule d'énergie pure, presque douloureuse. Le regard plongé dans les vagues hachées, hypnotisée par ces étincelles de lune sur leurs dos mouvants, j'ai envie de crier, de mêler ma voix à celle du vent. Mon corps cherche le mouvement de la vague, l'équilibre de la gîte, ce balancement houleux et réconfortant que je connais depuis si longtemps.

Le ciel m'observe toujours d'un regard protecteur et paisible. Je me sens scrutée par mille yeux, acceptée par l'univers. Je fais partie d'une globalité qui me protège tout en me donnant l'impression d'être unique. Je suis persuadée que l'enfant dans le ventre de sa mère éprouve la même douceur. Le sentiment d'amour est immense, habite chaque cellule de mon corps.

Ce calme à l'intérieur de moi, il n'y a que sur la mer que je le ressens avec autant de force. Aussi je fais le serment de revenir vers elle, encore et toujours, pour me retrouver.

Toute la journée suivante, le vent souffle fort. Le solent a remplacé le spi pour que Damien puisse se reposer en paix. Et moi je « trippe » comme une folle à la barre de *Dingo* qui surfe à 12, 13 nœuds. De temps en temps, Damien sort la tête du panneau :

– Évangéline, arrête de lofer !

– Oui mais ça va plus vite, c'est cool !

C'est la première fois que la griserie de la vitesse vient me chercher ainsi ! Mais je dois garder mon cap, alors j'essaie de réduire la fréquence de ces envolées où le bateau part sans que l'on sache trop quand il va s'arrêter !

Il y a de gros grains à l'horizon et la nuit s'annonce mouvementée. Effectivement, nous ne dormirons pas beaucoup. Entre les grains, les bateaux de pêche tout autour et le froid humide qui empêche de vraiment se réchauffer, l'adrénaline nous garde alertes. La paire de jumelles vissée sur les yeux, Damien essaie de juger la direction des chalutiers. Mais, la nuit, ce n'est pas la plus aisée des tâches. Nous effectuons souvent nos manœuvres en catastrophe afin d'éviter une collision possible.

Lorsque nous franchissons à toute vitesse le chenal de l'île de Ré, nous avons inversé les rôles. Damien est à la barre de *Dingo* qui surfe toujours à 13, 14 nœuds, et moi à l'affût des cargos et des pêcheurs. J'ai sorti une tablette de chocolat noir parce que la fatigue commence à avoir raison de nos yeux brûlés par le sel et le vent.

L'entrée à La Rochelle se fait de nuit et à fond les ballons. Un moment de navigation très stressant mais inoubliable. Le lendemain matin, alors que *Dingo* est attaché bien confortablement au ponton, le vent se déchaîne dans un ciel bleu éclatant. Nous sommes heureux d'être arrivés. Pour *Dingo*, ce sera sa dernière pause avant la grande traversée de l'Atlantique.

Au bassin du vieux port de La Rochelle (Damien)

Je ne peux pas dire que ce départ de Brest aura été très rapide. Évangéline est à la barre et je l'entends déjà pousser de longs soupirs. Je ressens la même frustration alors que notre vitesse de pointe ne dépasse pas trois nœuds depuis quelques heures. Nous avons quitté le port du Moulin Blanc ce matin et, six heures plus tard, *Dingo* peine toujours à avancer. On s'interroge sur la suite du convoyage car le vent devrait souffler depuis longtemps.

Ma sœur me rappelle parfois que je n'ai pas le droit de m'impatienter dans la « pétole » – expression française pour désigner le calme plat. J'aurai à traverser de grandes zones sans vent durant la deuxième étape de la Transat 6.50 Charente-Maritime – Bahia et je dois absolument garder mon sang-froid pour arriver au Brésil avec toute ma tête. C'est facile de craquer lorsqu'il n'y a pas de vent depuis plusieurs heures, surtout lorsqu'on est en course.

Par miracle, une petite brise du secteur ouest-nord-ouest s'établit doucement. Il fait beau et avec un peu de chance on passera le raz de Sein avant la renverse de courant. Souhait exaucé, *Dingo* franchit ce fameux passage redouté avec des conditions rêvées : mer plate et deux ou trois nœuds de courant portant.

Avec la tombée de la nuit, le vent accélère et ça commence à être drôlement plaisant de barrer. J'ai renvoyé le spi et on s'amuse à surfer dès que les vagues nous le permettent. Évangéline n'avait encore jamais eu la chance d'aller aussi vite sur *Dingo*. Les deux premiers convoyages s'étaient déroulés dans des vents faibles, avec des moyennes de 2 à 3 nœuds. Nous avions même été obligés de nous faire remorquer pour les 15 derniers milles lors d'une navigation entre Saint-Quay et Brest. On s'ennuie d'un petit moteur dans ces circonstances.

Évangéline en profite aussi pour faire des images en me laissant naviguer en solo. Cette descente sous spi vers La Rochelle me permet de pratiquer certaines manœuvres, parfois délicates lorsque j'évite les collisions avec mes grands amis pêcheurs. Chaque nuit nous croisons bon nombre de chalutiers et cette fois je garde mes distances. J'ai déjà eu ma leçon.

Je lève souvent le pied pour ne pas trop fatiguer le matériel et pour arriver avec la marée montante. Malgré tout, nous filons entre 8 et 14 nœuds avec deux ris dans la grand-voile et le petit solent à l'avant. Je dois même calmer Évangéline qui prend goût à la vitesse. Elle a toujours été une bonne barreuse à bord de la *V'limeuse*, mais là elle m'épate car ce n'est pas toujours évident en pleine nuit.

Quarante heures après le départ de Brest, les lumières de La Rochelle sont en vue. Mes calculs étaient bons car nous rentrons dans le chenal pile à marée haute.

La date limite d'arrivée des concurrents est le 12 septembre. Une vingtaine de minis sont déjà regroupés à l'ancien bassin des chalutiers et plusieurs autres sont en carénage.

Les skippers en liste d'attente se doivent aussi d'être là et de participer à toutes les réunions au cas où une place se libérerait. La Classe Mini a fait une demande auprès des autorités françaises pour augmenter le nombre des participants à 60 au lieu de 55, ce qui permettrait à la majorité d'entre eux de prendre le départ. Ce matin, à ce que j'ai entendu dire, le président de la Classe serait venu leur annoncer que la demande a été refusée. La cause n'est pas encore perdue, mais c'est un premier coup dur pour le moral. Un copain venait justement de se faire donner trois vaccins en prévision du séjour au Brésil.

Ce doit être terrible d'attendre une place et de faire comme si on partait tout en sachant que les chances sont minces. Je pense aussi à ceux qui ne se sont pas qualifiés à temps à la suite d'une série de malchances, comme Yann Guen avec son super *Morph'eau*, le sistership de *Dingo*. Il voit cette course qu'il préparait avec ardeur depuis plus d'un an lui filer entre les doigts. Malgré sa déception, Yann a tenu à m'aider en me prêtant sa camionnette. Il savait que mes parents venaient me rejoindre et a voulu contribuer ainsi à mon projet en nous offrant cet espace aménagé pour manger et dormir.

Hier, justement, je suis allé chercher mon équipe canon à l'aéroport de Nantes. Carl n'avait jamais vu *Dingo* à l'eau, sauf en photos.

Test de redressement pour le numéro 317, sistership de *Dingo,*
construit et skippé par le copain Guillaume Caudal.

Prêt pas prêt, on y va... Les qualifications sont lancées avec la Sélect 6.50.
Dur apprentissage de la gestion du sommeil pour le skipper solitaire.

Départ de la 2e épreuve, le Mini Pavois, devant Fort Boyard.

Devant Portsmouth, Angleterre, *Dingo* se lance pour les 200 derniers milles de la deuxième étape du Mini Pavois.

Il a surtout été impressionné quand il est rentré à l'intérieur où tout l'espace est maintenant occupé par les instruments et le rangement du matériel. C'est bien agréable de se retrouver en famille, ça me permet de passer de beaux moments avant le départ.

Nous travaillons actuellement sur l'installation des panneaux solaires et autres bricoles. Évangéline essaie de prévoir plusieurs endroits sur le bateau pour accrocher une petite caméra vidéo dans un boîtier étanche. Je pourrai ainsi rapporter, je l'espère, des images tournées dans toutes les conditions possibles. Celles-ci serviront entre autres pour mes conférences aux Grands Explorateurs, fin février 2002. Nous avons aussi mis les autocollants de CinéGroupe sur la coque. Comme diraient les Français, ça jette ! Dorénavant, mon bateau portera ce nom dans les classements et les communiqués de presse.

On the road (Carl)

Ça roule bien et vite en France. Jamais un « concombre » ou une « matante » qui lambine dans la voie de gauche, strictement réservée au dépassement. Les automobiles qui y circulent tiennent des moyennes assez élevées, entre 120 et 140 km/h. Et il n'est pas rare de voir débouler une Mercedes ou toute autre grosse cylindrée qui nous laisse littéralement sur place. Brillants, ces Français ! D'abord ils ont compris qu'on peut circuler en toute sécurité sur les autoroutes en limitant la vitesse à 130 km/h. Ensuite ils ont pigé avant nous certaines réalités élémentaires, comme la pluie et le beau temps, d'où deux limites de vitesse, sur chaussée sèche ou glissante.

Une dernier point pour clore le sujet ; j'ai 65 ans, roule dans une vieille Dodge Caravan Se 1988. Est-il normal que je n'éprouve plus de plaisir à filer sur l'autoroute Jean-Lesage en direction de Québec, angoissant à l'idée que j'ai une chance sur dix de me faire coller une contravention pour avoir excédé de 18 km/h la vitesse permise ? Je me demande alors si certaines réalités changent au Québec, comme ce climat de peur et de punition que l'Église a longtemps entretenu et qui, inconsciemment, nous maintient comme peuple dans un état de dépendance. En matière de sécurité routière, nous serions alors sous l'emprise d'une nouvelle religion où la surveillance radar remplace encore plus efficacement l'œil de Dieu que j'apercevais régulièrement au pied de mon lit dans la force de mes quinze ans.

Pour l'instant, pas la peine de s'inquiéter au volant, sinon de craindre qu'on nous percute par l'arrière. Le vaillant minibus Volkswagen dans lequel nous roulons vers La Rochelle n'arrive pas à faire grimper l'aiguille au-dessus de 90 km/h. Et c'est très bien ainsi, cette balade du dimanche laisse encore plus de place pour nos retrouvailles avec Damien. Entassés tous les trois dans la cabine avant, nous voilà réunis pour le sprint final.

Dans moins de quinze jours, il mettra les pieds dans les « starting blocks » et attendra le coup de canon. D'ici là, mine de rien, nous tisserons autour de lui une sorte de cocon familial. Une technique innée chez tout parent mais que nous avons eu le bonheur de développer longuement à bord de la *V'limeuse*. Évangéline est déjà sur place, Sandrine s'amènera quelques jours avant le départ. Il ne manquera que Noémie qui préfère garder ses sous pour aller l'accueillir au Brésil.

242

Une fois l'esprit de clan réactivé, il nous restera à faire équipe pour l'aider dans ses derniers préparatifs, partageant pendant 15 jours l'atmosphère fébrile qui planera sur les pontons. Près de soixante minis vont s'y aligner et autant d'équipes prêtes à s'entraider. Cela s'appelle « l'esprit mini ». Aucune autre classe de bateaux, paraît-il, ne le possède.

Nous mesurons parfaitement notre chance. Ce n'est pas tous les jours que nous est donné le privilège de vivre un événement depuis les coulisses. Pour une fois, je ne serai pas dans le siège du simple spectateur qui regarde partir les bateaux avec un certain détachement. Je me rends compte maintenant que j'avais la tâche bien facile sur les berges de Sillery ou de l'île d'Orléans lorsque j'assistais aux départs de la Québec – Saint-Malo. Cette fois, les rôles seront inversés. Nous participerons en quelque sorte à la fabrication d'un spectacle, partageant la nervosité de ceux qui se retrouvent derrière le rideau. Quand ce dernier s'ouvrira, nous sentirons comme Damien toute l'attente d'un public et l'énorme pression qu'il fait naître. Comment vivra-t-il ces premiers pas sur les planches ? Aura-t-il un trac fou ? Quoiqu'il arrive, nous ferons corps avec le jeune acteur dont c'est la première mondiale.

En ce moment, malgré le ronron assourdissant du moteur diesel, nous recevons fiston cinq sur cinq. Son signal est clair et fort. On ne lui pose pas la question mais il semble bien dans sa peau, heureux de ce qui lui arrive. Il respire la confiance, une notion que nous lui avons prodiguée depuis son tout jeune âge et qu'il a visiblement assimilée. Quelque soit le dénouement de cette Transat 6.50, il s'est bien battu pour parvenir jusqu'ici, surtout lors des étapes de qualification et cela est déjà une victoire en soi. J'irais jusqu'à dire qu'il est sorti plus drôle, plus bouffon que jamais de ces dernières expériences. Exutoire ou talent naturel ? En tout cas, le résultat est là. Son père s'annonce comme son meilleur public.

Ce matin, à l'aéroport de Nantes où il guettait notre arrivée, nous transportions dans nos bagages les derniers gros achats de sa liste. Notamment deux panneaux solaires et une caméra numérique, haute définition, dans son boîtier étanche pour les prises de vues en mer. Ces images de sa traversée viendront compléter celles tournées par sa grande sœur sur son aventure. Nous apportons aussi un carton rempli de vêtements de plein air, cadeau de dernière minute d'un manufacturier connu de Chicoutimi. Les autres fournisseurs ont été également très réceptifs et ont consenti des rabais substantiels.

De temps à autre, je détourne mon regard de la route et le porte sur les aménagements de notre futur quartier général. C'est un « habitable » fait maison avec sa banquette qui se déplie en couchette, son coin cuisine, armoires, etc. Ce décor familier éveille des souvenirs de nomadisme sur roues qui remontent à 1967, année où je suis allé prendre livraison de mon premier « campeur » VW en Allemagne. Et voilà que mon destin de hippie des années soixante-dix vient de me rattraper. Ça ne pouvait tomber mieux, tant pour Damien dont les préparatifs vont être grandement facilité que pour les parents, en mesure de se loger à peu de frais pour les semaines à venir. Je le répétais souvent à ceux qui s'interrogeaient sur cette façon de voyager avec son matelas : « Vous avez là un confort tout relatif, mais qui n'enlève rien au plaisir d'aller stationner chaque soir son lit où bon vous semble. »

Cette camionnette est une chance inespérée, un magnifique geste d'un copain breton qui l'a prêtée à Damien, en dépit du fait qu'il venait de rater ses qualifications. Yan Guenn, professeur d'éducation physique en Guyane française, s'est fait construire à Brest, au chantier Latitude, un proto Rolland semblable à *Dingo*. Il multiplia les allers-retours entre son job et la France, profitant du moindre congé pour venir sur place mais, la majeure partie du temps, il dut gérer à distance la construction de son bateau et ensuite la préparation de sa Mini-Transat. Il serait long d'expliquer tout ce qui « floppa » dans son projet, sinon que Yan finit par jeter la serviette, victime des circonstances. Il est depuis retourné à Kourou terminer son contrat et, éventuellement, vendra *Morph'eau*.

Et dire que nous sommes passés à deux doigts de louer une auto avant de partir de Montréal. Cela aurait réglé la question de nos déplacements et des innombrables va-et-vient que nécessite une préparation de course, mais où aurions-nous dormi ? Avec notre budget, il restait la tente en plein centre-ville.

Une blague ? Pas du tout. Nous avons réussi ce joli coup, il y a une vingtaine d'années. Drôle de coïncidence, cela se passait justement au cœur du vieux La Rochelle, à proximité du bassin à flot où nous retrouverons bientôt *Dingo*.

Précisons d'abord que nous n'avons jamais été des fervents des terrains de camping. Bien que la dépense me paraît toujours disproportionnée par rapport à une chambre d'hôtel et que je dors mieux quand il ne m'en coûte rien, ce n'est pas uniquement une question de moyens. Je fuis généralement tout ce qui est organisé, préférant de loin l'improvisation, même pour investir dans une valeur aussi sûre que le sommeil.

Ce soir de printemps 1983, trop fatigués pour sortir de la ville et chercher un coin de campagne, Dominique et moi remarquons une parcelle de terrain sur lequel est érigé un vieux phare. La bonne affaire ! Cette oasis, à deux pas de la circulation, est entourée de suffisamment de feuillage pour y dissimuler une tente. Seul hic dans cette histoire, l'endroit est protégé par une haute clôture qu'il faudra escalader à toute vitesse sans se faire remarquer. De retour avec les sacs et notre air innocent, nous faisons mine de nous intéresser à ce monument de la marine ancienne, le temps de permettre à quelques piétons de s'éloigner, puis balançons le matériel de camping par-dessus la grille et grimpons vite fait. L'opération est un succès. Comme quoi il est possible de tirer parti des difficultés qu'on se fixe et qu'ensuite on prend plaisir à surmonter.

À mon avis, rien ne remplace le réel bonheur de dormir sous un abri de toile, versus dans une boîte de tôle, mais il aurait été tellement plus pratique à ce moment-là de n'avoir qu'à rabattre un siège comme nous le ferons les nuits prochaines.

Alors que nous parcourons les derniers kilomètres vers La Rochelle, je suis obligé de reconnaître qu'en termes d'âge et d'agilité – curieux comme ces deux mots sont parents –, il était préférable d'avoir vingt ans de moins. Je ne sais, aujourd'hui, si je pourrais accepter l'offre de ce petit carré de verdure qui nous tendait les bras.

📄 **Jour 9** (Damien)

La Rochelle, neuf jours avant le départ. La température vient de changer. Il faisait un temps superbe depuis déjà deux semaines. Maintenant il faut se mettre dans l'ambiance pour la première étape ; au menu, pluie et fort vent. L'anticyclone, qui nous donnait des vents de secteur nord et un peu de chaleur, se fait bousculer par une série de dépressions.

Heureusement, il ne reste pas beaucoup de choses à faire sur *Dingo,* car ce n'est pas génial sous la pluie.

Les préparatifs suivent leur cour lentement mais sûrement. Je veux prendre mon temps pour terminer les derniers petits travaux. Ce n'est pas à une semaine du départ qu'il faut commencer à courir dans tous les sens. Je l'ai fait en début de saison et ça m'a créé un stress de plus. J'essaie depuis quelques jours de gérer ma propre pression et ce n'est pas facile. Je n'arrive pas à m'enlever de l'esprit le côté performance de cette course. Vous me direz que c'est tout à fait normal, sinon à quoi bon faire de la compétition. La juste mesure serait de ne pas trop me concentrer là-dessus afin de préserver mon énergie.

Une fois au large, je devrai faire de mon mieux sans trop penser aux autres concurrents. Cette transat sera une épreuve d'endurance mais surtout une course contre soi-même. Très vite, je perdrai de vue mes adversaires et, sans points de repère, tout deviendra beaucoup plus difficile. La constance sera aussi très importante. Il faut non seulement aller vite mais le plus longtemps possible.

Les 55 concurrents sont presque tous arrivés au vieux port de La Rochelle. Je suis content d'être parmi eux alors qu'il y a quelques mois rien n'était moins sûr. Avec tous ces coureurs qui s'affairent à fignoler leur bolide, il règne une sacrée atmosphère sur les pontons.

Chacun doit passer un contrôle de sécurité et quelques bateaux sont aussi soumis à des vérifications de jauge. Tout à l'heure, j'étais grimpé dans mon mât quand est arrivé le redoutable Alain Pointet, jaugeur en chef de la Classe Mini. Le temps de redescendre, il avait déjà remarqué quelques petits détails qui ne lui plaisaient pas, même si certains d'entre eux avaient été acceptés en début de saison. Pour la Transat 6.50 Charente-Maritime – Bahia rien n'est laissé au hasard. Moi qui croyais *Dingo* fin prêt, j'apprends que ce n'est plus le cas.

La capacité de mes ballasts, par exemple, n'avait jamais été vérifiée. Le règlement permet un maximum de 400 litres au total. Le test révèle que j'ai treize litres de trop de chaque côté. Je dois donc coller des morceaux de mousse à l'intérieur des compartiments.

Deux petits cale-pieds supplémentaires devront aussi être ajoutés sur le pont, vis-à-vis ma descente. Au total, rien de dramatique, mais je me serais passé de ces modifications de dernière minute.

Pour la première fois de toute l'histoire de la Mini, des médecins suivront la course jusqu'au Brésil à bord des bateaux accompagnateurs. Ils seront ainsi en mesure de nous conseiller face à tous les scénarios possibles. Ils pourront même nous venir en aide directement sur nos bateaux s'ils le jugent nécessaire. Antoine Grau est le médecin qui supervisera les opérations. Bien connu dans le milieu, il suit plusieurs grandes courses, en particulier la Solitaire du Figaro. C'est lui qui m'a référé à un collègue pour mon examen médical obligatoire, car chaque coureur doit fournir un certificat d'aptitude à la pratique de la course au large en solitaire.

On nous a aussi remis un petit guide médical plastifié et des rencontres individuelles sont prévues avant le départ, pour les derniers conseils. On vérifira du coup nos trousses de pharmacie. Toute cette opération est financée par Mondial Assistance.

Même avec un départ imminent, plusieurs copains ont encore l'esprit à la fête. De mon côté, j'ai tout arrêté depuis une semaine. Je veux être en forme pour le 22 septembre et pour ça je préfère la sobriété. J'emmagasine aussi les heures de sommeil car je n'arriverai sans doute pas à fermer l'œil la nuit avant le départ.

Ce midi, à plusieurs endroits d'Europe, les gens observeront trois minutes de silence à la mémoire des victimes américaines. Ma sœur Sandrine devait s'envoler ce soir de Dorval vers Paris pour nous rejoindre, mais tout est annulé pour l'instant. Plus que jamais, la mer me semble un espace de paix où la violence des éléments n'a rien de comparable avec celle des hommes.

Sur les pontons (Carl)

À une semaine du départ, des éclairs d'impatience traversent de temps à autre le ciel de *Dingo*, pourtant d'un bleu magnifique. Le temps qui passe, lui, n'a pas de couleur. Transparent, il échappe à l'estime. Damien s'était promis une chose ; il n'allait pas se dépenser jusqu'à la toute fin en réglant cinquante-six détails. Il s'était mis en tête qu'il allait décompresser pour la dernière semaine. Mieux, peut-être arriverait-il à devenir zen et à se concentrer uniquement sur sa course. Depuis quelques jours, il se rend bien compte qu'il s'est fait flouer quelque part et ça l'enrage.

Ce matin, c'est Évangéline qui écope. Sur un ton on ne peut plus définitif, Damien lui demande de libérer sa couchette. Terminé, les multiples sacs qui s'y entassent ! Il est bien conscient qu'elle vit à bord, mais le temps est venu de « faire un effort pour se ramasser », comme il dit. « J'ai besoin de voir clair autour de moi » rajoute-t-il. Qu'elle laisse son sac de couchage, le reste peut prendre le chemin de la camionnette. Comme prévu, la grande sœur monte sur ses grands chevaux et… en redescend aussitôt. Sur un froncement de sourcils de sa mère, elle comprend que le moment n'est pas choisi. Surtout que Damien n'a pas tout à fait tort. Quiconque jetterait en ce moment un coup d'œil à l'intérieur de *Dingo* craquerait pour moins. Difficile en effet d'imaginer où l'on pourrait ranger sa soie dentaire dans tout ce fatras de matériel.

Reste que ces deux-là ont quand même réussi à tenir le coup pendant huit mois et je leur lève mon chapeau. Personne ne l'a eu facile. Damien préparait sa course et subissait une pression énorme, mais au moins il jouissait d'un budget raisonnable. De son côté, Évangéline a entrepris le tournage de son document vidéo en avançant ses propres deniers, sans aide monétaire extérieure. Caméra à la main, elle l'a suivi comme son ombre, épiant gestes et humeurs de son frère qui insuffleraient à ses images une touche de spontanéité. Elle n'a raté aucun départ ou arrivée des épreuves de qualification, courant d'un port à l'autre, des côtes de France à celles de l'Angleterre avec le seul secours de ses jambes et bras pour transporter armes et bagages. Il lui a souvent fallu une bonne dose d'abnégation pour respecter son plan de tournage. Je ne connais pas beaucoup de caméramans-réalisateurs qui acceptent de travailler dans ces conditions. Et qui, au lieu de rentrer à l'hôtel le soir, réintègrent l'inconfort d'un voilier de course de 6.50 mètres où les commodités permettent tout juste d'attraper une bouteille d'eau et de grignoter un morceau de fromage. Ensuite, quand vous n'en pouvez plus d'être plié en deux ou assis sur les bacs à batteries et que le sommeil vous tenaille, il reste ce trou sombre dans lequel il n'y a pas de place pour entrer, on peut seulement s'y glisser les pieds devant. J'ai eu l'occasion d'essayer ces foutues couchettes cercueils situées sous le cockpit et, franchement, j'aimerais mieux mourir ailleurs.

Ici même, à La Rochelle, Évangéline a eu sa part de préparatifs. Ce qui n'a pas été sans faire monter sa pression artérielle. Toujours dans l'optique de son documentaire, restait à envisager comment Damien allait se filmer avec la petite caméra qu'on lui a rapportée. Comment la mettre en place afin qu'il réalise des images de lui, occupé à manœuvrer ou barrer son bateau. En ayant toujours à l'esprit que Damien serait en course, donc que le tournage ne devait pas nuire à ses performances, elle devait mettre au point une technique fort simple et rapide de prise de vues. L'affaire paraissait facile et pourtant cette opération, à laquelle je me suis porté volontaire, nous a mobilisés un bon quatre à cinq jours. Nous avons commencé par écumer les boutiques pour trouver une tête de trépied, orientable dans tous les sens, sur laquelle Damien allait fixer sa mini dv. Ensuite, nous avons déterminé quatre endroits sur le pont de *Dingo* qui allaient lui permettre de présenter sa course sous différents angles. Maintenant, comment réussir à fixer solidement le trépied aux endroits définis ? Sander Bakker, le concurrent hollandais et voisin de ponton, venu se pencher sur le problème, y alla d'une suggestion désarmante ; trouver du tube de PVC avec le bon diamètre pour y glisser le trépied. Comme papa dans maman, dirait notre cher Stan, toujours en poste avec une blague sur le sexe ou les blondes. Le tube coupé en quatre bouts fixés aux chandeliers, l'installation est astucieuse. En un tournemain, notre coureur solitaire pourra tourner ses propres images.

Depuis notre arrivée sur les pontons, les préparatifs progressent à un rythme qui rend la vie agréable. C'est en général la situation pour la cinquantaine de minis rassemblés au bassin à écluse. Personne à notre connaissance ne se prend la tête... ou pour un autre. L'atmosphère est détendue, conviviale, comme préservée du monde extérieur. Quand est arrivée la nouvelle des attentats du 11 septembre, c'est à peine si elle a été ressentie. Ce n'était pas de l'indifférence. Je pense que pour chacun des coureurs, rien n'était plus important à ce moment que ce qu'il vivait en dedans de lui. Un peu comme le principe de la fécondation chez les mammifères. À partir du moment où un spermatozoïde a percé l'enveloppe, rien ne rentre plus dans la bulle.

Aujourd'hui, à l'ordre du jour, chasse au poids, déménagement de *Dingo* et emménagement du clan dans un condo. D'abord Damien me tend quelques sacs de plastique dans lesquels, depuis des mois, il jette pêle-mêle toute sa quincaillerie. Je dois faire un tri méticuleux entre les divers outils qui sont là et ceux qui feront le voyage. C'est lourd des outils, ça ne fait pas avancer un bateau, c'est là juste au cas où. Alors il faut imaginer diverses situations et voir si le tournevis étoile lui sera plus utile que celui à tête carrée, choisir entre la paire de pinces ordinaire et celle qui ferme à pression, la fameuse *Wise Grip*. Je me vois un instant hésiter, l'interrogeant du regard. Confie-t-il cette tâche à la bonne personne ? Oublie-t-il toutes ces années sur la *V'limeuse* où je pratiquais exactement le contraire, collectionnant à qui mieux mieux dans les tiroirs de l'établi tout ce qui pouvait réduire notre vitesse. Mais comme il n'est jamais trop tard pour bien faire, j'attaque ma nouvelle responsabilité avec un sens inné du bris en mer : « Tiens, s'il pète un safran, il lui faudra ça, s'il démâte, la scie à métaux est indispensable, mais alors là, il ne faut pas exagérer, je lui laisse une seule lame de rechange... »

Tous les ans, début septembre, a lieu le Grand Pavois de La Rochelle. Depuis sa création, ce salon à flot grandit en popularité, au point qu'il est devenu un événement incontournable du calendrier nautique. Il se déroule au Port des Minimes et, bien entendu, occupe un espace important. Les pontons y affichant complet pour toute sa durée, la troupe des minis s'est vue désigner un bassin près du centre-ville comme lieu de rassemblement.

Nous avons bien profité de l'endroit, mais les vraies activités marines, shipchandlers, voilerie, ateliers de tout acabit, services de mise à l'eau, etc., sont concentrées dans la zone des Minimes. Les étalages de vin rosé, notre péché mignon au repas, y sont moins bien nantis mais pas de problème pour trouver un boulon de 3 mm en inox. Sans compter qu'on accède directement à la baie pour les essais en mer, alors qu'ici, au cœur de la vieille ville, les heures de navigation sont réglées sur la marée haute pour écluser. L'heure de remorquage pour *Dingo* est fixé à 13:30. L'opération est d'ailleurs commencée. Nous apercevons les cinq premiers qui partent à la queue leu leu, tirés par un gros Zodiac.

Et puis, les spectateurs québécois continuent d'affluer en prévision du départ. Marie-Anne, la mère de Dominique, et Sandrine débarquent ce soir et nous avons de quoi les accueillir en invitées de marque. Nous leur offrons rien de moins qu'un condo pour les loger, à condition – c'est écrit en toutes petites lettres au bas du contrat – qu'elles déboursent plus que leur part. Je souligne ici la généreuse contribution de Marianne qui nous permet de vivre tous à la même enseigne pour la dernière semaine. Car louer pour sept petites journées une piaule en bordure de mer en France, je ne vous dis pas, doit représenter l'équivalent de six mois à bord de la *V'limeuse* quand nous faisions notre grand tour. C'est aussi une question d'hygiène mentale pour notre jeune skipper qui ne rechignera sûrement pas à ce supplément de confort et d'affection prodiguée par une association de bienfaisance presque entièrement féminine. Et vive les grands contrastes ! Pour nous qui sortons du minibus, c'est comme franchir le seuil d'un hôtel cinq étoiles. Pour Damien, c'est l'orgie de luxe qui pourrait contaminer sa pureté d'ascète. Mais il est prêt à courir le risque.

Depuis le transfert des minis vers leur paddock officiel, on sent que le compte à rebours a commencé. Sept, six, cinq… et il reste quantité de choses à faire, le tout entrecoupé des réunions de barreurs que les organisateurs multiplient à l'approche du départ. Ce qui m'amène à parler d'une de ces séances d'information, la première, je crois, à laquelle j'assiste. Elle reste gravée dans ma mémoire et vous comprendrez pourquoi. J'aperçois alors un bonhomme qui s'avance parmi l'assemblée et vient s'asseoir près de nous. Il doit être dans la quarantaine avancée et je remarque aussitôt sa démarche. Je ne suis pas du genre à scruter attentivement les faits et gestes des gens et pourtant je le trouve mal assuré sur ses jambes. Je me tourne vers Damien et lui demande s'il s'agit d'un concurrent ou s'il est, comme moi, le père d'un coureur. Concentré par ce qui est dit au micro, il ne m'accorde qu'un haussement d'épaule pour toute réponse.

Pendant ce temps, sur appel des noms, chacun des concurrents s'en va à l'avant chercher des documents. Bientôt j'entends un nom à consonance italienne et la réaction est immédiate. Notre homme en question se lève et se dirige vers la tribune. À n'en pas douter, il fait partie du lot de skippers. Je le regarde revenir vers son siège et n'en continue pas moins à m'interroger. Quelque chose me surprend chez lui. Je l'imagine tout simplement mal sur le pont d'un mini, étonné à ce point que j'en glisse un mot à Dominique. Peine perdue, la vie continue et rien au monde ne semble l'arrêter.

Plusieurs fois dans les jours qui suivent, je le salue en passant près de son bateau. Je lui fais un beau « *Bon journo*, Roberto ! », ce qui à l'air de le ravir. Est-ce mon accent ou mon approche jugée familière, quelle que soit la raison, son visage s'illumine et il me rend la politesse. C'est tout ce que je sais dire en italien et ne m'arrête pas pour lier conversation. Lui se débrouille mal en français et finalement c'est la sempiternelle barrière de langue qui a le dernier mot. Nous venons très près de nous parler mais, à chaque fois, la tentative avorte.

Roberto Varinelli disparaîtra en mer le 28 septembre 2001, une semaine après le départ, éjecté de son prototype à 150 kilomètres des côtes du Portugal. Dès cet instant où nous étions assemblés sous le grand chapiteau, je crois avoir perçu un net signal d'alarme. La question que je ne cesse de me poser aujourd'hui : comment ai-je été le seul de mon espèce à voir clignoter le voyant rouge. La maladie tenace qui m'habite me donne-t-elle un sixième sens, une longueur d'avance pour détecter la mort qui plane ?

Ici, bien entendu, nous ne savons encore rien de cette tragédie. Le 22 septembre approche et on le reconnaît à certains signes sur les pontons, comme l'apparition des premiers sacs d'épicerie qui encombrent les cockpits, attendant d'être rangé à leur place. C'est aussi l'arrivée des parents et amis, réunis devant le mini en lequel ils mettent tout leur espoir. Le nombre de visiteurs augmente et la circulation sur les pontons devient plus difficile. Jacques Pettigrew et moi devons slalomer de plus belle pour nous rendre au numéro 305, à l'autre bout de l'allée. C'est la première fois qu'il verra *Dingo* à l'eau, arborant fièrement sur sa coque le logo de CinéGroupe, sa compagnie. Sa présence ici, loin d'occupations très prenantes, nous touche énormément. Demain soir, veille du départ, il nous invite tous au restaurant.

C'est gentil de sa part. Sauf que Jacques omet de préciser un détail d'importance ; il nous convie Chez Coutanceau, l'une des plus fameuses tables de la région, le genre d'endroit où l'on ne se présente pas en tee-shirts. Et que croyez-vous que je porte ? En voyant l'endroit, ma réaction est immédiate : « Jamais on nous laissera entrer… » À moins que Jacques et Marianne, parfaitement présentables, sauvent les apparences. Ralentissant le pas, nous les laissons passer devant.

Nous traversons la salle à manger, semblable à une chapelle ardente où les clients se recueillent sur leur assiette. Sauront-ils accepter une horde de païens, une secte dissidente qui vient égayer leur soirée ? Oui, j'en vois même quelques-uns qui se regardent, l'air étonné, et partent à rire. Heureusement, personne ne s'étouffe et recrache son Château Laffitte.

Finalement, les serveurs sont les plus drôles. Sous notre influence, ils auraient le goût de laisser tomber leurs convenances et de rigoler un bon coup en imitant notre accent. Je soupçonne qu'ils se passent le mot dans la cuisine car c'est fou comme ils accourent et se confondent en arabesques avec un sourire à peine déguisé. Notre numéro doit faire fureur. Ils n'ont probablement jamais vu quelqu'un goûter dans l'assiette de l'autre.

Le secret dans ce genre de situation : laisser clairement paraître sa maladresse. Rien ne sert de faire croire que ce décorum vous convient, que vous avez l'habitude de la gastronomie fine. Il suffit de faire comprendre que sans un mentor comme Jacques, jamais ils n'auraient eu le plaisir de votre visite. Chose certaine, nous avons probablement été les clients ayant le mieux apprécié ces plats exquis et ces vins fins. Les plaisirs défendus ne sont-ils pas toujours les meilleurs ?

Merci encore une fois, Jacques.

📄 La folie du départ (Damien)

Lorsque vous lirez ces lignes, je serai en mer. Le départ de la transat 6.50 Charente-Maritime – Bahia aura été donné à 15:33, le samedi 22 septembre. Si les prévisions météo se maintiennent, je filerai sûrement à toute allure sous spi. Des conditions rêvées nous sont annoncées pour les trois premiers jours de course. Un beau vent de nord-est soufflant à 20 nœuds devrait nous catapulter hors du golfe de Gascogne en un temps record.

L'atmosphère des derniers jours a été assez spéciale. Comme j'en suis à ma première expérience de grande course en solitaire, je me voyais être un des plus stressés de la flotte, mais ça n'a pas été le cas. La plupart des concurrents étaient drôlement nerveux et semblaient isolés dans leur bulle. On s'imagine déjà au large alors qu'on se trouve encore au ponton : lorsqu'une question nous est posée, elle est toujours suivie d'un long moment de réflexion, car nous pensons à trop de choses en même temps. Par chance, nous disposions tous de l'aide de nos familles, amis ou préparateurs, qui étaient là pour veiller à ce que rien ne soit oublié.

J'espérais être prêt au moins une journée à l'avance, mais ce sera pour une prochaine fois. Il me serait resté un mois, et je suis sûr que j'aurais trouvé encore des trucs à améliorer. Il faut, à un moment donné, que ça s'arrête, et le seul moyen qui reste est de larguer les amarres. Comme on dit souvent : « Prêt, pas prêt, j'y vais ! »

Même prêt, on a quand même des appréhensions. Cette semaine, Évangéline a recueilli les impressions de certains cou-reurs. L'une de ses questions portait sur leurs inquiétudes. Presque tout le monde a parlé de la peur de briser quelque chose et de ne pas terminer la course. Je crois aussi que c'est ma grande crainte. Il faudra toujours savoir quand lever le pied pour ménager nos montures.

Mercredi dernier, 19 septembre, avait lieu le prologue de la Transat 6.50. Cette courte épreuve amicale de quelques milles permettait aux organisateurs comme aux coureurs de vérifier que tout soit bien rodé pour le grand départ. C'était aussi une belle occasion de faire naviguer la famille ou les amis. Mon équipage était formé de mes sœurs Sandrine et Évangéline, ainsi que de Carl, mon père, qui n'avait jamais eu l'occasion de naviguer sur un mini. La puissance de mon bateau, surtout sous grand spi, l'a bien impressionné.

Le rythme des préparatifs s'est accéléré durant les derniers jours, entrecoupé de réunions des coureurs, de visites d'écoliers, d'entrevues, de contrôles de sécurité, de rencontres médicales, etc. La veille du départ, j'ai même reçu la visite de Jacques Pettigrew, président de CinéGroupe, venu assister au départ. Ça m'a fait très plaisir de le voir ici et de me rendre compte à quel point cette aventure lui tient à cœur, au point de lui donner l'impression de rajeunir, comme il me l'a confié.

Au moment où vous lirez ces lignes, je serai en mer, avec une seule idée en tête : faire avancer mon bateau le plus vite possible. Les deux, trois prochains jours seront durs sur le moral. En plus des adieux, il faut toujours un certain temps pour se sentir en parfaite harmonie avec son bateau et la mer. Une chose est claire : j'aurai souvent des pensées pour tous ceux qui m'ont aidé, soutenu et encouragé. Si j'ai réussi à prendre le départ de cette transat, c'est grâce à ce rassemblement d'énergie qui s'est formé autour de mon projet et j'en suis grandement reconnaissant à tous.

Chevaliers des temps modernes (Sandrine)

6:00 du matin, jour du départ.

Assise dans la cuisine, un café chaud dans les mains, j'essaie de garder les yeux ouverts. Difficile. J'ai la réputation, bien fondée, d'être celle-qui-prend-le-plus-de-temps-à-se-réveiller. Ce matin, je bats mes propres records. Évangéline en profite pour me le rappeler : « Sandrine ! As-tu eu de la misère à te lever ?…Hi, hi ! » Ça y est, j'en ai pour deux semaines à l'entendre. Surtout qu'elle a les preuves de mon piteux état. Sa caméra tourne depuis cinq heures ce matin, filmant d'abord Dominique et Damien penchés sur les cartes marines. Maintenant c'est à mon tour. Tant pis ! Ces petites plaisanteries semblent bien ridicules à côté de ce qui m'attend.

Je dois plonger pour enlever les algues sur la coque de *Dingo*. L'idée ne m'excite vraiment pas. Je n'ai jamais été bonne copine avec l'eau dégueulasse d'une marina. Surtout pas à 7 heures du matin, quand il fait froid. Avec, à proximité, un lit douillet où je retournerais bien me coucher. Mais bon, Damien part pour une traversée qui risque d'être bien mouillée aussi. Je me console en pensant à mes prochaines nuits au chaud.

Je sais, je suis une sale égoïste. En plus, j'espérais bien m'en sauver. Malheureusement, certains préparatifs ne se sont pas déroulés comme prévu. À moins de vingt-quatre heures du départ, le dessous du bateau était toujours sale. Un autre participant nous a gentiment prêté sa combinaison de plongée mais encore fallait-il trouver quelqu'un à mettre dedans. Tâche laborieuse ! Car cette foutue combinaison n'est pas assez grande pour qu'un homme de taille moyenne puisse s'y glisser. Nous devions donc trouver une âme qui en plus d'être bonne... serait suffisamment petite.

Sans aucune excuse valable, mes chances d'y échapper étaient minces. Je sais nager. J'ai mon cours de plongée sous-marine. J'aime mon frère. Et je pourrais rajouter, en petits caractères au bas de la page, qu'il m'arrive de me sentir coupable pour ma participation très réduite à son projet. L'idée de me racheter un tantinet ne me déplaisait donc pas trop.

Le comité de sélection familial a bien su en profiter. Je fus déclarée « parfaitement adéquate ».

Dans l'eau depuis maintenant quinze minutes, je commence à perdre toute motivation.

Je connais maintenant, en plus de sa couleur, le goût salé de l'eau qui me brûle la gorge. Je n'arrête pas de m'étouffer. Faute de pratique ces dernières années, ma respiration n'est pas bien contrôlée et l'air de ma bouteille se consomme beaucoup trop vite. L'idée qu'elle soit presque vide quand je me retrouve sous la coque me fait un peu paniquer. D'accord ! J'aurais amplement le temps de remonter avant de mourir asphyxiée, mais n'empêche, pas facile d'être rationnelle ! C'est donc pour éviter de gaspiller trop d'air que j'enlève mon embout dès la tête sortie de l'eau. Mauvais synchronisme. Une fois sur deux, je bois la tasse.

– Ça va Sandrine ? me lance Damien, un peu inquiet de ma situation.

– Ouais, ouais… keurrrrcheuuuuchhhee.

– Ben là ! Crève pas non plus !

– Non, non, inquiète-toi pas ! c'est juste l'eau salée, tsé, ça fait longtemps…

– Ouais… mais… je comprends pas pourquoi tu t'étouffes de même…

– C'est pas grave ! cheuuukkee…, je contrôle la situation. J'y retourne là !

Mais le nez collé sur ce qui me semble être un bateau, j'ai beaucoup de difficulté à distinguer les algues. Je ne vois absolument rien dans cette soupe vaseuse. C'est à peine si j'aperçois ma main contre mon masque alors que j'essaie de vider l'eau qui s'y infiltre. Un vrai *party* !

Je dois vraiment faire pitié. Quelques étouffements plus tard, Damien me hisse sur le quai en me faisant comprendre qu'il se sentirait trop coupable de ma mort pour une histoire de coque malpropre. Il me remercie quand même de l'effort et je lui réponds qu'il n'a pas à s'en faire. Il n'y a plus rien à gratter.

Durant son escale aux Canaries, Damien reprendra l'opération nettoyage, avec Évangéline cette fois, après qu'un autre plongeur l'eût averti de l'état lamentable de sa coque.

Pour l'instant, je n'en sais rien. Assise sur le pont de cette petite bête élevée avec tant d'amour, je regarde la journée avancer au même rythme que mon cœur qui grossit.

Je ne suis pas spécialement inquiète. Mais ces préparatifs de départ me font réfléchir au sens réel de cette journée. Car cette petite série de vingt-quatre heures qui s'écoulent, supporte en grande partie le poids de deux années d'efforts, de coups de cafard et de stress.

La course ne dure pas une seule journée, bien sûr, mais à mon avis, c'est à aujourd'hui, surtout à ce vent et cette ambiance, que chaque concurrent pense depuis des mois. Mais prennent-ils conscience que le coup de fusil attendu avec tant d'impatience ne fera que les rapprocher de la fin ? Parce qu'à partir du moment où ils partent, ils souhaitent arriver. Le plus vite possible. Les skippers se préparent donc pour deux moments précis : le départ et l'arrivée. La course comme telle ne fera que justifier leur position finale.

Alors comment vont-ils se sentir quand ils arriveront au port ? Quand l'événement pour lequel ils mettent toute leur énergie et leur temps depuis plusieurs années sera terminé ?

À quoi tu vas penser, Damien, quand tout ça sera fini ? Ce sera quoi, après ? Un autre projet, un autre bateau ?

C'est sans doute ça la réponse. Se donner à fond. Ne jamais arrêter d'y croire. Comprendre, une fois l'objectif atteint, que c'était bien ce que l'on voulait. Ou alors pas du tout. Et selon de quel côté la conviction penche, on laisse tomber ou on recommence avec un autre projet. De plus en plus gros. Mais on s'arrête où ?

Parce que là, je parle de voile et de compétition, mais on peut appliquer cette réflexion partout. Mes journées sont remplies de questionnements semblables. Projet photographique, projet social, projet... projet. Le mot commence à me donner des nausées.

Et c'est pourtant le même effort constant pour un seul désir : reconnaissance. Se faire reconnaître par les gens du milieu. Se connaître un peu plus soi-même. Et essayer, du même coup, de toucher le grand public, par une force singulière, une image troublante, un rêve d'enfance. Lui montrer qu'il existe autre chose...

Pfffff ! Toutes ces folies existentielles creusent des tranchées dans ma tête. Je ne sais plus quoi penser. J'abandonne pour l'instant et observe à plus petite échelle le monde qui m'entoure. Les coureurs et leur équipe technique passent leur temps à affronter les visiteurs agglutinés sur les pontons. La foule est en effet impressionnante, surtout lorsqu'on essaie de la traverser. Je fais donc la vigie sur *Dingo* pendant que le reste de la famille court de droite à gauche. Les curieux se pressent autour des bateaux. Certains font des paris. D'autres admirent simplement l'allure de ces majestueux petits voiliers.

11:30 Les premiers minis quittent les quais.

Un organisateur lance au micro le nom des concurrents ainsi que le numéro des bateaux qui, un à un, étirent leur destin à l'extérieur de la marina. Près de cinquante voiliers ont déjà longé la digue du port de La Rochelle quand Damien se décide à partir. Lorsqu'il passe devant les spectateurs sur le dernier ponton, son nom résonne sur les rochers. Jusqu'ici, je n'avais ressenti presque aucun stress, mais là, à entendre le nom de mon frère et à le voir lever le bras au ciel en guise d'au revoir, les larmes me montent aux yeux. Une énorme boule s'installe dans le creux de ma gorge.

J'ai envie de rire et de pleurer en même temps. Quelques larmes tâtent doucement le terrain. Je siffle du plus fort que je peux et crie :

– Vas-y, Damiiiiieeeeen ! ! T'es capable !

Je sais très bien qu'il prend seulement le départ dans deux heures. Mais la dernière amarre larguée représente aussi bien le moment de non-retour que le coup de fusil. Ils sont sur l'eau pour de bon, et ne reviendront plus au port avant d'atteindre leur première destination. En attendant le vrai signal, les concurrents préparent leur voilure et se rapprochent de la ligne. Vérifiant une dernière fois qu'ils sont bel et bien prêts à prendre le large.

Pour la famille, ces quelques heures servent à trouver une embarcation pour être aux premières loges quand le drapeau rouge sera hissé. Carl et Dominique se retrouvent sur un énorme catamaran avec Jacques Pettigrew. Marie-Anne, la mère de Dominique, et son amie doivent débourser un certain montant pour embarquer sur un gros bateau qui promènent les touristes. Évangéline et moi, quant à nous, réclamons des places dans un Zodiac manœuvrable et rapide. Nous devons suivre Damien d'assez près pour faire des images.

Nous avons rendez-vous à 14 heures. Le moment venu, deux bateaux se relancent la balle pour ne pas nous embarquer. Ils essaient de se défiler en prétextant qu'ils sont là pour d'autres. On dirait que nous ne correspondons en rien aux deux « professionnels » qu'ils attendent. Au moment où le $#!?%& Zodiac qui devait bel et bien nous prendre s'éloigne du quai, mon sifflet le rappelle à l'ordre et nous sautons aux côtés des deux passagers. Nous avons comme « bonne » compagnie un caméraman d'une chaîne télé et un photographe pigiste. Ils seront bien surpris de voir à quel point elles tiennent bon, les Québécoises, même si elles n'ont pas d'énormes zooms ou caméras vidéo.

Heureusement tout le monde se calme. Ils se rendent compte que les deux sœurs n'en sont pas à leur première sortie sur l'eau. De notre côté, nous excusons leur maladresse d'hommes trop professionnels.

Le Zodiac finit par s'élancer à toute vitesse dans la baie et nous planons sur les courtes vagues. Le sentiment est extraordinaire. Mes yeux pleurent sous la force du vent et j'étire à peine ma main pour permettre à mes doigts de creuser un léger sillon dans la vague.

Le ciel laisse courir des filaments de nuages poussés par un vent régulier d'une quinzaine de nœuds. Il fait beau. Immensément beau. De ces journées qui existent simplement. Dosant avec perfection les ingrédients clés d'un bonheur insaisissable. Mélange de mer, de vent et de vitesse. L'envie pressante de crier m'envahit, tellement je suis bien.

Je décide de ne rien dire du tout. L'hommage silencieux a l'avantage de ne pas traumatiser les autres passagers.

J'imagine la scène vue d'en haut. Le Zodiac doit être tout petit, perdu au milieu de la flotte de bateaux qui sillonne la baie. Le spectacle est saisissant. Près de deux cents embarcations de toutes sortes qui se mélangent avec grâce, perfection. Les unes glissent vers les autres. Certaines s'effleurent, échangent des signes, des encouragements. Plusieurs vieux gréements se sont joints à ce rassemblement et ajoutent une ambiance d'époque qui fait sourire. Un clin d'œil aux prototypes high-tech qui franchiront la ligne aujourd'hui.

Le départ est fixé à 15:00. Les bateaux se placent derrière la ligne qui s'étend sur une centaine de mètres à partir de Fort Boyard. Cette structure surgissant de la mer, immobile, doit avoir vu passer un nombre impressionnant de voiles. J'ose à peine imaginer. Je me demande bien ce qu'il pense, lui, de la folie humaine. Je l'entends presque murmurer qu'il préfère ceux qui prennent le large, à ceux qui l'envahissent pour y trouver quelques clés. Drôle de murmure. C'est probablement son isolement qui lui donne cet air si triste.

14:45. L'énervement est palpable. Les embarcations de spectateurs se positionnent de l'autre côté de la ligne pour avoir le meilleur point de vue possible. Les trajectoires se croisent maintenant avec un peu moins de maîtrise. Les priorités ne sont pas toujours respectées. Chacun veut avoir le plus bel emplacement au moment où les voiliers franchiront la ligne. J'essaie d'apercevoir Damien dans toute cette cohue. Je crois qu'il est bien placé. La minute de décompte vient d'être annoncée. Dans quelques secondes, la soixantaine de minis va s'envoyer en mer !

Ça y est. Le coup de fusil est parti, les premiers prototypes aussi. J'espère seulement que Damien ne se fera pas trop attendre. Il n'a pas arrêté de me dire que le départ n'est pas important dans une course de plusieurs semaines. Qu'il vaut mieux être prudent et passer la ligne derrière sans égratignure plutôt que de risquer sa peau dans les premiers, simplement pour le spectacle. Le sage a parlé. Seulement, je suis convaincue que ça doit être plus encourageant de commencer la course en bonne position. Il le sait aussi.

Enfin ! Nous voyons *Dingo*. Il doit être dans les quinze premiers. Je suis tellement énervée, je manque de tomber plusieurs fois dans le fond du Zodiac. J'ai le sourire étampé en pleine figure. Retenez-moi, quelqu'un, je vais sauter à l'eau !

Et voilà que l'envie de hurler me reprend. Maudite maladie mentale. J'aurais dû prendre mes pilules !

Tant pis ! Je décide d'investir mon énergie à faire des photos de cette horde de chevaliers modernes qui s'avance vers nous. Je regarde Évangéline. Elle s'est aussi mise en mode caméra. Le pneumatique s'élance à la chasse aux images, comme beaucoup d'embarcations qui vont suivre les coureurs jusqu'à la bouée de dégagement, près du port. Un long bord à tirer pendant lequel nous collons le numéro 305 et d'autres amis-concurrents. Nos deux voisins ont également des objectifs précis et ils commencent à le voir un peu trop souvent, le petit Québécois. Notre frère ? Non, non, pas du tout !

Après l'excitation des premières minutes, je me rends compte que ce départ aurait pu être un peu plus catastrophique. La plupart des énormes bateaux à moteur s'étaient carrément placés devant les participants et ont dû reculer pour les laisser passer. Ils avaient mal calculé l'angle avec lequel les minis allaient couper la ligne. Heureusement, il n'est rien arrivé de fâcheux. Mais j'imagine seulement la gueule des premiers coureurs quand ils ont compris qu'ils devaient franchir une mer de fanatiques avant de retrouver le calme du large.

Ô doux océan ! Loin de moi ces fous furieux.

Quelques bonnes séquences plus tard, environ à mi-chemin du parcours, le caméraman nous annonce qu'il doit rentrer au port. Nous décidons d'attendre le retour du Zodiac sur un des bateaux comité. Nous sommes ancrés juste à côté de la bouée où tous les concurrents doivent passer. Avant de se lancer pour de bon.

C'est ici que les premières positions s'inscrivent. Damien passe douzième.

De retour dans notre pneumatique, nous le suivons pendant une dizaine de minutes encore. Le vent a forci et Damien hésite à lever son spi. Certains l'ont fait pour le spectacle, en virant la bouée, et ils ont maintenant beaucoup de difficulté à le tenir.

Le ciel s'est assombri.

Arrive le moment des adieux :

– Bon, ben on va y aller, nous… Fais attention !

Le Zodiac fait demi-tour. Nous rentrons vers la marina, imprégnés de sel et de vent. De douleur aux fesses aussi. Mais ce n'est qu'un léger détail. Nos deux réalités se séparent ici, quelque part entre un port français et un autre, brésilien. Celle de Damien s'allonge devant, de l'autre côté de l'horizon. La nôtre se concrétise derrière, autour des derniers événements de la journée. Vision décalée du temps.

Pour notre marin, la nuit s'annonce mouvementée. Espérons qu'il n'y goûtera pas trop.

Je commence à me sentir molle. La fatigue s'installe lentement, comme un *down* après un trop bon trip. Et il me reste des séquelles.

J'ai l'impression d'avoir une voile devant les yeux.

✉ À lire la veille du départ

Damien,

Je me rappelle nettement ce soir d'octobre où nous travaillions à construire *Dingo*. C'était pas toujours évident et je redoutais la chute, l'obstacle qui empêcherait la naissance du bateau, les finances et le temps qui pouvaient manquer…

Tu m'as alors parlé de ton désir très fort de voir Carl et Dominique sur les pontons le jour de ton départ en course ; surtout Carl dont tu espérais que sa santé lui permette de se rendre jusque-là. Tu m'as dit à quel point leur faire ce cadeau t'importait et j'y ai vu grande noblesse. À partir de ce moment les difficultés prenaient l'allure de canards en carton que l'on tire à bout portant dans une fête foraine.

Rêve, désir, ténacité, huile de coude et amour brassé dans un grand chaudron jusqu'à ce que tu ne sentes plus tes bras t'auront permis de créer ce miracle.

Tu es maintenant à la veille du grand départ et j'imagine avec émotion l'atmosphère de ce magnifique souper de fête avec les tiens. La victoire se déguste très bien avec le champagne que je tiens mordicus à payer. Ça sera ma façon d'être présent parmi vous.

Demain tu sentiras tes amis flotter en esprit avec toi et *Dingo*, et dans l'action tu seras baigné de sérénité. Mon esprit y sera aussi, tout au long de ta course, spécialement quand il faudra que « ça le fasse »… si jamais il y a quelque chose à réparer ou à améliorer. J'ai hâte de te revoir.

Le vent, la mer, le bateau, je trouve que l'aventure te va très bien aussi… et toute la chance du monde.

Stan
Espadon frétillant qui veille
Et toute la petite famille.

III

LA COURSE

Damien ✍

Première étape : La Rochelle – Puerto Calero*

Jour 2

Salut les *dudes* ! *First scene on board of Dingo*. Nous sommes sous gennak et on file vers le cap Finisterre. C'est dur. Je n'ai pas encore réussi à dormir. J'ai essayé tout à l'heure, mais la mer était trop mauvaise et le pilote ne tenait pas le cap.

La nuit dernière a été intense. Le vent a grimpé avant la noirceur de 15 à 25 nœuds. J'étais sous spi et j'ai perdu le contrôle

---

* Note : Ce compte rendu de la course est en partie la retranscription d'entrevues données à la caméra, à bord de *Dingo*, et de notes personnelles. Sont parfois ajoutées, en italique, des informations communiquées par les organisateurs de la Transat 6.50 Charente-Maritime – Bahia.

267

du bateau une première fois. Quinze minutes plus tard, *Dingo* s'est fait coucher. J'ai dû réduire et changer le spi pour le gennaker. C'était reparti pour des surfs endiablés. Ça allait vite, très vite, le vent continuait à monter, frôlait les 30 nœuds et j'ai décidé de réduire encore.

Dans cette nuit noire, sans lune ni aucune étoile, la seule lueur venait du sillage que *Dingo* traçait dans le plancton. Je devais négocier chaque vague au *feeling*, pour aller le plus vite possible et surtout éviter de faire enfourner le bateau dans les creux, ce qui l'aurait ralenti et aurait fait souffrir le matériel.

Je ne voyais pas la mer se former, mais j'en avais une bonne idée avec le grondement des vagues qui déferlaient autour de moi. Ce matin, elle était impressionnante. Le vent avait atteint les 40 nœuds. On se sent petit sur un 6.50, à moins d'un mètre au-dessus de l'eau. Trois fois *Dingo* a été propulsé sur le côté par des vagues qui se brisaient sur son flanc. Pas lourd un 21 pieds face à ces montagnes d'eau !

Maintenant ça s'est calmé. Pourtant je n'arrive toujours pas à dormir. Alors je vais prendre une bonne platée de pâtes, ça devrait aider. J'espère que je vais retrouver le rythme. Il faut pas que je déconne, je dois dormir.

(Distance au but : 1 174 milles. Position officielle: 11e sur 32)

Jour 3

Lundi, 14:31 TU. Pétole. On n'a pas eu autant de vent portant que prévu. On pensait « dégolfer » et même passer le cap Finisterre à cette allure, de façon à laisser derrière l'éventualité d'une dépression au près. Finalement, le vent est tombé et on est encore dans le golfe de Gascogne. La météo annonce des vents sud-ouest 20 à 25, du près serré ! Donc ce ne sera pas de la petite tarte. On va bien se faire mouiller, mais bon, c'est la vie, hein ? Sinon, j'ai réussi à dormir la nuit dernière, je mange, tout va bien. Par contre, je ne suis pas capable de capter la météo sur la BLU, ni de connaître ma position d'ailleurs. Je ne sais donc pas ce que ça donne au niveau du classement.

Il y a quelques trucs qui ont pété sur le bateau depuis le départ. Un des écarteurs brisé en deux, le pied d'un chandelier arraché, une écoute échappée à la mer. C'est pour ça que je me

Transat 6.50
Charente-Maritime - Bahia

Étape 1: La Rochelle - Lanzarote, 1 300 milles
Étape 2 : Lanzarote - Bahia, 2 950 milles

suis calmé la première nuit, parce que ça allait trop vite et les risques de briser du matériel étaient trop grands.

Ça y est, j'ai réussi à parler avec Antoine Cornic à la VHF. Il serait cinq milles derrière moi et huitième au classement prototype. Si c'est vrai, c'est génial. Je n'ai jamais fait une aussi belle performance.

(*Distance au but : 1 070 milles. Position officielle : 7ᵉ sur 32*)

Jour 4

Salut ! On est mardi le 25 septembre. Quatrième jour de course. Les choses ne sont pas géniales. C'est du près. Là, on a du sud-ouest, à peu près 20 nœuds. Ça devrait monter jusqu'à 25. Donc on louvoie pour se diriger vers les Canaries… J'ai tiré un bord à l'ouest, en espérant une bascule du vent de ce côté. On* n'a pas encore passé le cap Finisterre. C'est beaucoup plus long que prévu. Je n'ai pas eu de nouvelles officielles encore sur mon classement. Je suis côte à côte avec un mec en Pogo qui me dit être classé septième en série. Mais il n'a pas entendu ma position. On verra bien.

Il y a des cargos partout. Puis c'est pas les alizés ! Faut faire gaffe parce que le pilote a de la difficulté à tenir le bateau. J'ai réussi à capter le bulletin de RFI (Radio France Internationale). C'est bon. C'est sûr que j'aimerais avoir plus de bateaux autour de moi. Ça donne toujours de la motivation. Bon là, on est deux bord à bord. C'est cool. Tout va bien. Mais des fois je me demande ce que je fous ici...

(Distance au but : 954 milles. Position officielle : 18ᵉ sur 32)

Jour 5

Bonjour. Nous sommes mercredi... euh… samedi, dimanche, lundi, mardi, mercredi… Cinquième jour de course. Ben, ça va pas trop. On s'est tapé un départ au portant. À fond. Moi j'ai peut-être levé le pied plus que les autres, pour pas tout arracher. Ça a frappé dur. Je pense qu'il y a eu quelques démâtages. Je suis content d'être ici quand même, avec *Dingo* en un seul morceau.

Par contre, aujourd'hui, je viens d'apprendre que j'étais en vingt-et-unième position. Ce qui est très dur. Je ne m'attendais pas à une position pareille. Je me voyais dans les 10 premiers, par rapport à mes qualifications. Donc là, c'est un sacré coup. J'ai le moral un peu à plat. Mais bon, il reste encore 850 milles à la première étape de la course. Faut pas que je baisse les bras.

---

* On : Damien utilise souvent le « on » pour parler de lui et de son bateau.

Mon option à l'ouest n'a pas payé. Le vent est resté sud-ouest et m'oblige à revenir vers la côte espagnole. En 24 heures, j'ai dû perdre une trentaine de milles sur ceux qui ont piqué au sud.

Je navigue bord à bord avec JC et un Pogo. On fait nos virements de bord ensemble. Les gars m'ont remonté le moral : « C'est pas grave, Damien. Allez hop ! Continue, l'arrivée est encore loin. »

On est au près. Ça fait trois jours que ça dure. On a d'abord eu du beau portant. On a filé à une vitesse… c'était de la folie ! Mais depuis trois jours on se traîne. Pétole. Près. Là, ils annoncent une dépression de sud-ouest. Force 7 à 8. On espère que ça ne sera pas autant parce que ça va être dur sur les bateaux. Voilà. C'est à peu près ça. Je m'accroche et j'essaie d'aller le plus vite possible tout en gérant le skipper. Allez, tchao !

Jour 8

Bonjour. Ça fait quelques jours que je n'ai pas donné de nouvelles. Je suis vraiment désolé. Ça n'a pas été facile, loin de là. Il y a eu plein d'événements difficiles. Et puis, ce n'est pas toujours évident de se filmer non plus. Quand les conditions sont extrêmes, tu ne peux même pas envisager de sortir la caméra parce que c'est trop dangereux pour le bateau et pour soi.

Donc, si on fait une petite rétrospective, la journée où j'ai appris que j'étais vingt-et-unième, j'ai été démoralisé, réduit à la bouillie. Je n'en revenais pas, je ne m'attendais pas à ça du tout. Donc ça été un coup dur. Puis après, en parlant avec d'autres bateaux autour de moi, d'autres minis, qui m'ont dit : « Allez, lâche pas, Damien ! », le moral s'est replacé. C'est vrai que la course est longue et qu'il peut arriver n'importe quoi. Mais je suis vraiment dans les derniers. À moins que je tombe au bon moment au bon endroit pour une bascule de vent, je pense que je vais terminer dans les derniers pour la première étape. Mais, bon, c'est la vie ! Moi je suis ici pour apprendre. Ça fait quelques jours que je me fais à l'idée.

J'aurais appris beaucoup avec cette première étape. On verra comment la deuxième va se passer. Mais en fait, la première n'est même pas finie, je ne devrais pas penser comme ça. Je devrais y aller à fond, jusqu'au bout, voir ce que ça donne.

Nous sommes le 29. Ça fait six jours de près serré qu'on se paye. C'est horrible. Les bateaux tapent, les bateaux souffrent. Incroyable. Moi, par exemple, hier soir, j'ai perdu mon antenne VHF. Elle s'est déboulonnée en haut du mât, à cause des vibrations. Ensuite, en se baladant là-haut, elle a plié la girouette et sectionné son fil, tout le bordel.

J'ai voulu aller la réinstaller avant qu'elle ne se coupe, ou la couper avant qu'elle ne fasse plus de dommages. J'étais fatigué. J'ai fait une première tentative d'escalade dans le mât. C'était en pleine nuit. J'ai trouvé ça trop dangereux et j'ai abandonné. Par chance, j'ai une petite antenne de secours que j'ai installée, qui me permet de donner ma position lors des vacations radio avec un des cinq bateaux accompagnateurs.

Je navigue à vue avec Benoît Lequin depuis trois jours. C'est bien, on se parle à la VHF et on se fait une lutte à deux. On a essuyé ensemble un putain de gros coup de vent qui est passé dans la nuit de vendredi à samedi. Un BMS, comme ils disent ici : bulletin de météo spécial. Ça a vraiment soufflé fort. 40, 45 nœuds, pendant une douzaine d'heures, avec des creux assez impressionnants. J'étais à la barre et j'entendais l'alarme du baromètre qui m'avertissait régulièrement de la dégringolade de la pression.

Dingo en a pris plein la gueule. Moi aussi. Stressant. Pas dormi. C'est comme ça depuis le début. Les conditions fortes de près serré, c'est dur. Je m'attendais à quelque chose d'un peu plus clément. Mais ça m'a tout l'air qu'il faille payer notre dû. « Passez votre mini d'abord ! », comme ils disent…

(Distance au but : 665 milles. Position officielle: 18e sur 32)

Jour 9

Aujourd'hui très belle journée. On est le 30 septembre. Il fait beau. Pétole. Variable. Ça fait du bien. Quand ça fait six, sept jours qu'on se fait secouer comme des malades par des dépressions au près serré, on apprécie grandement des journées comme celle-ci.

On approche de l'entrée du détroit… Gibraltar est en avant. La nuit dernière, j'ai traversé le rail de cargos. Pas beaucoup de vent, je me suis encore fait quelques cheveux blancs. J'avais lancé un avertissement à la VHF à tous les bateaux naviguant dans cette zone, expliquant qu'un petit voilier de 21 pieds allait couper leur route. Je leur demandais d'ouvrir l'œil car je ne serais peut-être pas manœuvrant... Quelqu'un m'a répondu en m'envoyant promener ! Je n'avais pas d'affaire là sans moteur...

On s'est décalés un peu vers l'est, Benoît et moi, pour essayer d'attraper les alizés de nord-est qui nous feraient débouler vers les Canaries à une vitesse assez hallucinante. Une autre option qui rallonge notre route, mais il faut bien tenter quelque chose pour rattraper les milles perdus. Il en reste 518 jusqu'aux Canaries.

Tout va bien pour moi. Enfin presque. J'ai des petites hallucinations, j'entends tout le temps, tout le temps, des voix de ma famille, comme des murmures. Mes parents, mes sœurs, tout le monde. J'entends comme s'ils étaient avec moi sur le bateau, le jour, la nuit. C'est assez « rushant ». Je ne sais pas pourquoi, parce que pourtant j'arrive à dormir. Bon, je ne dors pas comme un roi, mais j'ai l'impression de faire mes heures. Pas que ça m'inquiète, là... mais j'aimerais ça que ça s'arrête.
À part ça, je me sens en pleine possession de mes moyens, je n'ai pas l'impression d'être en danger à cause d'une grande fatigue.
La mini continue. J'ai hâte d'arriver aux Canaries, prendre un petit *break*, réparer... Après, la longue étape va commencer.

Au niveau de ce que je ressens... je m'en parlais justement tout à l'heure... Eh bien, de la fierté ! Même si là, en course, je ne suis pas dans la meilleure position possible pour le bateau, compte tenu de son potentiel, j'ai quand même fait un sacré bout de chemin. J'ai construit *Dingo*, avec de l'aide bien sûr, je l'ai mis à l'eau, testé, j'ai fait mes qualifs, etc. Maintenant je suis en cours de première étape, là, en septembre 2001. Peu importe ce qui adviendra au niveau du classement, il faut que je réalise que j'ai une chance inouïe. Il y a un début à tout. Je suis là pour apprendre, puis pour apprendre, j'apprends ! Tout va bien jusqu'ici. Je veux arriver aux Canaries, puis au Brésil, avec un bateau en un seul morceau.

(Plus tard dans la journée…)
Comme petit casse-croûte : biscottes et fromage, avec petite salade de thon. Je l'ai décalé un peu parce que j'ai pris mon petit-déjeuner tard. En fait, je me trouve à dîner. Idéalement, j'essaie de tout garder dans l'ordre pour ne pas tout débalancer. Mais ce n'est pas toujours évident. Comme on dort quand on peut, comme ce matin, par exemple, où j'ai dormi quelques tranches de 15 à 20 minutes l'une après l'autre, ça peut mener assez tard pour le déjeuner. L'important c'est de manger.

Il reste 452 milles pour les Canaries. On n'a toujours pas touché le vent de nord-est annoncé. J'ai eu la météo et le classement sur RFI tout à l'heure. Ils ne donnent pas la position de tous les coureurs. Je dois être dix-huitième ou dix-neuvième, ce qui est horrible, mais bon, on ira à fond pour la deuxième étape. L'important c'est d'arriver. Ce sera déjà une grande chose de faite. Des fois je pense à tous ceux qui ont été obligés de retourner en France pour réparer, puis qui ont du repartir vers les Canaries pour prendre le départ de la 2e étape. C'est dur, repartir. En plus, il y a du mauvais temps, maintenant, dans le golfe de Gascogne. Ils se font secouer. C'est dangereux.

Pour moi, c'est toujours aussi difficile. Je ne suis pas un solitaire dans l'âme. Je ne pense pas. J'aime bien être avec les autres, discuter. La course en solitaire est un sport froid, pas de contact. Il y a d'autres courses, à d'autres niveaux, où chaque jour tu as des communications avec la famille, des spécialistes ou les préparateurs à terre. Ici, on peut passer quelques jours sans parler à personne. C'est pas facile.
Il y a une chose qu'il ne faut pas que j'oublie. Carl m'a bien répété tout au long des deux dernières semaines avant le départ et il me l'a même écrit dans le bateau : « N'oublie surtout pas, tu fais la Mini-Transat ! » Il faut se motiver en voyant le bon côté des choses, sinon tout se noircit, on n'apprécie même plus les beaux moments.

Jour 12
Mes amis sont venus me saluer ce matin. Je vois vraiment plein de dauphins depuis mon départ de France. J'en vois presque chaque jour. Ça fait du bien aujourd'hui, justement, parce qu'ils

274

sont venus dans un petit moment où il n'y a pas beaucoup de vent. Pas de perte de patience, mais t'as hâte que ça avance, pis ça change les idées de les voir venir jouer avec toi. Ça fait toujours retrouver le sourire. À chaque fois, c'est pareil. Tu es aussi content. C'est comme si tu en n'avais jamais vus.

On est rendu le 2, non le 3 octobre, je suis à 360 milles de l'arrivée, de Puerto Calero, Lanzarote. Ça n'avance pas vite du tout. On va espérer que le vent reprenne un petit peu, sinon on n'aura pas d'escale. À peine le temps de dormir une journée et il faudra repartir pour la deuxième étape. Ce serait dommage un peu.

Jour 13

Bonjour. Nous sommes mercredi le 4 octobre. Toujours pas arrivé. Je suis présentement à 180 milles des Canaries. Ça avance relativement bien au portant, si ce n'est que j'ai levé le pied un peu. J'ai pris deux ris dans ma grand-voile et changé le grand spi pour le moyen parce que je me suis foutu la trouille hier soir, à la tombée du jour. J'attendais les alizés, il y avait pétole, pétole, puis en plus quand tu sais que t'es mal positionné, tu te dis bon, Damien, t'es en course quand même, il est où le juste milieu ? Il faut pousser, sinon tu vas te ramasser en queue de peloton.

Alors quand le vent a commencé à rentrer, j'étais sous grand spi et grand-voile haute. Puis là ça accélérait, accélérait. Je me disais : il faut réduire la grand-voile. Bon, mais tu es à la barre et le pilote, tu lui fais confiance plus ou moins parce qu'il peut faire partir au lof ou à l'abattée super vite. Donc j'ai pas lâché la barre, j'ai continué jusqu'à ce qu'il y ait une rafale un peu plus grosse que les autres qui prenne le bateau et fasse déraper l'arrière.

Je me suis donc retrouvé avec trop de surface de grand-voile, impossible de ramener le bateau couché sur le côté, avec le spi de 80 mètres carrés qui battait pour tout arracher. Là, normalement, tu laisses partir l'amure, le spi va se cacher derrière la grand-voile et tu le récupères sur le côté. Sauf que l'amure est resté coincée ! Incapable de récupérer le spi, ça tirait trop, ça claquait dans tous les sens. J'ai dû laisser filer la drisse, mais je n'ai pas réussi à ramener le spi vers moi assez vite et il est parti à l'eau. C'est ce qu'on appelle chaluter. Le spi se remplit d'eau et freine le bateau jusqu'à ce qu'il l'arrête.

Dingo s'est mis de côté. Moi j'ai pris le couteau sous la barre et j'ai dit, c'est la drisse ou le mât. C'était clair que si ça continuait comme ça, je démâtais. Alors j'ai coupé la drisse et, tranquillement, le bateau s'est redressé.

J'ai ramené le spi à bord. Le gros bordel. Rempli d'eau. Presque pas « tirable ». Il est allé se coincer entre la coque et le bord d'attaque d'un safran. Il a fallu que j'affale la grand-voile pour diminuer la vitesse du bateau.

J'ai failli couper le spi en morceaux. J'ai dit, bon, putain, ça n'a pas de sens, j'ai besoin de cette voile-là pour la deuxième étape. J'ai pris ma patience à deux mains et j'ai finalement décoincé mon spi. Une fois que ça a été fait, je n'avais plus de drisse pour les voiles d'avant. J'ai été obligé de grimper en haut du mât, fatigué, pour en repasser une nouvelle… Après j'ai envoyé le gennaker, pris deux ris dans la grand-voile.

J'ai navigué toute la nuit comme ça. Relax, sous gennak et grand-voile. Hyper stable. Je me suis fait à manger et après j'ai dormi, une grosse partie de la nuit. J'étais complètement exténué.

Aujourd'hui, j'ai passé une bonne partie de la journée avec mon spi moyen en me disant : Damien, c'est beau de mettre toute la gomme, mais ça arrive tellement vite, la moindre petite connerie qui t'échappe, ça y est, tu viens de démâter et la course est finie. Ceux qui se sont fait prendre au début de la course, qui ont été obligés de retourner en France ou de faire un arrêt en Espagne, pour eux l'étape est finie au niveau du classement, et même au niveau cumulatif, ils sont presque sûrs de ne pas être dans les premiers. Sans compter les emmerdes, et puis il faut avoir le budget pour se racheter un autre mât.

J'ai été assez ébranlé sur le coup. La grosse merde. Tu te dis, ça y est… on est passé à deux cheveux de tout foutre en l'air. Tout ça pour pousser plus fort. C'est ça que je trouve pas facile : tu es en course, donc, normalement, tu es là pour donner tout ce que tu as. Sauf que tu navigues à la limite et le moindre petit truc qui ne va pas, comme un nœud dans la drisse ou l'écoute qui se coince quelque part et empêche le cordage de filer… ça y est, c'est fini. Ça passe ou ça casse. Donc, les premiers, ils doivent jouer comme ça, à fond, à fond. Bon, il y a plein d'autres facteurs qui entrent en ligne de compte. C'est de savoir gérer tout ça qui n'est pas facile. En plus, tu te remets en question. Si tu n'es pas capable d'accepter d'être à la limite, de passer souvent à côté des moments de casse comme ça... es-tu fait pour la course au large ? Parce que si tu avantages toujours la prudence, la sécurité, si tu penses toujours au matériel, est-ce que tu vas réussir un jour à faire des résultats ? C'est pas évident. Je dois vous avouer que je suis un peu dans ce *beat*-là. Je me suis posé toutes ces questions depuis les dernières heures.

On va voir. En plus, mon mauvais classement ne m'aide pas. Je dois être environ dix-septième. Peut-être même plus, maintenant, parce que j'ai relâché et que d'autres, pendant ce temps-là, au contraire, ont dû pousser comme des malades pour se faire quelques positions avant l'arrivée. Mais moi, bon, je veux y aller en privilégiant la sécurité. Je veux finir ma première étape avec tous mes morceaux. On verra pour la deuxième, comment je vais gérer le truc.

À part ça, aujourd'hui, j'ai beaucoup barré parce que le pilote consomme pas mal d'énergie. Je pense que j'ai un petit problème de batteries. Elles ne gardent pas bien leur charge. Il faut que je fasse gaffe. J'essaierai de regarder ça aux Canaries.

Mais justement, en parlant des Canaries, les dix jours d'escale vont être réduits à cinq pour moi. Peut-être même quatre. Je vais arriver fatigué, avec plein de boulot à faire, pas vraiment le temps de me reposer. Au moins, il y a un bon côté. On ne restera pas à terre trop longtemps, comme ça, ça va être moins dur de repartir. Il n'y aura pas cette phase très difficile, comme au départ de La Rochelle. Les deux, trois premiers jours c'était l'enfer.

Tout à l'heure, j'ai aperçu le 231 sur mon arrière, le proto de François Lucas. Sa trajectoire allait couper la mienne. Par chance, j'étais à la barre. À la dernière minute, j'ai vu que ça ne passait pas. Donc j'ai lofé un peu pour l'éviter. J'ai essayé de l'appeler à la VHF, de vive-voix, tout ça, mais il n'y avait pas de réponse. Il devait être en train de dormir. Enfin j'espère. J'ai pris des images. Ça faisait spécial de croiser quelqu'un. On a beau dire que l'océan est grand, on se retrouve vite.

J'ai vu Jean Rheault aussi, hier. On s'est rencontrés. C'est drôle, on a parlé un bout de temps à la VHF. Ça faisait du bien. Les deux Québécois qui se retrouvent au milieu de l'Atlantique. Méchante coïncidence. Lui aussi a trouvé ça dur, le gros temps, tout ça.

Justement, je crois qu'il n'était pas loin quand j'ai fait mon vrac. En tout, ça m'a pris deux heures pour relancer le bateau. Jean devrait arriver à Lanzarote avant moi, à moins d'avoir un pépin, lui aussi.

Jour 14

Pétole, pétole et putain de pétole de merde ! Voici, on est le 5, il est 3 heures de l'après-midi. Je suis encore à 90 milles de Puerto Calero de Lanzarote. Puis... une *estie* de mer d'huile ! Je suis en train de « péter ma coche », là, c'est grave. J'ai allumé ma caméra, pour au moins parler à quelqu'un...

Il faut que je prenne de grandes respirations parce que ça ne va pas pantoute, là. Il n'y a pas un *esti* de souffle de vent. Ça avance pas. Il y en a plein qui sont déjà arrivés aux Canaries. J'ai écouté RFI tout à l'heure, il y en a facilement une quinzaine. Plus les bateaux de série. Ça fait que je suis vraiment, vraiment à la rue. Je ne sais pas trop quoi faire. Je n'ai pas le choix d'attendre. En plus, ils annoncent variable, 2 à 4, jusqu'à dimanche. Si au moins il y avait 2 à 4. Mais là, il n'y a pas un *criss* de pet. J'ai le motton dans la gorge. J'ai hâte d'arriver. Il va me rester trois jours pour réparer tout ce qui a été brisé, pour me reposer et faire les courses de bouffe... Ça va encore être le stress, mais bon, c'est la vie, hein ? Je sais pas ce que ça va avoir l'air dans le Pot au Noir... mais au moins, quand tu es un peu mieux positionné, tu prends ton mal en patience, parce que tu sais que les autres ont ça aussi. Mais quand tu sais qu'il y a facilement la moitié de la flotte déjà arrivée à l'escale, puis que tu es là comme un con à te faire chier à 90 milles... Pas facile, pas facile...

Avec tous ceux qui suivent ça au Québec... Damien en vingtième position, qui avance à zéro nœud... tout un exploit, tout un exploit...

Les voiles « flacottent » dans tous les sens. Je ne les affale pas parce que le vent peut se relever d'une minute à l'autre. Dans des moments comme ceux-là, tu te dis : « Qu'est-ce que je fais ici ! Est-ce que je suis le seul con à être pris dans de la pétole comme ça ? » Il faut garder son calme, parce que c'est trop facile, comme on dit, de sauter un plomb... J'ai le goût de frapper partout... Tout à l'heure, la bôme me faisait chier, elle n'arrêtait pas de battre dans tous les sens... je lui ai foutu un coup de poing...

Je dois me répéter que ce n'est pas la fin du monde, c'est juste une course... L'important, c'est que je sois là, en santé. Je devrais, supposément, avoir du *fun* en plus... mais dans des moments comme ça, ce n'est pas le cas pantoute... pas le cas du tout.

Prendre des grandes respirations... me dire ce n'est pas grave... C'est vrai que ce n'est pas grave... mais *criss*... je suis en course ! Je suis en course, puis je suis nul... qu'est-ce que tu veux faire d'autre dans ce temps-là que de déprimer...

Faut que je reste fort... que j'arrive au bout, même si c'est fini pour moi au niveau du classement. Si j'avais terminé vingtième, mais avec, je ne sais pas moi, six heures... douze heures de différence avec les dix premiers, j'aurais toujours pu me rattraper, mais là si je finis avec deux jours de différence, faut que je prenne deux jours d'avance pour réussir à être à leur niveau... Imagine... Deux jours d'avance...

Voilà, voilà... ce n'est pas évident la course au large... Passez votre mini d'abord ! Ils ne disent pas ça pour rien...

Depuis ce matin, je n'ai pas arrêté de bricoler. Je suis monté en haut du mât pour repasser ma drisse de tête, comme ça je pouvais envoyer le grand spi. En le hissant, j'ai aperçu une premier trou dans la voile... Il a fallu que je l'affale... la répare... la hisse à nouveau... Merde, un autre trou... Deux déchirures au total ! Comme c'est parti là, je n'aurai pas le temps de faire réparer quoi que ce soit à l'escale. Ça va être : on arrive, salut tout le monde ! et on repart... Chouette !

Mais bon, il faut garder la force... Je vais essayer de ne pas faire une syncope comme Jeanne Grégoire durant le Mini Pavois, même si ça fait deux fois aujourd'hui que je gueule comme un malade : « j'veux du vent, *esti* ! ! » Pas de réponse, pas de réponse *pantoute*...

Pour l'instant, Éole, je ne sais pas ce qu'il fait, mais je pense qu'il est parti se coucher.

Il me reste à attendre que le vent revienne, en espérant que je n'arrive pas le dernier des derniers parce que je pense que je ne m'en remettrais jamais...

O.K., je manque d'expérience au niveau météo. Il doit y avoir des bateaux qui ont pris une bonne avance grâce à des choix différents, puis leur avance s'est creusée avec une succession de bons changements de vents, en force et en direction... alors que pour nous la porte s'est refermée...

Voilà, je me retrouve ici, à 90 milles des Canaries, zéro vent, c'est pas compliqué, zéro... Gardons la tête froide... Il m'en faudrait juste un peu pour me rendre. C'est tout.

Et flac et flac et flac, ça fait mal au cœur pour les voiles. Qu'est-ce que je fais ici ! Alors nous avons le numéro 305, complètement à la rue... le dernier de la flotte. On comprend pas... avec son super proto tout neuf. Ah qu'il est beau ! Vous avez le plus beau proto de la flotte ! Ah oui... peut-être le plus beau, mais le plus lent, mesdames et messieurs, le plus lent ! Tout bien fini, avec beaucoup de carbone : barres de flèche, bôme, voile de quille, bout-dehors, dérives... tout le tralala qui normalement devrait permettre d'avoir un bateau carrément rapide... Eh non ! le skipper a peaufiné son bateau, mais il a oublié de se perfectionner en stratégies de navigation.

Je suis présentement couché en avant, la tête accotée sur un spi. Vaut mieux parler à la caméra, parce que... pour l'instant il n'y a rien à faire. J'ai envie de dire tout ce qui me passe dans la tête depuis le départ de la Mini-Transat. Si j'étais dans les premiers, ça irait mieux, mais ce n'est pas le cas. C'est horrible comme sentiment, d'être complètement à l'arrière. Il fallait que ça m'arrive une fois, hein ? On va espérer que ça ne se reproduise pas trop souvent. Le plus difficile, c'est de ne pas tout comprendre ce qui s'est passé. Bon, j'ai fait des petites conneries, des erreurs, j'ai eu des bris... ça m'a ralenti, mais pas infiniment, pas radicalement, disons, comparé à d'autres. Au niveau des réglages, je les ai travaillés… ça me semble bien. Ce sont les mêmes que pour les courses d'avant-saison où je terminais relativement bien. Est-ce que j'étais plus motivé ? Je dormais moins, j'étais toujours à fond à la barre… Mais pourtant, dans certaines conditions, ce n'est pas l'idéal, vaut mieux laisser barrer le pilote et se concentrer sur la manoeuvre.

Maintenant je me sens beaucoup mieux parce que je gère bien mon sommeil et que j'ai trouvé mon rythme. À ce niveau-là, tout va bien. Je peux aussi me compter chanceux d'avoir un système électrique fiable : aucune panne jusqu'à présent.

Bon, je pense que je vais aller écouter un peu de musique. Ça va me faire du bien. Comme ça, je peux déconnecter au moins. Je vais arrêter de tourner en rond en attendant le retour du vent. Je vais faire le vide, et dès qu'une petite brise se lève, j'attaque…

(Distance au but : 90 milles. Position officielle : 19ᵉ sur 32)

Arrivée aux Canaries (Évangéline)

28 septembre 2001. Eh oui, j'attends Damien ! Mais au moins je ne suis pas toute seule. Ici, tout le monde attend quelqu'un. Le PC course à Puerto Calero est devenu le lieu de rendez-vous des familles, femmes, copines, copains des coureurs. Il n'y a rien de pire que l'attente, surtout quand on a très peu de nouvelles des positions des bateaux, de la météo, etc.

On se retrouve alors à l'ombre des palmiers, les chaises forment un grand cercle autour d'une table où est étalée une carte de navigation. On peut ainsi positionner les concurrents avec les informations reçues deux fois par jour grâce aux balises spéciales installées sur les minis. Parfois l'une d'elles tombe en panne. Commence alors une période d'incertitude pour ceux qui attendent ce coureur et ne sauront plus où il est situé jusqu'à ce qu'il arrive au ponton. Ça veut dire qu'il faut rester au yacht club presque nuit et jour pour être sûr de ne pas rater son arrivée ! Parce que tous savent que la plus grande joie pour ceux qui viennent de passer des jours et des jours seuls en mer, c'est de voir les personnes qu'ils aiment, d'amour ou d'amitié, sur le bout du quai quand ils franchissent la ligne.

À l'ombre de ces palmiers, il y a des parents confiants qui connaissent la mer, le monde de la voile et de la régate. Ceux-là attendent souvent avec un sourire au coin des lèvres. Et puis il y a les parents que la passion de leur progéniture a toujours confondus, ils acceptent mais ne comprennent pas. Tout au long de l'épreuve, ils garderont la peur au ventre, effrayés par l'inconnu. Aujourd'hui on vient d'annoncer à des parents âgés que le bateau de leur fils est entré en collision avec un autre bateau, probablement un pêcheur. Il y a des dommages et une voie d'eau. Leur fils a donc dû se détourner et faire escale à la Corogne, un port de la côte espagnole. Ouf ! Un moment, les parents ont cru que la course s'arrêterait là pour lui. Mais non ! Peu après il est reparti vers les Canaries, malgré son retard et le mauvais temps qui arrivait ! Depuis ce deuxième départ, les parents angoissent et attendent les positions de ce fils qui n'a pas de bol.

Aujourd'hui, comble de malheur, sa balise de positionnement ne fonctionne plus et la météo annonce un fort coup de vent sur le cap Finistère. Sa mère en pleure d'inquiétude. Je tente de la rassurer de mon mieux, en lui disant qu'au moins son fils n'est plus dans le golfe de Gascogne, là où la dépression serait beaucoup plus violente.

Ce coup de vent prévu au large de l'Espagne nous tient en alerte. Et puis, c'est la catastrophe. Depuis peu, on reçoit des infos bizarres sur le déplacement du bateau de l'Italien Roberto Varinelli. L'organisation déclenche une procédure de surveillance. Le mini de Roberto est survolé par un hélicoptère qui aperçoit un bateau dont les voiles faseyent, mais personne sur le pont. On tente de joindre le skipper par VHF, pas de réponse… Cette nouvelle tombe sur le PC course comme une bombe. À moins d'un miracle, on sait tous ce que cela veut dire. L'*Iris*, le bateau des Affaires maritimes est envoyé en urgence sur les lieux et constate ce que tous n'osaient dire tout haut : Roberto est tombé à l'eau. Pire, on a retrouvé son ciré attaché à sa ligne de vie, les manches retroussées… Cela veut dire que même attaché, il est tombé à l'eau et est sorti de son harnais. C'est grave, très grave.

Denis Hugues, le directeur de course, décide de ne pas en parler aux coureurs à travers l'émission de radio quotidienne de RFI. Il ne sait pas comment chacun va gérer la nouvelle. Il veut éviter des crises de panique ou des abandons. Il préfère les mettre au courant une fois les minis bien amarrés au ponton et les skippers en état de l'apprendre.

Pour ceux qui attendent, c'est un gros coup. En plus de la peine que cette nouvelle cause à tous, elle réveille ou avive la peur qui sommeille en chacun de nous, celle que son fils, son frère, son copain tombe lui aussi à l'eau. C'est si vite arrivé.

Avant, on disait attache-toi ! Maintenant on sait qu'il ne faut pas simplement s'attacher, il faut aussi être assez vif, fort et agile pour remonter sur son bateau. Plus facile à dire qu'à faire...

Cela fait maintenant une semaine que je suis ici. Je n'ai la tête ni à me balader sur l'île ni à aller à la plage. C'est un peu dommage quand on sait que Lanzarote est une île vraiment particulière avec ses paysages désertiques, noirs de lave, ses grandes plages, etc. Mais non, je regarde partir les amis en visite dans les musées et je reste à l'ombre au club à attendre. C'est comme si je me sentais coupable d'être « en vacances » alors que je sais que le moral de Damien n'est probablement pas au top. Il est pris dans une zone sans vent et la météo annonce peu de changement pour les prochains jours. En ne foutant rien de mes journées, j'ai l'impression de compatir un peu plus à sa cause. Il faut dire que je suis surtout assez anxieuse. J'ai vu Damien revenir de ses premières courses en solitaire dans un état qui m'a fait très peur. Et ce n'était que des courses de deux à cinq jours, pas plus ! Cette fois, après quatorze jours, les choses risquent d'être pires et je ne sais même pas si je veux me trouver là !

Je connais Damien depuis longtemps, je connais son goût du perfectionnement, son désir de compétition et de voir chaque jour le nom de son mini en vingtième ou dix-neuvième position me chavire le cœur. Je l'imagine le moral au fond de la cale et ça me fait mal. En fait c'est toujours plus dur de ne pas savoir, car on imagine le pire ! Sans compter les commentaires des autres. « Alors, qu'est-ce qui se passe avec ton frère, il a cassé quelque chose ? » « Eh bien, le Caribou, ça ne va pas bien pour lui ? T'as des nouvelles ? » Comme cela à longueur de journée !

Ce matin, beau ciel bleu, pas beaucoup de vent. Depuis deux jours les minis arrivent. Je ne peux pas vraiment partager à fond la joie de ceux qui les accueillent. Je pourrai seulement en profiter lorsque mon frère sera là. Et voilà que ce moment que j'attends depuis une semaine se concrétise enfin. Au PC course, ils me disent que sa dernière position le place à une dizaine de milles de Puerto Calero. Par contre, il ne vente vraiment pas beaucoup et ça pourrait être encore long !

Vers 5:00 de l'après-midi, Agnès et moi prenons la voiture pour longer la côte dans l'espoir d'apercevoir une petite coque bleue et un spi au loin. Une quinzaine de kilomètres plus loin, en scrutant l'horizon, j'ai le cœur qui arrête de battre durant deux ou trois secondes. Ça y est ! Il est là, pas plus gros qu'un point, mais si réel !

Je respire enfin. Comme si, en le voyant, je pouvais maintenant balayer toutes mes peurs. Et puis je me mets dans la peau de Damien qui doit être fou de joie, sûrement pas de son classement, mais d'arriver, point final. J'ai du mal à rester calme, j'ai envie de crier très fort pour qu'il m'entende, même si je sais que le petit point bleu pâle de son spi est à plus de 15 kilomètres de moi. Nous rentrons au port de Puerto Calero et je suis tellement énervée que je marche de long en large sans arrêt, incapable de rester assise plus de dix secondes. Les amis qui ont attendu avec moi durant cette longue semaine me regardent avec amusement. Ils doivent se dire que, décidément, ces Québécois, ils sont dingos !

Après deux heures à tourner en rond comme une lionne en cage – il faut dire que la patience n'a jamais été une de mes grandes forces – on me permet enfin d'aller à la rencontre de Damien. C'est vrai que *Dingo* est encore un peu loin de la ligne, environ deux milles, mais le Zodiac est libre et aucun autre mini n'est en vue. Je demande donc gentiment si on ne pourrait pas partir tout de suite rejoindre Damien. Après quelques délibérations et devant mon air de chien battu, on finit par accepter.

Armée de ma caméra vidéo, que je vérifie vingt fois pour être bien certaine qu'elle fonctionne, que la batterie est chargée, qu'il y a une cassette vierge à l'intérieur, nous partons vers le large.

Dingo est si petit sur l'immensité de l'horizon, si fragile et si combattant à la fois. Après tous ces coups de vent, ces jours de pétole, tous ces milles qu'il a fendus de son étrave, enfin, l'écurie approche et ça sent bon ! Malheureusement, le dernier mille est long à parcourir. À une centaine de mètres de *Dingo*, je siffle car Damien n'est pas sur le pont. Pas de réponse, personne ne sort, je re-siffle, toujours rien. Durant deux secondes, j'imagine le pire : Damien est tombé à l'eau, le bateau a continué sa route…

Je crie très fort et là, enfin, on aperçoit la tête de Damien, qui sort de sa cabine. C'est un moment très dur pour moi car je dois le filmer, mais en même temps j'ai envie de tout, sauf ça. J'ai envie de lui poser plein de questions, de rire, de crier, de pleurer un peu aussi, question de laisser sortir l'angoisse et l'inquiétude.

285

Je lui apprends sa position. Même s'il était à peu près au courant, il est déçu, ça se voit comme le nez au milieu du visage. Par contre, il est surpris que son ami Benoît Lequin ne soit pas arrivé avant lui, il était sûr du contraire.

Il raconte son énorme vrac de spi qui l'a presque fait démâter avant-hier et la pétole où il a pété un plomb. Sur son visage se bousculent les émotions, la gravité et le désespoir de sa position, puis le bonheur et l'excitation pure et simple d'arriver à destination. Quand je le vois ainsi, déçu de sa dix-neuvième position, j'ai juste envie de lui dire sa chance d'être arrivé tout court, de lui dire pour Roberto. Mais je veux lui laisser le plus longtemps possible sa joie d'avoir terminé cette première étape.

L'arrivée aux pontons de la Marina est émouvante ; les applaudissements des copains, les accolades et enfin Damien descend de son bateau. Les pieds sur la terre ferme, ça fait du bien. Trente minutes plus tard, Damien est au téléphone avec Dominique et Carl. Je l'entends leur raconter toutes ses péripéties, je les imagine déçus de ne pouvoir être ici, mais tellement contents de parler enfin à leur fils.

Le soir venu, une bonne grosse pizza italienne avec les autres copains coureurs, suivie d'une bonne nuit de sommeil, enfin, dans un vrai lit qui ne bouge pas, avec de vrais draps, un vrai oreiller, et surtout, pas d'alarme qui réveille en sursaut toutes les quinze minutes !

Le départ de la seconde étape a été reporté de deux jours, ce qui est une bonne nouvelle pour Damien.

Mais pas de chance, la veille du départ, alors qu'il faut encore faire toutes les courses de bouffe et le plein de 130 litres d'eau potable, Damien est malade toute la nuit : empoisonnement alimentaire. Il n'est pas le seul, deux ou trois autres coureurs passent aussi la nuit à vomir. Il devait y avoir quelque chose de mauvais dans les petits fours de la soirée précédente. C'est un Damien pas très en forme et plutôt blême qui m'accompagne en ville pour l'approvisionnement.

Hier, les coureurs ont eu un briefing spécial. Denis Hugues a fait quelque chose de très intelligent, il a demandé à Corentin Douguet, Yannick Cano et Grégoire Comby de venir partager leurs expériences avec tous les autres concurrents. Tous trois sont tombés à l'eau durant la première étape, deux étaient attachés, l'autre pas.

Yannick, lui, n'était pas attaché. Il dormait à l'intérieur de son bateau quand soudainement, à travers son sommeil, quelque chose, un bruit, un mouvement du bateau, l'a réveillé. Encore endormi, il sort dans le cockpit et la bôme le frappe au niveau de la tête. En quelques secondes, il se retrouve à l'eau, sous le vent du bateau. Le poids de l'eau l'écrase, l'étouffe, il réussit à remonter sur le pont pour constater avec stupéfaction que son harnais n'était pas attaché à la filière mais simplement coincé. Un miracle, dit Yannick. Il a pensé à sa femme, à son petit garçon. Mais ce qui l'a angoissé le plus, une fois sain et sauf sur le pont, c'est de penser aux autres, ses copains coureurs, victimes potentielles comme lui d'un sursaut de leur bateau, d'un coup sur la tête dont on ne se réveille qu'une fois largué à plusieurs centaines de mètres de sa coquille de noix.

Corentin a également connu la frayeur de sa vie. Projeté à l'eau à la suite d'une embardée de son mini, ses bras l'ont sauvé, mais de justesse. Parce que même s'il était attaché, il fallait quand même qu'il se hisse sur le pont. Tombé au vent de son bateau gîté, il avait toute la hauteur de la coque devant lui. Avec la pression de l'eau qui le tirait vers l'arrière, il a dû s'y reprendre à trois fois pour se sortir de ce cauchemar. Il était conscient après la deuxième tentative que si la dernière n'était pas la bonne, c'était fini…

C'était essentiel que ces histoires soient partagées avec les autres coureurs. Sans vouloir rendre tout le monde paranoïaque avec ce sujet, c'était comme une autre mise en garde. Il y en a beaucoup qui ne s'attachent pas et je crois que ça en a fait réfléchir quelques-uns. Damien m'a promis qu'il porterait son harnais en permanence.

Le matin du départ, je plonge nettoyer la coque de *Dingo* sur laquelle s'est collée en quelques jours une petite mousse verte. Damien n'est toujours pas en grande forme, mais il se sent mieux que la veille. Le temps est superbe et la brise du sud laissera les coureurs débuter cette deuxième étape en douceur.

Le coup d'envoi est donné. J'aperçois une dernière fois *Dingo* qui s'éloigne vers le large.

Damien ✍

Journal de mer, 2ᵉ étape : Puerto Calero – Bahia

Jour 2

Hier, le 11 octobre, a eu lieu à 12:03 le départ de la deuxième étape. Belle journée, départ tranquille. On a d'ailleurs coupé la ligne une minute en retard et même un peu plus à la mémoire de Roberto Varinelli, disparu en mer au large du Portugal durant la première étape.

Je suis parti complètement à l'arrière, mais bon, de toute façon, ce n'était pas le moment de risquer un accrochage. La route va être longue. *Dingo* marchait bien, comparé à la première étape où je trouvais qu'il manquait de puissance au près. Là, il avançait vachement bien. J'ai remonté les bateaux un à un jusqu'aux dix premiers. Il y a même eu un moment où j'étais devant Corentin, septième, ce qui est une bonne référence.

La Rochelle : ponton réservé aux 60 minis inscrits à la Transat 6.50 Charente-Maritime – Bahia. À 11:00, le 22 septembre 2001, Damien hisse les voiles et se dirige vers la ligne de départ...

Après un départ intense et plusieurs jours de baston,
le pire cauchemar pour un coureur : les calmes...

Quatorze jours plus tard,
Lanzarote est en vue.

Joie d'arriver aux Canaries,
même si l'escale
sera de courte durée.

Après une minute de
silence à la mémoire de
Roberto Varinelli, disparu
en mer durant la première
étape, les minis mettent le
cap sur le Brésil.

Nous avions deux options au départ. Une partie de la flotte a choisi de contourner Fuerteventura par l'est et l'autre par l'ouest. Moi, j'étais dans le groupe à l'ouest. Aujourd'hui, on a appris par RFI que nous avions pris un léger avantage. Donc tout va bien à ce niveau-là. Par contre, pendant la nuit, j'ai perdu quelques positions. Le vent est tombé. Les bateaux plus légers sont passés devant.

JC et Benoît sont juste à côté, ça ne doit pas être si pire que cela. Nous sommes probablement dans les dix ou quinze premiers. De toute façon, il n'y a rien de joué. Pour l'instant, je veux trouver un rythme à long terme, être régulier.
Il fait beau. J'ai un vent d'est et ils annoncent nord-est 4 à 5, localement 6 le long de la côte. De belles heures en perspective à la barre, au portant, avec de longues glissades.

Le point de passage des îles du Cap-Vert est à plus de 800 milles. Ça va à bord, même si j'appréhende un peu la longueur de cette deuxième étape. À moins de vents constants et soutenus qui nous mèneraient en une vingtaine de jours, je pense plutôt qu'on va faire ça en 25 ou 30 jours. Ça risque d'être dur, niveau solitude, au bout d'un certain temps. Mais bon, je vais voir. Là on est seulement au début du deuxième jour.

Jour 3

Salut ! c'est toujours super Damien. Le nord-est est rentré, assez bien établi, 20 à 25 nœuds. Ça avance bien, entre 7 et 12 nœuds dans les surfs. Là, je suis sous petit spi et grand-voile à deux ris. Je ne pousse pas au maximum, je veux bien gérer la monture.

Bonne nouvelle, j'ai appris ma position : onzième. Il y a plusieurs bateaux qui me suivent de très près. Pour l'instant, c'est encourageant. Ça brasse bien, mais ça avance vite. Je suis à 600 et quelques milles du Cap-Vert. Je m'apprête à faire ma vacation radio et à me préparer à bouffer.

Jour 4

Ça va bien. Ça souffle toujours 20, 25 du nord-est, comme ils annonçaient. J'ai levé le pied, je suis sous gennak. J'ai manœuvré hier, cette nuit et aujourd'hui, comme j'avais rarement manœuvré : affaler le spi, envoyer le gennak, l'enrouler ensuite parce que le vent a baissé et renvoyer le spi, etc. C'est comme ça depuis 24 heures. Chapeau pour ceux qui sont en tête ! Parce que entre dormir, se faire à bouffer, faire en sorte que rien ne brise, ça demande une grande vigilance et une grande forme.

Je commence tranquillement à m'amariner, à trouver un certain rythme, mais encore là c'est dur. Il y a plein de questions qui tournent dans ma tête, mais bon ! Il faut absolument que prenne mon pied, sinon... je vais trouver le temps long.

Je suis à 500 milles des îles du Cap-Vert. Je vais essayer de gérer un petit mieux mon sommeil durant les jours à venir. Cette nuit, j'ai brisé un écarteur ; il y a eu un grain, le vent a viré de bord d'un seul coup, le spi s'est pris en dessous de l'étrave, le bordel, quoi ! Disons que ça n'a pas été trop trop rigolo. Donc là, plus d'écarteur à tribord. Je suis assez handicapé. Pour ne rien arranger, j'étais parti avec une écoute en moins. Tout ça fait que je suis obligé de changer l'autre de bord à chaque virement. Je perds ainsi de précieuses minutes qui vont finir par se transformer en heures au bout de l'étape. Mais, bon, c'est la vie, hein ? Je changerai le système d'écarteurs parce que celui-là est une vraie merde.

Il faut que j'ouvre l'œil, aussi. Même si on n'est pas dans des rails de cargos, il y a pas mal de trafic.

Jour 5, 15 octobre

Position : 20° 29' 365" N, 20° 58' 055" O

Bonjour, il est 18 h TU et je fais cap au 240, 250, donc un tout petit peu plus à l'ouest pour avoir un peu plus de vitesse. Je suis toujours sous voilure assez réduite : grand-voile deux ris et gennak, donc sûrement plus prudent que beaucoup de concurrents. La route est longue. Je me le répète tout le temps : « putain, avec la voilure que t'as, tu vas te faire déposer grave, "grave de chez grave" », mais je pense que c'est la bonne option. Il faut que je me batte contre moi-même pour ne pas balancer le spi ou larguer un ris, parce que ça casse trop vite. C'est incroyable, la surface de voilure des 6,50 mètres. Si on ne lève pas le pied, les bateaux souffrent, souffrent et à un moment donné, crac !

Je ne connais pas mon classement avec exactitude. Je sais que je ne suis pas dans les dix premiers, parce qu'ils les ont nommés sur RFI. Ensuite, j'ai parlé au *Top 50,* qui m'a dit que je devais être entre les dix et quinze premiers. Tant mieux. Si je suis toujours là avec mon option « à long terme », c'est bon signe.

Le point de passage aux îles du Cap-Vert est à 312 milles. Le vent souffle toujours du nord-est, force 4 à 6, avec une mer assez formée. C'est moins difficile que les premiers jours. On va espérer que les choses continuent à s'améliorer.

J'ai parlé à Michel Mirabel, qui n'est pas très loin de moi. Il est en troisième position des bateaux de série. Ça fait du bien de bavarder un peu avec quelqu'un.

C'est toujours super Filou, mon fidèle ami NKE, qui tient la barre. Dans ces conditions de mer, il arrive à garder le bateau en assez bonne ligne droite, en anticipant les vagues et les accélérations. Juste à côté, j'ai mon deuxième pilote, électrique celui-là, l'Autohelm 4000 + de Raymarine. Lui, je m'en sers dans des conditions un peu moins musclées, au près ou par petit vent portant.

Jour 6

Aujourd'hui, côté moral, ça va un peu mieux. Côté physique, j'ai mal au derrière. J'ai plein de petits boutons. J'en avais eu quelques-uns durant la première étape, mais là j'en ai vachement. La traversée risque d'être pénible à ce niveau-là. Difficile de s'en débarrasser une fois que c'est commencé, surtout que je n'ai pas beaucoup de boxers. On a bien essayé d'en acheter avant de partir, mais impossible d'en trouver, trop pressés par le temps. Donc, j'en ai seulement trois paires. Va falloir que je les lave et pour ça, il faut que j'attende qu'il pleuve. Je vais essayer de me faire aérer les fesses le plus possible. J'ai aussi pas mal de petits boutons d'irritation sur les jambes. On va voir à quelle vitesse ça se propage.

Quant au vent, il s'est orienté un peu vers le nord et s'est beaucoup calmé. On doit avoir environ cinq nœuds. C'est un peu plus relax, grande-voile pleine, grand spi. Ça permet de souffler un peu. Je suis à 165 milles du Cap-Vert.

Hier soir, Antoine Cornic est arrivé sur mon travers. Ça m'a foutu un coup. J'ai failli renvoyer plus de voilure, mais je me suis raisonné : « Non, Damien, tu continues, tu conserves la même option, tu vas voir, ça va rapporter à la fin. » Mais ce n'était pas facile de voir Antoine me dépasser, surtout qu'il était parti avec un retard de 50 milles parce qu'il avait choisi le mauvais côté de l'île au départ. Une demi-heure après, à la vacation de 20 heures, il m'annonçait qu'il venait de péter son étai et qu'il était passé à deux doigts de démâter. Ça ne m'a pas fait plaisir parce que Antoine, c'est un chic type. Mais quand je lui parlais de mon option à long terme, il rigolait un peu… Ça fait juste me confirmer que j'ai peut-être raison.

Puis aujourd'hui, sur RFI, j'ai entendu qu'il y avait trois ou quatre bateaux qui avaient subi des bris majeurs et avaient été obligés de retourner aux Canaries. On n'est plus que cinquante-deux dans la course. Et au niveau classement, je suis quatorzième, un mille derrière *Tip Top*, de Sam Manuard. Normalement, ce gars-là est dans les cinq premiers. Son bateau est un des plus rapides. Il a tenté une mauvaise option au début de la course puis il est parti en vrac, ensuite il a fait des conneries sous spi en essayant de rattraper le temps perdu, s'est fait peur et a freiné un peu la machine. Mais il trouve ça très dur et est un peu découragé.

Moi, je suis bien content. Je suis quand même tombé de la onzième à la seizième place, puis remonté en quatorzième… mais bon, tout le monde joue un peu comme ça au niveau des positions. Je veux dire que le moral va beaucoup mieux que dans la première étape, je suis davantage dans le coup.

J'ai vu mes premiers poissons-volants et j'en ai aussi trouvés sur le pont. Je n'avais pas vraiment le goût de les bouffer alors je les ai remis à l'eau. Sinon, la nuit dernière, j'ai pété ma poulie d'amure de gennak. J'étais en train de dormir et j'ai entendu un crac, un vlan anormal. Je suis sorti. Le gennak était en train de s'enrouler autour de l'étai. Heureusement que je n'étais pas sous spi parce que j'aurais pu faire une autre belle figure de style… J'ai réparé aussitôt. Ça m'a pris environ une demi-heure : le temps de mettre une autre poulie, de faire un petit brêlage et c'était reparti.

Il commence à faire royalement chaud et ça chlingue dans le bateau… J'vous dis pas ce que ça va être dans le Pot au Noir. On va essayer de s'amuser, on est là pour ça après tout.

Jour 7

Eh oui ! nous voici, *Dingo* et moi, entre deux îles de l'archipel du Cap-Vert. Visibilité pas terrible du tout, mais on aperçoit la côte. Assez impressionnant, vachement haut, volcanique. Il n'y a pas beaucoup de vent, alizés plutôt faibles du nord-est. Je suis bien content, parce que voici notre copain, *Tip Top*, « le mini de la mort qui tue », qui est derrière moi depuis cette nuit. J'ai réussi à grappiller des petits mètres pendant la nuit, et me voici devant lui, ce n'est pas rien. C'est toujours motivant d'être côte à côte avec un bateau qui est arrivé troisième, qui a presque gagné la première étape. Je ne sais pas si ça va durer long-temps, mais pour l'instant je sais que ça me fait plaisir. Donc on va en profiter. C'est top, Tip Top… ah, ah !

Il reste moins de 2 000 milles avant le Brésil. Wouou ! On va y arriver, on va y arriver. Si le vent peut continuer à être portant, je fais quasiment la route directe et c'est pas mal du tout.

Côté boutons, j'ai toujours aussi mal au derrière. J'ai passé la journée tout nu, pour essayer de faire aérer tout ça. J'espère que ça va aider. J'ai parlé avec Frédéric Duval, sur *Sojasung*. Il m'a dit qu'il fallait mettre de la pommade ou encore des com-presses pour les brûlures, que « ça le faisait bien », et changer souvent de sous-vêtements.

Je dois aussi surveiller l'eau douce. Aujourd'hui j'ai eu très chaud. C'est facile de boire beaucoup, mais si on ne fait pas gaffe, les trois litres par 100 milles sont rapidement utilisés.

À part ça, *Dingo* va bien, je suis fier de lui. On forme une belle équipe. On va continuer comme ça. La suite pour demain.

Jour 8

Les îles du Cap-Vert sont passées. Ça a été un peu chaud. Il y avait pétole quand on est entrés sous spi entre les deux îles, et là, le vent a augmenté très vite et assez fort. On était trois ba-teaux, Sam, JC et moi. On s'est presque tous fait avoir. JC est parti en vrac, Sam et moi avons affalé juste à temps. Petite frayeur, mais on s'y attendait.

Aujourd'hui, belle journée, portant, grand-voile, grand spi. Dix nœuds de vitesse pour 10 à 15 nœuds de vent. L'alizé du nord-est est bien établi, je pense, parce qu'on a ça depuis qu'on est partis des Canaries et ils annoncent la même chose jusqu'à l'entrée du Pot au Noir.

Je me trouve à 13° de latitude nord. Le Pot au Noir devrait se situer autour du huitième degré, soit à environ 300 milles dans le sud. Ce n'est plus très loin. J'espère qu'on va passer vite et bien. Je vais toucher du bois, toucher ma barre. Parce que pour l'instant, ça va bon train, on ne traîne pas trop. Ça serait bien que cette deuxième étape tourne autour des vingt jours, plutôt que trente. Ça serait moins dur sur le bonhomme. Parce qu'au niveau chaleur et humidité, c'est loin d'être évident. Il fait chaud, je bois beaucoup. J'attends encore un peu, mais il va falloir que je me lave bientôt. J'espère qu'on va rencontrer quelques grains, normalement oui. En attendant, j'enlève le plus gros avec des serviettes pour bébés.

Sinon, au niveau du classement, je suis quatorzième. *Tip Top* m'a dépassé, David Raison aussi, mais il n'est pas très loin devant. Sam, lui, a pris un peu de distance.

Gros bisous à tout le monde, *Dingo* vous fait un petit battement de queue. Rendez-vous pour le jour 8. Tourlou...

Jour 10

Hier, il n'y a pas eu de trucs hors de l'ordinaire. Belle journée, vent constant, grand spi, grand-voile avec un ris quand ça augmentait un peu. J'ai mis le pilote électrique, il ne consomme pas beaucoup. Faut que je fasse gaffe à mes batteries. Au niveau de l'autonomie, elles ne sont pas fortes, fortes. Elles commencent à avoir de l'âge et il ne faut surtout pas les vider.

Je naviguais à côté de David Raison et d'Olivier Desport, premier des bateaux de série. Et tranquillement, au petit matin, je suis passé devant eux, je les ai carrément doublés. Je ne les vois plus, je ne les ai plus en contact VHF. Le premier « série » est derrière moi. C'est bon signe quand même. Maintenant, je suis douzième. Youhouhou ! On le criera pas trop vite, parce qu'il me reste encore un long bout de chemin à faire. Plein de choses peuvent arriver, surtout avec la zone de « calmasses » qui s'en vient.

David a dû affaler ses voiles pour plonger, réparer... mettre des petites plaquettes autour de sa sortie de quille, donc ça l'a ralenti beaucoup. Il voulait s'arrêter au Cap-Vert, mais je l'ai averti que les mouillages étaient infestés de requins, alors il a décidé de réparer au large.

Aujourd'hui, je n'ai pas entendu le classement sur Monaco Radio. Ça ne rentrait pas. Je sais seulement qu'Antoine Cornic et Jeanne Grégoire reviennent pleine balle sur nous. Ils veulent reprendre des positions. Jeanne a fait une escale de quelques heures hier pour réparer son bout-dehors.

J'ai dormi beaucoup la nuit dernière. Le vent était constant. Je me fais des réserves pour le Pot au Noir, parce que, avec les grains, pas de vent, du vent, des rafales, ça va être dur physiquement. Contrairement à ce qu'on peut croire, les zones de calmes sont difficiles à négocier. Je préfère me reposer pendant que le vent est constant, toujours établi au nord-est.

Ah oui ! hier, j'ai eu la visite de petites bonites, une variété de thon. Elles ont suivi le bateau. Ça m'a fait tout drôle. J'étais bien content. Par contre, j'aurais aimé avoir un fusil-harpon sous la main ou une ligne à pêche. Ça me manque énormément. Je pense que c'est le truc qui me manque le plus, de naviguer et de ne pas pouvoir pêcher.

Il est midi. Tout va bien. Je viens d'écouter la météo. Le Pot au Noir, appelé « zone de convergence intertropicale » ou ZCIT, s'étend jusqu'au sixième degré Nord et moi je suis à 9° 36'. Il me reste donc trois degrés et demi vers le sud avant de l'atteindre, soit plus de 180 milles, environ une journée. Comme cette zone ressemble à un poumon qui se gonfle et se dégonfle, l'idéal serait qu'elle se rétrécisse le plus près possible de l'équateur à mesure que je me rapproche d'elle et ensuite qu'elle prenne à nouveau de l'expansion derrière moi... Ça serait rêver, hein ?

OCÉAN ATLANTIQUE NORD

40°W

Archipel des **Canaries**

20°W ●LANZAROTE

20°N

Archipel du Cap Vert

AFRIQUE

Zone de convergence intertropicale (Pot au Noir)

0° Équateur

AMÉRIQUE DU SUD

OCÉAN ATLANTIQUE SUD

BAHIA

20°S

Transat 6.50
Charente-Maritime - Bahia
Étape 2 : Lanzarote - Bahia, 2 950 milles

40°W

20°W

Mais on peut toujours demander… au pire on récolte un non, comme dirait mon père.

Le vent est toujours de nord-est. Par contre, il devrait virer à l'est, vent de travers, et ensuite au sud-est. Pour l'instant j'espère continuer le plus longtemps possible sous spi. Mais j'ai bien hâte d'arriver dans cette zone et d'en sortir. C'est le plus gros obstacle qui reste avant le Brésil. Dans la pétole, il va falloir être très patient et faire attention aux orages qui peuvent être violents, avec des rafales jusqu'à 30, 40 nœuds. Ça veut dire ariser le solent, ariser la grand-voile… toujours faire des manœuvres pour réduire et renvoyer de la toile ensuite. Les plus malins vont pouvoir tirer le maximum de ces formations nuageuses en essayant de rester sur les abords des grains.

De mon côté, je me sens bien. Il fait beau. C'est top, à part mes petits problèmes de peau. Hier, je me suis bien rincé, séché, et j'ai mis de la pommade. Ça va un peu mieux aujourd'hui. Le pire c'est quand je rentre dans le bateau, je suis en sueur immédiatement. Il doit faire au moins 40 °C.

Jour 11
Je suis rendu à 7° de latitude nord. On voit que le temps se couvre au loin. Hier soir, j'ai eu mes premiers grains. Le vent a tourné, il est devenu instable et varie beaucoup. Fini le spi. Maintenant je navigue au près, avec grand-voile et solent. En ce moment, je fais un cap entre 150 et 180, ce n'est pas la route directe, mais j'aime mieux piquer un peu plus au sud pour traverser plus rapidement le Pot au Noir.
Aujourd'hui, ça va, mais je me sens un peu moins encouragé que les jours précédents. Ça déboulait quand même assez rapidement sous spi, avec le soleil en plus. C'est sûr que c'était plus motivant. La distance au but diminuait à vue d'œil. Là ça commence à ralentir. Il faut que je me fasse à l'idée que ça va être long, au moins jusqu'à l'équateur.

Pour l'instant je suis bien placé, ex æquo avec David Raison en douzième position. Je dois surveiller les autres qui peuvent revenir derrière. Souvent il y a un effet d'accordéon. Tu touches la pétole en premier et tu ralentis. Les autres te rattrapent car ils avancent encore à bonne vitesse. Ensuite, normalement, tu retouches du vent le premier alors que ceux derrière sont pris à leur tour dans les calmes. C'est ce qui va sûrement arriver. En principe, ça devrait se passer aussi avec ceux devant moi.

J'ai eu des petits poissons qui ont sauté toute la journée autour du bateau. On dirait qu'ils sont là pour m'agacer. Rien de spécial à part ça. Quelques cargos cette nuit. Ciel assez sombre. Mer un peu houleuse du nord. C'est à peu près tout. J'ai bien hâte d'arriver et de voir tout le monde. C'est con quand tu y penses bien. Tu as fais tout ça pour être là, normalement tu devrais prendre ton pied à fond, puis espérer que ça ne se termine pas. Mais on est tous pareils. On a hâte de partir et on a hâte d'arriver. C'est sûr que ça va mieux qu'au début. Tant que le bateau avance, c'est encourageant. Je me rapproche du Brésil.

Voilà, je vais me préparer pour la nuit, ranger les panneaux solaires et commencer à me faire à manger, faire ma navigation, tout ça. Il reste maintenant six jours avant mon anniversaire : 23 ans. Je me suis fixé comme objectif d'être vis-à-vis l'équateur pour le 27 octobre. Ça donne une moyenne de 60 milles par jour, ouais, un peu plus, 65... 70. On va espérer que je l'atteigne. Ce serait bien.

Jour 13

Hier, je n'ai pas eu le temps de filmer. J'ai bien avancé toute la journée. Par contre, la nuit dernière : pétole, grains, tout à fait les caractéristiques du Pot au Noir. Beaucoup de vent sous les grains, et re-pétole après. On se pose toujours des questions dans des moments semblables, si on est le seul à attendre un grain pour avancer, si les autres ont du vent. À devenir fou. Mais bon, hier à midi, j'écoutais le classement sur Monaco Radio et j'ai eu un grand moment d'excitation en apprenant que j'étais passé en onzième position, devant Samantha Davies et David Raison. J'étais très, très content.

Je continue à pousser comme ça. La nuit a été très dure. Pas beaucoup dormi. Essayer de faire marcher le bateau au maximum. Et là aujourd'hui, le vent a repris et tient toujours, sud-est, assez bien établi, je dirais force 5. Ça marche relativement bien, entre 6 et 7 nœuds. On ne parlera pas trop vite, mais je suis rendu à 3° degré Nord et il y a de bonnes chances que le plus gros du calme soit derrière moi. Ce serait top. Les premiers sont à un peu moins de 100 milles devant, ce qui est encourageant, je pensais qu'ils auraient réussi à prendre plus d'avance. Il faut pas lâcher le morceau, se battre jusqu'à l'arrivée. Aujourd'hui je suis retombé en douzième position. David Raison a réussi à passer devant, mais pas Samantha. Carl va être content, les trois femmes sont derrière !

Sans blague, je me considère chanceux. Je remercie *Dingo*, il tient le coup. On fait une belle équipe.

Je suis à 1 170 milles de Salvador. Je dois décider si je laisse les cailloux de São Paulo et São Pedro à bâbord ou à tribord. J'aimerais bien les laisser à tribord, mais le vent est assez serré. Je vais attendre de mettre le point sur la carte, ce soir, avant de décider si je lofe un peu ou si j'abats un grand coup pour les contourner.

Jour 14

Enfin, on est repartis dans l'hémisphère sud. On vient juste de passer l'équateur, ça fait bien plaisir, c'est signe que j'ai fait un sacré bout de route depuis le départ de La Rochelle et que la plupart des obstacles sont derrière. Et aussi, ça représente pour moi, si je ne me trompe pas, une cinquième coupe de l'équateur depuis que je suis tout gosse, et cette fois-ci en solo, en course, donc je suis bien content. Je vous reparle demain. Bonne nuit. Et que la force soit avec nous.

Jour 15

Il doit rester 850 milles avant Salvador. J'avance relativement bien, en ligne directe, à six nœuds de moyenne, soit environ 145 milles par jour. Petite routine, toujours : bouffe, barre, nettoyer le bateau, faire un peu de nav. Toujours douzième, mais j'ai de la difficulté à capter Monaco Radio. Je pense que demain je n'aurai plus de classement à moins que je trouve une autre fréquence. Ça va être dur. C'est toujours bon de savoir si on va au maximum, si on se fait rattraper, si on prend de l'avance…

Les jours passent. Ça va être mon anniversaire après-demain, le 27. À ce qui paraît, les premiers sont attendus le 29. Ce qui ferait une étape très rapide… on aura eu le cul bordé de nouilles si ça se passe ainsi.

Jour 17, « 27 octobre »

♪ Bonne fête, Damien ! Bonne fête, Damien ! Bonne fête, bonne fête, bonne fête, Damien ! ♪
Aujourd'hui, j'ai entendu sur RFI « Joyeux anniversaire ! de la part de Dominique et Carl. » J'ai cru comprendre que presque toute la famille allait être à l'arrivée pour fêter ça. Je ne sais pas si j'ai bien compris. Ça serait vraiment génial. Carl m'avait dit qu'il essaierait d'être là avec Dominique, mais ce n'était pas

300

sûr. Il fallait trouver les sous, tout ça. S'ils sont là, ça va être la fiesta, et j'ai hâte de les voir, surtout après les deux lettres qu'ils m'ont écrites, ces joyeux gais lurons. Ils m'ont fait pleurer pendant 15 minutes. Elles sont vraiment super belles, et juste à y repenser, j'ai encore le « motton » dans la gorge...

Tout à l'heure, j'ai pété un plomb, j'ai crié partout, j'ai hâte de parler avec des gens, ça commence à être long...

Des dauphins sont venus jouer autour de *Dingo*. Il y en a un qui bondissait hors de l'eau comme un malade et j'ai réussi à faire de belles images. C'est la première fois que je vois un dauphin aussi excité.

Je suis à 535 milles de Salvador. J'avance au près débridé, presque vent de travers. Ils annoncent est-sud-est, de 4 à 5, pour lundi le 28, demain donc. Alors peut-être que je vais pouvoir mettre le gennak et que ça va accélérer un peu. Je fais des moyennes de 160 milles. À ce rythme-là, j'arriverais dans trois ou quatre jours. Je suis toujours douzième. Je tiens tête à Samantha Davies, c'est ça l'important.

Sinon, c'est la vie à bord, beaucoup de réflexions, on pense à plein de trucs, ce qu'on va faire après, ce qu'on va améliorer sur le bateau. On pense à la famille, aux amis, à l'arrivée. On se dit que c'est presque irréel. On s'imagine l'instant où on va franchir la ligne. J'ai de la difficulté à croire que ça va arriver alors que ça s'en vient très vite, mais ça va tellement être un beau moment, une pression qui va retomber. On parlera pas trop vite, mais si tout va bien, je vais la couper. C'est un moment que j'attends avec grande impatience. On se fait toutes sortes de scénarios, comment on va la couper, qui va être là pour nous attendre...

Joyeux anniversaire, Damien ! ✉

Cher Damien,

Au moment où je t'écris ces lignes, tu te bagarres depuis quelques jours contre des vents contraires au large de cette côte portugaise, exactement là où, il y a bien longtemps, tu voulais rejoindre les poissons, terrassé par le mal de mer à bord de la *V'limeuse*.
Aujourd'hui, la mer ne semble pas meilleure ou plus clémente qu'à cette époque lointaine. Elle t'offre comme jadis son visage sombre, pour obliger l'enfant devenu homme à puiser en lui force et courage.
Je t'admire.

Au moment où tu liras ces lignes, j'espère que *Dingo*, toi et l'océan aurez trouvé au fil des milles une harmonie subtile et que vous ne ferez qu'un sous les étoiles. Sous le regard des hommes, tu viens d'inscrire une page d'histoire... de ces histoires dont chaque enfant a besoin avant de s'endormir, pour croire à la beauté du monde et au sens de la vie.

Je t'aime et te souhaite un anniversaire joyeux au milieu de cette mer qui t'aide à grandir, encore et toujours.

Moumsie

Mon homme,

Je vais te dire un tas de conneries, mais peu importe, je dois te les dire par acquis de conscience.
Pour commencer, bon anniversaire ! Comme tu vois, je me surpasse en originalité. Déjà je regrette d'être aussi con. Non, on ne fera pas comme ça. Je ferme ma gueule d'abord, et je te regarde comme jamais je ne

t'avais regardé. Et je découvre un battant de haut niveau. Et ce mec est mon fils. Et je peux dormir tranquille.

C'est dégueulasse de dire ça alors que tu passes tes nuits debout. Mais je peux dormir tranquille car le petit bout de chemin que je me suis tracé mène exactement là où tu vas. Et ça, c'est une sacrée réussite.

Et dis-toi que la vie nous choisit parfois, qu'on se sent emporté, que cette souffrance que requiert l'accomplissement nous est imposée. Toute cette énergie qui nous force un peu la main, j'appelle ça le DESTIN. Il faut lui obéir.

Mais je ne voulais rien te dire de tout ça. Je voulais te prendre dans mes bras et me fondre en toi, pour que jamais je ne meurs...

Carl

Évangéline ✍

Samedi le 27 octobre, Paris

Bonne fête, Damien ! Bravo pour tout ce que tu as accompli durant ces dernières années, je suis très fière de toi ! Tu m'épates beaucoup et je te souhaite plein d'autres projets passionnants, et j'espère pouvoir encore en faire partie. Je t'aime fort fort fort. XXX

J'ai appris une très mauvaise nouvelle il y a trois jours. Les premiers minis (plus ou moins les trente premiers), n'ont presque pas eu de Pot au Noir. À peine s'ils ont été ralentis une journée ! Ce n'est pas du tout bon parce qu'ils vont arriver au Brésil avant moi ! Et c'est carrément une catastrophe pour mon documentaire ! J'ai été déprimée pendant deux bonnes journées tellement ça m'a foutu un choc ! J'ai tout essayé pour modifier la date de mon billet d'avion, j'ai parlé au responsable de l'agence

303

de voyage, de la compagnie aérienne, etc. Quelle bande de bornés qui ne veulent rien comprendre et se renvoient la balle mutuellement ! « Madame, je ne peux rien faire pour vous, il faudrait que vous contactiez votre agence de voyage. » Ou encore: « Désolée, madame, il m'est impossible de faire quoi que ce soit, vous avez acheté un billet non modifiable, c'est moins cher (850 $!), mais on ne peut pas changer la date, essayez de contacter la compagnie aérienne, nous on ne peut rien faire. » Dix appels plus tard, il y a même une imbécile qui trouve le moyen de me dire : « Écoutez, madame ! tout ce que je peux faire, c'est vous vendre un deuxième billet au même prix pour la date que vous voulez. » Oui mais, madame l'agente de voyage, je n'ai pas un autre 850 $ à mettre pour un billet !

Quand je pense à tout le temps et l'argent que j'ai mis dans ce projet et je ne serai même pas présente au moment le plus important. J'en ai braillé de rage et de déception. Je suis dégoûtée de la vie.

Mardi le 30 octobre
Paris. Devant un grand café crème, dans un charmant petit bistrot. Je pars demain pour Salvador de Bahia. J'ai hâte même si je n'ai pas encore digéré le fait que je vais manquer de quelques heures l'arrivée de Damien. Avec un peu de chance, Noémie sera là pour l'accueillir et prendre des photos et peut-être même le filmer.

Compagnons des derniers milles (Dominique)

31 octobre 2001. À 10 000 mètres dans les airs, l'océan Atlantique apparaît comme un puits sombre sous les étoiles. Les passagers du vol Toronto – São Paulo sommeillent dans la pénombre, têtes inclinées vers leurs épaules. La mienne est appuyée sur le hublot, mince paroi que mon esprit franchit avant de descendre vers la mer pour y rejoindre Damien.

Nous avons suivi sa progression jour après jour jusqu'au Brésil. Le site Internet de la course émettait deux communiqués quotidiens, attendus fébrilement, il va sans dire. Penchés au-dessus de nos cartes marines, nous marquions d'une croix la position de *Dingo*, puis celles des plus proches concurrents. Même si les coureurs ne pouvaient communiquer avec la terre, il nous était possible d'extrapoler les conditions de mer selon les distances parcourues et les cartes météo. Seuls leurs états d'âme échappaient aux analyses, et encore...

En ce moment, j'imagine mon fils heureux, tirant ses derniers bords vers les lumières de Bahia après dix-neuf jours de solitude. Pas beaucoup de vent. À peine un souffle venu des hauteurs de la ville, chargé d'odeurs tropicales. Mais il se rapproche. Lentement. Faible lueur au-dessus de l'horizon, blancheur fantomatique d'une voile, ils franchiront bientôt la ligne, *Dingo* et lui, comme s'ils sortaient du désert après leur long voyage initiatique.

Bravo, Damien ! Et maintenant que tout s'achève, j'aimerais te dire une ou deux choses.

D'abord, efface tout sentiment de dette avec nous tous qui t'avons aidé. Tu mesures encore mal l'impact de cet incroyable parcours accompli. En quittant La Rochelle, le 22 septembre, tu avais déjà gagné notre admiration. Aujourd'hui, tu suscites en chacun de nous un profond sentiment de fierté alors que, tel un jeune Massaï, tu déposes à nos pieds tes 33 jours en mer comme un félin vaincu.

Oui, ton père peut dormir tranquille. Vous avez puisé l'un dans l'autre cette force qui déplace les montagnes. Lui t'a donné une magistrale leçon de confiance, cette énergie positive qui mène d'une journée à l'autre jusqu'à l'achèvement des projets les plus fous. Toi, tu as répondu par le courage, l'endurance et la volonté.

J'ai autant d'admiration pour le père que pour le fils. Ensemble vous formiez le véritable noyau à mes yeux. De l'acier inoxydable, trempé dans une tendresse presque douloureuse, vu la santé de Carl.

Le reste de l'équipe gravitait autour de vous, moi la première. Sans dire un mot, je vous ai souvent observés pour déceler ce dont se nourrit chaque miracle.

Celui qui s'est déroulé sous mes yeux est né d'un souhait que d'aucuns trouvaient fous, s'est attaché à lui comme le rémora au requin. Ton désir se définissait, léger, aérien, échappant aux considérations de la gravité. Aux yeux de certains, il avait l'apparence du rêve. Mais non, il grandissait dans le monde réel en prenant de la vitesse, attrapait au passage quelques esprits libres, défiait tout obstacle terre-à-terre… Et tout ce temps collé à ses flancs, le miracle s'opérait en silence, une bouchée ici, une bouchée là…

Cher Damien, nous avons tous vécu cette histoire en retenant notre souffle, captivés à chaque étape. Ma seule déception est de rater la grande finale. J'aurais tant voulu me trouver sur la vedette qui ira à ta rencontre et apercevoir la fragile silhouette de *Dingo* glissant sous la lune, avec toi à la barre, concentré comme un chasseur de vent, plus patient qu'autrefois.

Ton père non plus ne sera pas sur le bout du quai. Malgré son désir immense de t'accueillir, il a changé d'idée à la dernière minute par peur de la chaleur et du rythme étourdissant des villes brésiliennes. En ce moment, il fait comme moi. Il plane au-dessus de *Dingo*, invisible compagnon des derniers milles.

Souhaitons seulement que Noémie arrive à temps…

L'appel du caribou (Noémie)

Le soleil descend doucement. Il semble peser une tonne. Il y a foule le long de la rue, jusqu'à la mer. Il y a des corps partout, des corps à moitié nus, des corps qui rient, qui courent, qui glissent de vague en vague. Ça fait des ombres chinoises sur la mer illuminée. J'ai le visage appuyé sur la vitre. Il fait froid dans l'autobus, il y a trop d'air climatisé. Les responsables du développement touristique doivent vouloir impressionner la galerie. Ils ont surdosé. C'est pire qu'au rayon des produits surgelés.

L'horizon est là, à côté de moi, presque à portée de la main. Il scintille. Ça fait des années que je n'ai pas vu la forme arrondie de la terre. Ça fait des années que je n'ai pas vu l'horizon. Je me sens bien. Une forme familière se dessine au loin ; c'est une voile gonflée. Il y a un bateau sous spi qui progresse, parallèle à moi. Je sais que nous allons au même endroit. Je sais aussi que ce n'est pas Damien ; les couleurs de la voile ne concordent pas. J'espère seulement que ses couleurs ne m'ont pas devancée. J'espère qu'il n'est pas déjà là-bas, au centre nautique, à jeter des regards à droite et à gauche, à se demander pourquoi sa famille l'a renié. On devrait tous être là pour l'accueillir. Du moins Évangéline, Dominique et moi. Sauf que pour l'instant, je suis toute seule. Et je risque de l'être pour son arrivée. À moins que Neptune ne lui offre un verre.

Damien sait que la traversée du Pot au Noir a été très rapide et que les bateaux ont devancé les prévisions. C'est a priori une excellente nouvelle. Sauf pour ceux et celles dont les billets d'avion étaient achetés depuis trop longtemps pour s'ajuster. C'est le cas de Dominique et Évangéline. Pour plusieurs familles, les bateaux vont arriver avant les avions, pour une fois. Les femmes ne seront pas là pour accueillir leur homme, les mères leur fils. Pour les quinze premiers peut-être. Damien est l'un d'eux. Il n'aura que sa petite sœur. Une sur trois. Encore faut-il que j'arrive à temps.

Je demande au chauffeur de m'indiquer où descendre. Ou plutôt, je répète comme une idiote « centro nautico » en haussant les épaules et en usant de mon regard comme point d'interrogation. Il m'observe du coin de l'œil avec un drôle d'air. Le trafic est trop dense et désordonné pour qu'il m'accorde une grande part de sa concentration. Je retire un plan de ma poche et lui mets sous le nez en pointant mon lieu de destination. « *Ah, si, cenntro naoutico* » me lance-t-il en étirant la première syllabe de chaque mot. Moi je n'ai pas l'accent, c'est ça mon problème. Je n'ai pas l'accent, mais pour l'instant je m'en fous. Je ne suis pas au Brésil pour découvrir une culture ni apprendre une langue. Je suis ici en représentante de famille. Je viens accueillir mon frère qui termine une des étapes les plus intenses de sa vie. D'ailleurs je ne suis pas au Brésil, je suis à Salvador de Bahia, pour le 305. Pour personne d'autre.

De toute façon, je ne connais personne d'autre. Je suis arrivée et Damien n'est pas là. Je suis assise à une table au deuxième étage. Une table de plastique entourée de chaises vides. Je suis assise toute seule et je me sens seule. Il y a plein de monde. Plein de Français.

Je n'en connais aucun. Sept coureurs sont arrivés. Ils en attendent un autre bientôt et puis plus rien pendant des heures. Ils sont assis là-bas, avec d'autres. Tout le monde fête, rit, parle fort. Je distingue les skippers du reste du groupe. Ils ont la peau brûlée par le soleil, les cheveux en bataille, la barbe longue et les yeux qui pétillent. Un mélange d'alcool, de fatigue et d'euphorie sans doute.

Le serveur vient de déposer une *caipirinha* devant moi. C'est le breuvage le moins cher au menu : quatre *reals*, soit un dollar et des poussières. Tout le monde en boit sur l'étage. Ça va peut-être m'aider à m'intégrer ou à passer le temps, au moins. Damien n'est pas attendu avant minuit et il est à peine six heures du soir. Il faut bien que je m'occupe. Avec la paille de mon petit punch brésilien, je fais exploser la pulpe des quartiers de citron au fond de mon verre. Puis j'agite rapidement. La tonne de sucre et de glace se mêle à l'alcool. Le tout se mêle ensuite à mon sang. Le goût n'est pas mauvais. C'est même plutôt agréable. L'attente m'apparaît moins pénible. Je dois avoir l'air ridicule, penchée au-dessus de mon apéro, avec un air concentré et une paille dans la main. Tout compte fait, je ne facilite pas mon insertion. Le volume de la musique n'encourage pas les conversations. Il augmente de plus en plus. Un autre bateau vient d'arriver. Des pétards ont explosé, la chanson thème a déchiré l'air, les gens sur la terrasse ont applaudi et sifflé. Certains se sont rués en bas sur le quai. Maintenant il y a une tête hirsute de plus, au milieu des autres.

Il est minuit. J'en suis à ma troisième *caipirinha*. Éole doit être parti prendre un verre avec Neptune. Ils ont oublié leur bon vieux copain Damien. Damien qui n'arrivera pas avant trois heures du matin, minimum. Selon les dernières prévisions. Heureusement, nous sommes maintenant quatre à ma table. Et c'est moi qui ai payé la dernière tournée. Ils sont venus s'asseoir avec moi en pensant me connaître. Ils avaient croisé Sandrine au départ de la course, à la Rochelle. Un de leurs amis s'est joint à nous. Il est caméraman. Je sais maintenant qu'une vedette sort accompagner chaque bateau pour les deux derniers milles. Je sais aussi que l'arrivée de Damien sera filmée. Évangéline va être contente. Je n'ai plus personne à convaincre. Je n'ai plus qu'à attendre.

Je ne sais pas si je suis soûle ou fatiguée. Ou les deux. Il est quatre heures du matin. Nous ne sommes plus qu'un seul petit groupe au centre de l'étage. Un petit groupe qui s'est agrandi au fil de la dernière heure, à mesure que les bars du quartier fermaient leurs portes. Les yeux des coureurs ne pétillent plus, ils tanguent. Ça facilite les échanges. Le onzième concurrent est arrivé. Nous étions une dizaine sur la vedette pour l'accueillir. Damien est douzième. Il ne doit plus être bien loin. Il doit communiquer avec l'organisation lorsqu'il se trouvera à deux milles de la ligne d'arrivée. La VHF portable repose au milieu de la table. Son silence nous nargue. Les bonnes volontés fatiguent. De temps à autre, quelqu'un tente sa chance et lance l'appel, demande une position, une distance. Question de se faire une idée, question de savoir si on se prend une autre *caipirinha*. Mais toujours rien.

Les minutes s'écoulent, lourdes comme des heures. On me dit d'essayer à mon tour. Peut-être que ton frère s'est endormi, peut-être que ta voix va le réveiller. Je suis gênée par ces regards soudain tournés vers moi, mais la fatigue et l'alcool aidant, j'accepte la tâche. Je prends la VHF, et pour déconner et ne pas faire ce que tout le monde attend de moi, je pousse un cri. Un cri que seul Damien et moi, en ce lieu, pouvons décoder. Je cris son nom en étirant la dernière syllabe, comme si j'appelais un orignal ou un caribou ou un quelconque animal qui préfère le beuglement à la parole. Elle est folle, cette fille ! Elle est folle mais elle a l'intelligence de ne pas être seule de sa race. Dans les secondes qui suivent, un autre fou se joint à elle. Ça déchire le silence, ça me donne des frissons partout. Je me mets presque à pleurer. Un cri répond au mien. Cette fois, derrière le beuglement se cache mon nom. Tout le monde croit à une plaisanterie, moi je sais que c'est Damien. Il arrive. Nous partons un peu après, les autres sur la navette, moi dans l'annexe. Je dois aider à prendre l'heure exacte d'arrivée, à la bouée.

Dans la baie, *Dingo* se traîne. Il semble ne pas vouloir rentrer au port. Damien doit tirer sur la rêne à droite, puis à gauche. Il tire des bords, lentement, jusqu'à la ligne. Puis les cris, les sifflets et les applaudissements fusent. Moi j'ai l'impression d'être sur un gros trip d'adrénaline. J'embrasse Damien, monte sur son bateau, lui parle. Il ne m'en reste que quelques images. Comme un rêve dont je ne me souviens plus. Un mélange d'alcool, de fatigue et d'euphorie sans doute. De stress surtout.

La fierté, elle, vient plus tard. Une fois que *Dingo* est attaché au ponton, une fois que l'agitation est tombée, alors que le soleil monte doucement dans le ciel. Elle s'installe dans mon esprit loin de tout travail, de toute école ; de toutes préoccupations personnelles, comme si elle m'habitait pour la première fois. Véritablement. Elle grandit au fil des heures que je passe avec Damien. Elle se nourrit de ses histoires, de ses peurs, de ses joies. Elle s'imprègne aussi de tous ces bateaux, de toutes ces personnes. J'ai enfin le temps de ressentir, ne serait-ce qu'un peu, dans quelle réalité tout cela s'inscrit.

Puis les jours s'écoulent, s'enroulent les uns dans les autres. Les journées sont lourdes, engluées de chaleur, d'attente et d'alcool de la veille. Les soirées sont bruyantes et bien arrosées, divisées entre le deuxième étage du centre nautique et les bars du centre-ville. Les nuits sont courtes, parfois inexistantes. Elles traînent sur les pontons, finissent leur dernier verre, s'écroulent dans un bateau pour quelques heures. Le temps que la chaleur étouffante du jour ne les obligent à se glisser sous la douche.

Moi qui ne connaissais personne, j'apprends, petit à petit, les histoires d'un peu tout le monde. Derrière chaque position et chaque nom de bateau se dessine un individu. Tous ces concurrents classés avec quelques heures ou quelques jours de différence ont vécu sensiblement la même aventure. Il n'y a pas de plus fort ou de plus faible. Il n'y a que des séries d'instants empruntés à la mer, au vent et à la solitude.

Bahia (Dominique)

Sept heures du matin, *Dingo* cuit sous le soleil. Suffoquée, je m'extrais de la couchette cercueil et glisse un œil autour. Personne. Les enfants ont dû fêter toute la nuit et ils émergeront d'un peu partout dans les prochaines heures. Dehors, la chaleur est à peine plus supportable. C'est ma deuxième visite au Brésil et, rien à faire, je ressens cette moiteur tropicale comme un envahissement du corps et de l'esprit.

On est déjà mieux sur l'eau. Aussi, à l'annonce de chaque nouvelle arrivée, je saute sur le bateau comité qui accueille les concurrents à deux milles au large. Nous allons ce matin au devant d'un bateau de série, l'un des derniers encore en mer. À mes côtés, la copine du coureur me paraît bien nerveuse. « Ce sera une surprise pour lui… » me dit-elle. « Je ne devais pas venir à Bahia. Je ne sais pas comment il va réagir. »

Voilier en vue ! Bientôt nous apercevons le skipper et l'arrachons à sa solitude à grands coups de klaxon. Ma voisine lui envoie la main, mais il la regarde à peine, ne sourit pas. À quoi pense-t-il ? Avait-il fantasmé autrement son retour parmi les hommes ? Est-il toujours dans les bras de cette maîtresse qui, de vague en vague, sur

4 000 milles, a pénétré son âme et le dépose ce matin en douceur, encore sous son emprise ?

Pétarade, musique de fête, le marin met enfin pied sur le ponton. J'observe la jeune fille à l'écart. Contrairement à d'autres qui s'enlacent avec ferveur, elle attend un signe qui tarde à venir. On sent la retenue, le doute, la différence entre deux êtres que les gestes du passé finiront pourtant par réunir. Demain, la faille n'y paraîtra plus.

Depuis plusieurs jours, les arrivées se succèdent ainsi. Toujours émouvantes, surtout lorsque nous allons à la rencontre des copains de Damien. Comme cette belle sortie de nuit, dans la baie, pour applaudir le jeune Antoine Cornic, qui trône aujourd'hui parmi sa famille, mais dont le regard semble toujours au large. Ou Benoît Lequin qui s'est pointé le 1er novembre, soir du cinq centième anniversaire de la découverte de cette immense « Baie de Tous les Saints », et a eu droit, médusé, à la plus grandiose démonstration de feux d'artifice jamais offerte à un skipper. Ensuite, il fut acclamé sur la terrasse du club nautique où la fête battait son plein. On le fit monter sur une table : un discours, un discours…

Vaut mieux arriver tard le soir que tôt le matin, à l'heure où la majorité des fêtards se sont écroulés ici et là, au petit bonheur la chance. Nous étions peu nombreux pour féliciter Jean, notre compatriote, et encore moins pour Boris, le plus jeune concurrent de la flotte, de nationalité allemande, que personne attendait sur les quais. Son père n'allait arriver que le surlendemain.

La grande famille des « ministes », incluant parents, amours et amis, s'agrandit à la terrasse du deuxième étage. J'y retrouve ce matin ma progéniture aux regards flottants, attablée devant trois jus d'orange avec glaçons. Damien porte toujours sa barbe de jeune loup de mer. Il émane de lui le plus grand calme, comme dans l'œil d'un ouragan.

Pour l'instant, il savoure. Minute après minute, heure après heure, jour après jour. La suite viendra bien assez vite, même si sa décision est déjà prise. Il ne remontera pas *Dingo* par la mer vers les Antilles. Il préfère le mettre à bord d'un cargo. Il a hâte de rentrer au Québec, retrouver son père, dévaler des montagnes en planche à neige, « virer une brosse » avec ses amis, tout sauf se retrouver à l'intérieur de *Dingo* pour plusieurs semaines encore de navigation tropicale.

Difficile, cette deuxième étape ? Nous en parlons parfois. De beaux instants, oui… bien sûr, me raconte-t-il, mais toujours trop brefs. Sa

grande interrogation demeure la même : est-il fait pour la course en solitaire ? A-t-il le caractère des gagnants, de ces malades qui poussent leur bateau à la limite et cassent une fois sur trois ? Ou encore un tempérament zen, en communion totale avec la mer… Pas pour l'instant, pas encore. Sa lutte à lui est constante. Un combat perpétuel pour que le positif l'emporte sur le négatif. Pour que tout ça ait un sens.

– Et si c'était cela, apprendre, Damien ?

– C'est normal, d'après toi, de devoir être aussi maso ? On pourrait apprendre en prenant son pied, non ?

– Peut-être que la souffrance est nécessaire, qu'elle a sa manière bien à elle de forger ton caractère. Elle te signale que quelque chose grandit en toi, comme les douleurs aux jambes quand on est petit.

Devant moi, l'enfant qui rêvait d'être pêcheur se rebiffe. Il plaide en faveur de la joie dans l'action. Que puis-je lui répondre ? Le pêcheur ne rêve pas de tailler sa place parmi les grands. Sa relation avec la mer est souvent exempte d'ambition, mais non de difficultés. C'est avant tout un marin accompli. « Ce que tu t'offres comme formation, les qualités que tu développes, Damien, te serviront quoi que tu choisisses. Il ne sera jamais trop tard pour bifurquer, si le monde de la course au large ne correspond plus à tes attentes. »

De la naissance à la mort, nous avançons poussés par des vents qui vont de la brise légère à la tempête. La mer est le miroir de cette vie intérieure prisonnière des éléments. Elle isole notre solitude, la magnifie, nous renvoie à nous-mêmes. On voudrait toujours 20 nœuds. Jamais la peur, le doute, la misère. Jamais le calme non plus. Damien a découvert durant sa course que l'absence de vent est pire que tout. Dans ce miroir immobile où il se trouvait englué sont apparus des démons que seule sa force mentale pouvait combattre.

Maintenant, l'épreuve est terminée. Quelqu'un écrivait : il y a des choses qu'on ne comprend que longtemps après les avoir vécues. Sans doute est-il trop tôt pour faire le bilan. Restons-en aux célébrations ! Dans ce climat de fête, les jus d'orange cèdent assez vite la place aux alcools. Autour de tables jonchées de *caipirinhas*, les souvenirs affluent entre coureurs. Certains affirment qu'ils repartiraient demain pour une Mini-Transat. D'autres annoncent que leur bateau est à vendre, comme ce magnifique proto neuf Magnen, tout carbone, au prix ridiculement bas. André ne cache pas qu'il en a bavé, pépin sur pépin, et qu'il attend autre chose de l'existence que ce type de compétition au large sur un 6,50 mètres. Les jambes relevées, posées sur une chaise à cause de blessures aux genoux, il a terminé sa course dans un état général d'épuisement, très amaigri par la déshydratation. Le médecin de Mondial Assistance et l'infirmière l'ont immédiatement pris en charge après qu'il se soit effondré sur le ponton, son verre de bienvenue avalé cul sec.

Éclats de rire du côté des anglophones. Sander le Hollandais raconte... Grand blond rougi par le soleil, heureux d'être arrivé, toujours heureux d'ailleurs car je ne l'ai jamais vu autrement que souriant, il raconte comment il animait, durant la course, son émission musicale sur les ondes VHF pour quiconque naviguait à portée. Bien entouré de ses compères Mike Inglis et Ian Munslow, voilà un trio qui n'en est pas à sa première tournée des bars ensemble.

J'aime être assise là. Observer ces hommes et ces femmes à ce moment précis où ils relâchent la tension d'un an, voir deux. Ces visages avant qu'ils ne se tournent vers autre chose. Leurs regards apaisés.

Je remarque bien une ou deux personnes que j'avais connues plus volubiles à La Rochelle et qui ont l'air pressées de tourner la page. Mais dans l'ensemble, chacun accepte son classement, peu importe les objectifs fixés au départ.

Les jours passent et il est toujours aussi difficile de m'arracher au Centro Nautico entre dix heures du matin et cinq heures le soir. Surtout depuis qu'on nous permet l'accès à la salle de presse au troisième étage, grande pièce tout en fenêtres avec ordinateurs et téléphones. Même au deuxième, sur la terrasse, l'ombre et le vent conjugués anéantissent toute volonté de m'exiler « en ville ». L'idée de courir les appartements à louer me tue à l'avance. Celle de m'étendre sur le sable brûlant me sourit à peine davantage. Il faut près d'une heure d'autobus avant d'atteindre les premières plages non polluées. Et puis je supporte mal le soleil tropical, sauf quand il se couche. Je le savais. Je ne suis pas douée pour les vacances.

Je ne m'en plains pas. Le temps ralentit, me tient en suspens dans cet espace qui n'est ni tout à fait le Brésil ni tout à fait la France, au cœur d'une agitation à laquelle je participe rarement. Mes enfants me connaissent et n'insistent pas. Ils m'embrassent sur le front et me laissent à mes pensées silencieuses, posée près d'une fenêtre ouverte. Je suis « celle qui veille sur leur père », près ou loin de lui.

Viennent les soirs, privilégiés par tous ceux qui rêvaient de Brésiliennes langoureuses et de fiestas nocturnes. Ayant séjourné plus d'un an au Brésil, Jean Rheault avait prévenu les copains. La drague, pas de problème, les femmes sont sensuelles, chaudes, elles n'ont pas besoin qu'on leur fasse un dessin. Une seule petite condition, les gars, il faut les séduire dans leur langue. Essentiel.

Ce qu'il n'avait pas dit, en revanche, c'est qu'elles ne vous attendent pas sur les pontons avec des colliers de fleurs. Encore faut-il les trouver. Dans les quartiers mal famés avoisinants, les bars regorgent surtout de jeunes prostituées insistantes, autour desquelles gravitent une belle racaille prête à vous tendre une embuscade. Le mot s'est passé : pour éviter le couteau sous la gorge, surtout la nuit, vaut mieux se déplacer en groupe et sans fortune dans les poches.

Certaines intrigues se nouent finalement à l'intérieur de cette grande famille que nous formons tous. Il y a là bien assez de regards clairs pour allumer quelques incendies. Damien n'est pas le seul à avoir de jolies sœurs. Heureusement pour lui, car il ne parle pas très bien portugais.

En attendant la sortie de l'eau des bateaux, la plupart s'offrent des séjours ailleurs, le long de la côte ou à l'intérieur du pays, loin du bruit. Je vais finalement passer deux jours avec Évangéline et Noémie sur une petite île dont tous nous vantent l'exotisme. Nous y trouvons le calme, mais dans un environnement trop touristique à notre goût. Conscientes d'être un peu « chiantes », nous devons admettre que les palmiers ne suffisent plus à notre bonheur. Il nous prend l'envie de paradis plus discrets, où il faut un voilier et beaucoup de temps pour y accéder.

De retour en ville, nous retrouvons l'appartement bruyant que nous avons finalement loué pour un mois et dont les fenêtres donnent sur une rue commerciale. Nous l'avions visité un dimanche et ce détail nous avait échappé. Ses principaux avantages sont d'être bon marché et à vingt minutes à pied du centre nautique. Cela nous évite les taxis matin et soir. De plus, il y fait toujours frais car les vents dominants traversent l'immeuble par le haut des murs à claire-voie, balayant du même coup le plâtre du plafond.

La seule hantise des filles est de trouver un cafard dans la douche, le soir en entrant. Ils sont énormes, vraiment, mais plutôt rares. Jamais plus d'un à la fois, que j'essaie de faire disparaître le plus discrètement possible en le catapultant en bas du sixième. La nuit, les lumières du port brillent au loin. Notre immeuble étire sa laideur suffisamment haut dans le ciel pour nous offrir la plus belle vue du quartier.

Ce soir, c'est la fête au Centro Nautico : remise des prix entre coureurs. Une tradition, me dit Richard Mérigeaux, président de la Classe Mini. Tout le monde y va d'un petit cadeau. Un groupe s'est aussi porté volontaire pour l'organisation de la soirée. Toute la journée, Loïck, Pierre-Yves, Sander et Richard ont préparé les textes pour chacun des finissants de cette treizième édition de la Mini-Transat. Pas facile de mettre le doigt sur le point qui caractérise tel ou tel skipper. Mais avec quelques bonnes rasades pour l'inspiration, ils ont réussi et l'ambiance est bonne. Un à un les copains se lèvent sous les applaudissements et vont piger leur prix. Et lorsqu'on annonce vers la fin : dans la catégorie « Tu peux toucher à ma sœur, mais pas à mon bateau… », la salle éclate de rire et Damien se reconnaît avant même d'être nommé.

Il y a aussi l'autre soirée, plus officielle, dans un Yacht Club huppé de Bahia. Avec buffet, musiciens, spectacle et piste de danse. Toujours par respect des traditions, certains coureurs espèrent bien foutre un peu le bordel. Après une première danse endiablée, et profitant d'un moment de confusion, ils se ruent vers la piscine en laissant tomber leur culotte. Les Brésiliens n'apprécient pas. Ordre est donné aux agents de sécurité de contenir les invités dans l'espace qui leur est réservé. Lorsque la musique cesse vers deux heures du matin, les derniers sur la piste sont en sueur, passablement éméchés, et donneraient leur chemise pour piquer une tête dans l'eau fraîche. D'un commun accord, ils essaient de déjouer l'adversaire, sans succès, avant d'opter pour la bousculade. L'histoire aurait pu mal finir si les gardiens n'avaient pas gardé la tête froide. Amusés par autant d'obstination, ils ont simplement opposé une résistance à toute épreuve. Et tout le monde s'est retrouvé sur le trottoir.

Tant pis ! Que les bourgeois gardent leur piscine. Pour les marins, la nuit était jeune, la lune gorgée de lumière. Ils se sont éloignés vers la plage, pas rancuniers, titubants et chantant sous les étoiles, pour s'offrir aux caresses de la mer.

Si les nuits sont douces, les jours ramènent le soleil brut sous lequel il faut bien préparer les bateaux pour leur voyage de retour. La grue s'est enfin mise en place sur le quai commercial, juste à côté du Centro Nautico. Une fois démâté, puis vidé de tout matériel susceptible d'être volé, chaque mini est remorqué par un Zodiac, puis soulevé dans les sangles. Les quilles amovibles sont alors déboulonnées. On met deux bateaux par base de conteneur de 40 pieds. Ceux qui n'ont pas de ber sont attachés directement sur des pneus. *Dingo* fera ainsi le voyage jusqu'au Havre aux côtés de *Tip Top*, sans problème.

Bientôt la cadence s'accélère. Les premiers concurrents de la Transat Jacques-Vabre sont attendus d'ici un jour ou deux et les pontons doivent être libérés. L'organisateur français, Gérard Petipas, a bien insisté : il ne veut plus voir un seul mini dans le coin. Place aux gros canons de la course au large. Certains s'offusquent. Elle est pourtant là, la principale différence entre ces deux transats. Une question de gros sous. Et de vedettariat.

Les marins ont pourtant couru la même distance. Les premiers en solitaire et sans assistance. Les autres en double, avec communication par téléphone, fax et ordinateur. Mais les premiers sont peu connus des médias, contrairement aux professionnels, pour la plupart des skippers de renom aux commandes de machines de course deux à trois fois plus grosses, impliquant d'énormes budgets.

Dans deux ans, certains coureurs de la Transat 6.50 auront franchi la ligne de démarcation. Arnaud Boissières taquine sa compagne Jeanne Grégoire : « Toi, tu seras encore sur ton mini et t'auras intérêt à avoir dégagé quand j'arriverai avec mon 60 pieds open. » Gageons plutôt qu'ils courront ensemble, inséparables comme ils sont !

Où sera Damien dans deux ans ? Il n'en n'a pas la moindre idée. Dans l'immédiat, il aimerait bien se trouver du travail sur l'un des bateaux de la Jacques-Vabre, afin de payer son billet d'avion. Et si par hasard quelqu'un a besoin d'un équipier pour le convoyage de retour, il se dit prêt à jeter son sac à bord. Cela lui plairait bien de naviguer les 4 000 milles en sens inverse sur un 60 pieds.

Évangéline a repris l'avion. Après deux ans de tournage, elle entre enfin dans une nouvelle phase de son projet : le montage, avec comme premier objectif une heure et demie d'images pour les conférences de Damien aux Grands Explorateurs. Elle a deux mois pour relever le défi.

Noémie demeure encore quelques jours avec son frère avant de poursuivre sa route vers la Bolivie et le Pérou. Elle ne voyage pas avec Sandrine, cette fois, mais avec son amoureux qui vient tout juste de la rejoindre, la soustrayant au désir de nombreux loups de mer.

Mes bagages posés sur le trottoir, j'attends l'autobus qui me conduira à l'aéroport. Les souhaits de Damien se sont concrétisés. Grâce à Erwan, un copain préparateur de Bernard Stamm, il a été engagé pour deux semaines. Il a aussi sympathisé avec l'équipe du monocoque *Fila*, s'assurant une place après le temps des Fêtes pour le trajet Bahia – La Rochelle.

Tout ça me trotte dans la tête. Je l'imagine dans le golfe de Gascogne au mois de janvier... Ma vieille, me dis-je, tu commences seulement à grisonner. Que feras-tu si un jour il t'annonce qu'il part autour du monde par les trois caps ?

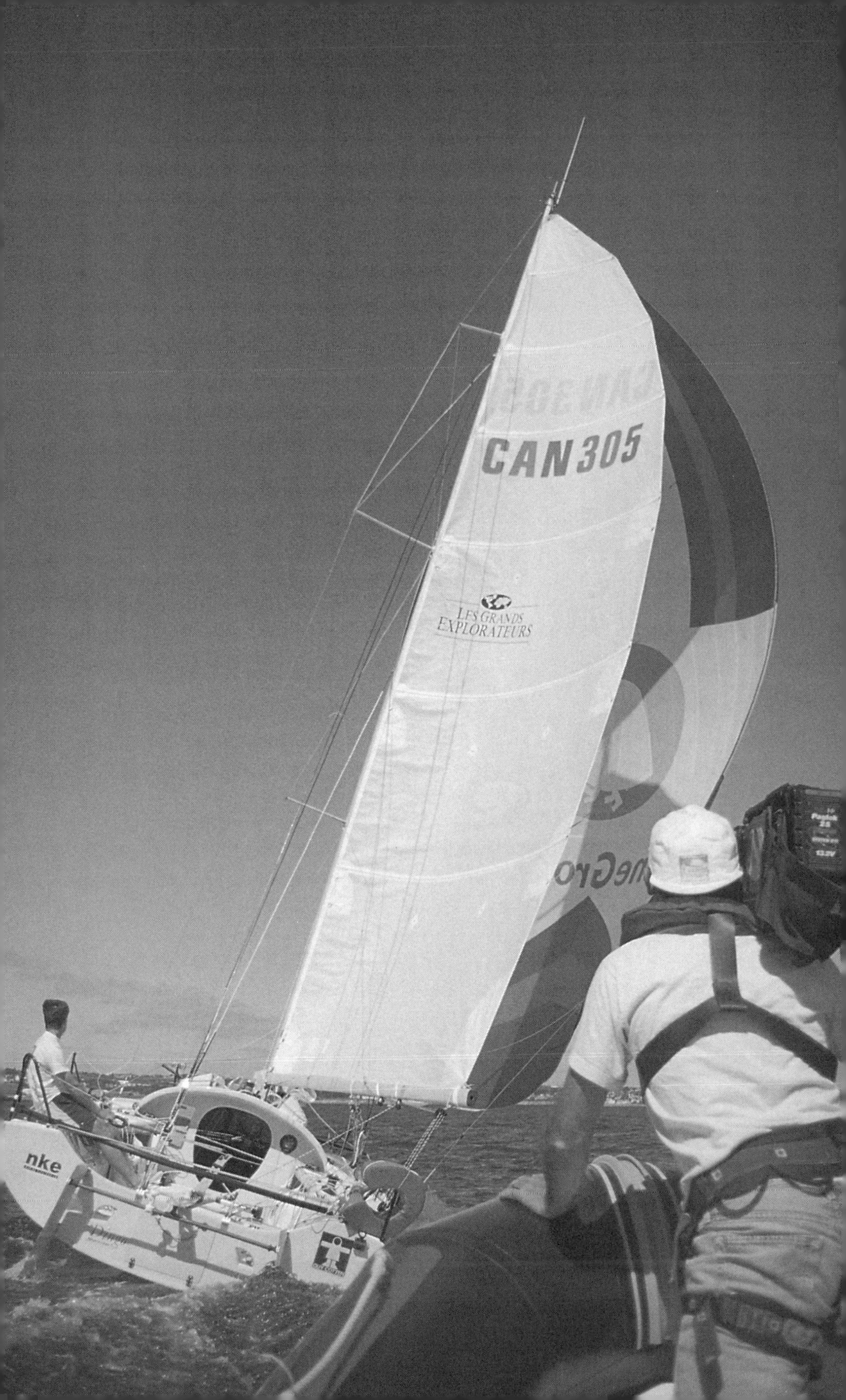
CAN 305
LES GRANDS EXPLORATEURS
nke

IV

L'AVENTURE PAR L'IMAGE

90 heures pour 90 minutes (Évangéline)

Il neige dehors. Déjà la mi-janvier, une période calme à Montréal après la folie du temps des Fêtes. On n'a pas le goût de sortir et c'est peut-être mieux ainsi, car je dois me concentrer sur mon travail à l'écran.

L'an dernier, j'ai accepté de monter une heure et demie d'images pour les conférences que Damien donnera le mois prochain. En principe, ça n'a rien à voir avec mon projet de documentaire. C'est un exercice différent, mais qui m'a donné l'occasion de visionner le matériel accumulé en deux ans de tournage : 90 heures au total, des cassettes qui remontent à la construction du bateau et même avant…

321

Il était temps que je débroussaille tout ça. J'avais presque oublié certaines entrevues, dont la toute première, tournée à Kingston en Ontario. Damien était équipier sur un Laser 28 à l'occasion d'une semaine de régate : la Cork. J'avais emprunté la caméra numérique d'un ami pour filmer l'une des courses et poser quelques questions à mon frère sur ses projets. À l'époque, il avait 20 ans et venait tout juste d'acheter les plans de son futur mini. L'aventure allait bientôt prendre son envol.

Assis sur le ponton, avec les voiliers en arrière-plan, Damien paraissait très gêné devant la caméra. Le fait que sa sœur réalise l'entrevue n'aidait pas la chose. N'ayant moi-même pas beaucoup d'expérience dans la formulation de questions, il y eut de nombreux cafouillages et des fous rires interminables.

Au fil des entrevues, nous avons tous les deux gagné en assurance et cela malgré nos petits accrochages :
– Mais tu viens juste de me demander à peu près la même chose ! disait-il.
– Oui, mais ça serait mieux si tu résumais un peu plus ta réponse… que je lui répliquais.
– Mais tout à l'heure tu voulais que je donne des détails…
– D'accord, mais j'ai pas envie que tu me décrives ton système de ballast en détail, de toute façon personne va comprendre de quoi tu parles, c'est trop technique !
– Bon, c'est bientôt fini ?
– Oui, oui, dernière question, promis !

Damien a toujours fait preuve de beaucoup de patience. Quand il se montrait agacé, je lui disais : « Tu sais, Damien, toi tu apprends ton métier sur la mer, et des fois tu fais des erreurs. Moi c'est avec ma caméra que j'apprends à travailler et c'est normal que tout ne soit pas parfait. » En général ça le calmait un peu et je pouvais lui poser encore une ou deux questions.

J'enrageais parfois devant le flegme qu'il affichait quoi qu'il arrive. Jamais de colère ou de déception apparente, même quand ça allait mal durant la construction. Je l'ai vu s'émouvoir, pour la première fois, le jour de son départ en cargo pour la France. Mais j'avais tellement les yeux dans l'eau que j'ai dû passer la caméra à François, mon copain, pour qu'il tourne la scène des adieux. Quand j'ai retrouvé Damien à Brest, il vivait le stress des préparatifs en vue de ses premières navigations en solitaire et j'ai pu capter une certaine gravité dans son regard et à travers ses propos. Autre moment d'émotion immortalisé par la caméra : l'arrivée de sa dernière épreuve de qualification. La fierté et le soulagement d'avoir enfin réussi les durs préliminaires de la Mini-Transat s'affichaient avec éclat sur son visage et dans ses cris de victoire. Et enfin le grand jour, le 22 septembre 2001, où il s'est élancé vers le Brésil avec sa petite caméra. Quelques heures avant le départ, alors que le reste de la famille s'affairait aux derniers préparatifs, Damien était déjà parti. Son bateau était encore au ponton, mais son esprit était en course. Comme un athlète qui se prépare mentalement aux mouvements qu'il effectuera dans quelques minutes.

Je me souviens qu'il fallait lui répéter la même question au moins deux ou trois fois si l'on voulait une réponse. Son attention était déjà ailleurs, sur l'eau, quelque part entre La Rochelle et les Canaries…

Ce matin, je travaille justement sur la première étape de sa course. Sur mon écran d'ordinateur s'enchaînent les images qu'il a tournées le quatorzième jour. Mer d'huile tout autour de *Dingo*, puis la voix de Damien brise le silence : « Putain de pétole de merde ! »

En deux mois de montage, j'ai dû revoir cette scène des dizaines de fois. Pourtant, j'ai toujours un serrement au cœur, comme la première fois où je l'ai regardée sur le petit écran LCD de ma caméra. Damien venait alors tout juste d'arriver aux Canaries et il m'avait remis ses quatre cassettes d'une heure, filmées entre La Rochelle et Lanzarote. Il était fier de lui, je pense. Il savait à quel point je comptais sur ses images pour mon documentaire. Il s'était donné beaucoup de mal pour diversifier les points de vue de caméra et « s'accorder » une entrevue par jour, ou presque, dans laquelle il commentait sa course en direct.

J'étais très contente de son matériel. Et puis j'ai écouté la dernière cassette… « Avec tous ceux qui suivent ça au Québec… Damien en vingtième position, qui avance à zéro nœud… tout un exploit… tout un exploit… » Il se trouvait immobilisé à 90 milles des Canaries, sans un souffle de vent, alors qu'une bonne partie de la flotte était déjà arrivée, et il craquait complètement devant la caméra.

Devant ces images, mon cœur de réalisatrice a fait : « Chouette, de l'émotion forte ! »

Mais mon cœur de sœur a eu peur. Il y avait dans sa voix et sur son visage tellement de solitude, de frustration et de déception que j'en avais les larmes aux yeux.

Alors je lui ai fait jurer sur-le-champ et sur la tête de notre mère, que plus jamais il ne se traiterait de con ou de nul s'il se trouvait à nouveau dans une situation semblable. Plus jamais il ne devait se juger aussi durement. Et il a promis. Mais je me suis sentie à peine mieux.

Aujourd'hui, je connais chaque entrevue par cœur, chaque mot, chaque tonalité, chaque expression de Damien. Je trouve parfois difficile de m'en détacher, de rester objective. C'est la même chose avec les centaines de plans choisis et digitalisés sur l'ordinateur. Je me rends compte que certains ne font pas l'affaire, qu'il faut en trouver d'autres où le son est meilleur, la caméra moins vacillante, la lumière plus belle.

C'est encore plus difficile de travailler avec des images que l'on a faites soi-même. On se souvient de tel plan, tourné aux petites heures du matin, l'ambiance était magique, on VEUT que ce plan soit dans le film. Il faut pourtant se demander s'il a réellement besoin d'être là, s'il contribue à l'histoire ou seulement à l'esthétique.

Ce travail de montage me plaît, même si je le trouve un peu stressant au niveau technique. À quelques reprises déjà, j'ai dû téléphoner d'urgence à François, à Los Angeles. Mon ex-copain, qui fait maintenant sa maîtrise en cinéma là-bas, demeure mon sauveur informatique. Il n'hésite jamais à passer des heures en ligne pour régler les bugs de mon cher ordinateur. Rien de plus frustrant qu'une machine qui plante sans raison valable. Plus rien ne fonctionne, tout est gelé, une petite fenêtre apparaît avec une croix rouge et un tas de signes très compliqués. Chaque fois, j'ai le cœur qui cesse de battre. J'imagine toujours le pire, m'angoissant à l'idée que je ne pourrai peut-être pas finir mon film. Dans de tels moments, j'aimerais pouvoir m'engueuler avec mon ordinateur, lui lancer à la tête les pires insultes pour qu'il se sente coupable de me rendre la vie aussi dure. Mais son air impassible m'enrage encore plus, alors j'essaie de me convaincre que ça ne donne rien de crier après une machine, on se sent juste un peu plus con, c'est tout ! Une fois le problème réglé, j'ai tellement peur que tout recommence que j'appuie moins fort sur les touches du clavier, je bouge ma souris tout doucement et lui chuchote des mots doux...

C'est la première fois que je réalise un projet de cette ampleur. Trois ou quatre mille personnes vont voir ce film durant les conférences, je ne peux me permettre de traiter ça à la légère. J'aurais pu travailler avec quelqu'un de plus qualifié en montage, mais je me connais, par manque d'expérience et de confiance, j'aurais laissé l'autre prendre plus d'initiatives.

Je ne suis quand même pas seule. La famille visionne chaque étape de mon travail et m'apporte ses commentaires. Même si je suis très sensible aux critiques, leur aide m'est précieuse. Mon père Carl, réputé pour ne pas y aller avec le dos de la cuillère, fait même des efforts pour nuancer ses propos, ce qui n'est pas sans me déplaire.

Pendant ce temps, mon frère ne voit rien de tout ça. Il navigue en ce moment au milieu de l'Atlantique, en convoyage à bord de *Fila* qu'il ramène en France. C'est sûrement mieux comme ça. Je crois que je n'aurais pas supporté de le voir regarder par-dessus mon épaule constamment. Et lui serait devenu fou à attendre ici le moment de monter sur scène.

Après plus de deux ans de tournage, cette période de montage est très motivante. Jour après jour, ces petits bouts du passé s'ajoutent les uns aux autres et se concrétisent en une histoire. Et même si cette aventure fait partie de ma vie depuis plus de deux ans, elle prend aujourd'hui une autre couleur avec le recul. Comme si j'arrivais, jusqu'à un certain point, à me détacher du projet pour en voir toute l'ampleur.

Salle André-Mathieu à Laval. Jeudi le 28 février 2002. Tout est prêt pour ce soir. J'ai même réussi à terminer le montage avec quelques jours d'avance. Nous avons eu le temps de faire les tests en salle, la semaine dernière, et ça m'a permis de retravailler le son à l'ordinateur. Il n'y a pas beaucoup de conférenciers des Grands Explorateurs qui présentent un film tourné en numérique. Avec un bon projecteur, le résultat est étonnant. Nous sommes les premiers surpris par la qualité professionnelle de l'image sur grand écran.

Il est 17:00. La projection commence dans deux heures. Nous sommes arrivés à l'avance, Carl, Damien et moi, pour les derniers tests. Dominique et les jumelles nous rejoindrons plus tard, avec les tee-shirts d'Océan Énergie et les livres de *La V'limeuse* que nous vendrons à l'entracte.

Une fois les tests terminés, nous nous retrouvons tous les trois en mode « attente », le pire des modes, selon moi ! On nous a installés dans une loge à l'arrière de la salle. J'essaie d'avaler une bouchée de sandwich, sans grand succès. Damien, lui, n'essaie même pas, il sait que ça ne passera pas. Je le trouve bien brave d'aller faire face à 820 personnes pour raconter son histoire. Je sais qu'il ne peut plus reculer et qu'il regrette probablement la satanée journée où il a accepté, sans peut-être vraiment y penser ou en se disant : « De toute façon, c'est dans longtemps ». Je connais assez Damien pour être persuadée qu'il préférerait traverser cinq coups de vent plutôt que de monter sur la scène dans quelques minutes. Et je suis dans un tel état de nervosité, moi qui ne suis même pas obligée de prendre la parole devant tous ces gens, que je ne peux qu'admirer le courage de mon petit frère :

– Ça va aller, Damien, tu vas être super bon, j'en suis sûre !
– Ouais… j'espère…

Et puis ça y est, Andrée Lapointe, la directrice des Grands Explorateurs vient chercher Damien, c'est elle qui va le présenter.

Je ne supporterais pas d'être dans la salle, confrontée au stress de Damien. Comme je ne peux rien contrôler, je préfère ne pas voir ni entendre. Pas même la réaction des gens devant mon film. J'ai trop peur qu'il n'y en ait pas, justement. Je me réfugie donc avec Noémie et Sandrine dans une petite pièce. Le son nous parvient quand même par un haut-parleur et je me bouche les oreilles. L'introduction de Damien doit durer environ dix minutes. C'est le moment le plus difficile puisqu'il se tient debout au milieu de la scène, avec un spot braqué sur lui, et que tout le monde le regarde. Au moins, après l'« intro », le film commence et il peut s'installer sur le côté, dans l'ombre, d'où il commente les images.

Vingt minutes plus tard, Dominique entre dans la pièce et nous traite de lâches. En reine de la contradiction, je me jette sur elle pour savoir comment ça se passe. « Super ! » dit-elle. Elle nous raconte que Damien était très nerveux. Après quelques mots, il a eu le souffle coupé et sa gorge s'est nouée. Toute la salle s'est mise à applaudir pour l'encourager. Il a pris une grande respiration et a dit : « Je ne sais pas comment vous allez, mais moi je suis très stressé, c'est la première fois que je fais ça et ça ne va pas trop… » Et rebelote, les 800 personnes l'ont applaudi ! Petit à petit, Damien a pu reprendre le contrôle de sa voix et de sa nervosité. La suite se déroule parfaitement. On ne pouvait rêver d'un meilleur public pour une première.

À l'entracte, des dizaines de personnes envahissent l'espace où nous vendons livres et tee-shirts. Il y a tellement de monde que nous acceptons l'aide de deux amies, Édith et Marie, venues à notre rescousse. Les compliments fusent : très belles images, beau montage, bonne musique, etc. Je suis dans un état d'excitation euphorique, avec, accroché au visage, un sourire grand comme mon soulagement.

La deuxième partie de la conférence est reçue avec autant d'enthousiasme, Damien a droit à une ovation debout, et c'est sur un nuage que nous repartons tous à la maison, fêter devant pizzas et bières le succès de cette soirée.

L'Olympia (Damien)

Dans quelques minutes, je vais monter sur scène et m'adresser à un millier de personnes. Je n'en reviens toujours pas et pourtant c'est la troisième fois en une semaine. Jamais je n'aurais cru être capable de ça. Imaginez, au secondaire, je me rendais malade juste à l'idée de faire un exposé oral de dix minutes devant ma classe, soit 25 à 30 étudiants, gros max ! Et là, quelques années plus tard, on me demande de présenter trois conférences de deux heures devant des salles de 800 à 1200 places. Un autre défi de taille !

La vie fait en sorte que tout s'enchaîne pour le mieux, j'en suis persuadé. Durant mon projet, chaque étape m'a donné la force de passer au niveau suivant. La construction de mon bateau m'a permis d'arriver avec les outils nécessaires pour réussir mes entraînements, mes qualifications et ainsi de suite… À la fin de ma transat, j'avais suffisamment de détermination pour surmonter ma timidité et réussir ce pari de grandes conférences publiques.

Tout ce chemin parcouru ne rend pas les choses plus faciles, mais on finit par croire qu'elles sont possibles. Et avec le temps, je contrôle mieux mon stress. Mon convoyage le mois dernier sur le 60 pieds open *Fila* entre le Brésil et la France m'a aussi aidé à me préparer. Évangéline m'avait remis une première version de son montage avant mon départ. Alors que nous foncions vers le Nord, je la visionnais et commençais à prendre des notes. Me retrouver en mer pour faire ce travail m'a fait du bien.

De retour au Québec, j'ai dû ajuster mes commentaires car le choix des images avait changé quelque peu. Il me restait deux semaines pour tout mettre au point : une bonne introduction de sept à huit minutes, des explications sur chaque étape durant les quarante premières minutes du film, un petit mot à l'entracte et finalement merci bonsoir. Certains conférenciers des Grands Explorateurs récitent un texte du début à la fin. Cette idée ne me plaisait pas du tout.

Je préférais mémoriser mes idées. Mais la difficulté serait de les enchaîner sans trébucher, tout en respectant le *timing* du montage.

Et puis, la grande première est arrivée… C'était la semaine dernière, à Laval.

Ce jour, j'avais souvent souhaité qu'il ne se pointe jamais le bout du nez. Juste à y penser, mon corps réagissait : mal de ventre, anxiété et cette putain de peur qui vous bouffe les tripes. Je suis sans doute maniaque sur les bords car même si je débute dans un domaine, je désire toujours la perfection. C'est plus fort que moi. Je me fais très mal en m'infligeant une telle pression. Mais souvent cette rigueur me mène assez loin.

Le soir de la première, j'ai vraiment eu besoin de toute ma détermination. Quelques minutes avant mon entrée en scène, ça allait encore. Tout s'est gâté quand Andrée Lapointe a commencé sa présentation. J'avais l'impression que quelqu'un prenait un plaisir fou à retirer toute la salive de mon corps. Seul petit problème, ma bouteille d'eau se trouvait dans la loge. Avais-je le temps de courir la chercher ? Pas le choix, sinon j'allais mourir de soif avec mon micro entre les mains. En revenant vers la scène, je me suis envoyé une bonne gorgée tout en focalisant sur mon introduction que je devais réciter sans l'aide d'un bout de papier. Et là, d'un seul coup, ce fut le trou noir. Je ne me rappelais plus de rien. J'entendais seulement le sang battre dans mes tempes.

Huit cent cinquante têtes me regardaient avec de grands yeux. Après la chaude main d'applaudissements, plus un bruit dans la salle. Ils attendaient tous que Damien ouvre la bouche pour leur raconter sa folle aventure. Le petit garçon, lui, ne contrôlait plus son corps.

Heureusement, il avait encore toute sa tête. Par miracle, les mots qui sortaient tout seuls se tenaient, la première phrase était claire. Incroyable comme un système nerveux peut réagir à une telle demande. Et puis je suis arrivé au bout de mon souffle, la voie tremblante. J'ai dû arrêter de parler car je n'avais plus d'air dans mes poumons. Un, deux, trois, les secondes s'écoulaient. Toujours le silence. J'ai écarté le micro et, croyez-moi, mesdames et messieurs, j'ai pris une respiration dont je me rappellerai toute ma vie. Les gens m'ont applaudi de plus belle. À partir de là, tout a été facile.

Ce soir, j'en suis à ma troisième conférence, donc plus en contrôle, mais il va y avoir beaucoup de monde. Amis, famille, partenaires, la grande majorité d'entre eux seront dans la salle. Cet après-midi, un commanditaire m'appelle pour m'annoncer qu'il ne reste plus de billet en vente, à sa grande surprise :

– J'attendais pour en acheter un ou deux pour des amis, mais je me suis fais prendre de court. T'en reste-t-il, par hasard ?

L'Olympia *sold out* ! 1200 places, incroyable ! Imaginez la pression maintenant...

Je zigzague entre les divans de ma loge et me concentre sur ma respiration. J'ai fait le test à Québec, pour la deuxième soirée, et ça a bien marché. Expirer plusieurs fois pour ensuite bien se remplir les poumons. Et hop ! on recommence.

« Pas facile, pas facile. » Il y a quelques mois, durant la première étape de ma course, je soufflais cette phrase à la caméra, suivie d'un grand soupir. Pris sur cette putain de mer d'huile, le moral du skipper était bien en dessous de la ligne de flottaison. Aujourd'hui, je me demande si je ne préfèrerais pas changer de place.

Carl et Évangéline me tiennent compagnie. Ensuite c'est le tour d'Andrée de venir me voir. Elle veut s'assurer que son dauphin est en forme et tente de me réconforter en affirmant que tout ira bien. Même si ça ne m'enlève pas la pression, j'apprécie leur soutien.

Le moment de vérité approche. Une dame s'avance sur scène pour me présenter. Je me concentre à peine sur ce qu'elle dit. Le bourdonnement de la salle retient toute mon attention. C'est à toi de jouer, Damien ! Va leur transmettre ce que tu as vécu.

Huit minutes plus tard, mon introduction est terminée. Tout s'est parfaitement enchaîné, sans l'aide du petit bout de papier que j'avais quand même mis dans une de mes poches. Sandrine m'avouera par après qu'elle s'était demandée comment j'arrivais à garder de l'ordre dans mes idées. Pour moi c'est un mystère, car je doute à chaque fois. J'ai peur d'avoir des blancs…

Le film est lancé. Je commente les quarante premières minutes. Finalement, le grand jour du départ arrive et là je dépose mon micro et je regarde les images. La salle réagit. Des rires, des applaudissements en plein milieu du film, c'est génial. Je n'aurais pu espérer mieux. Évangéline doit être fière, elle aussi.

Les images tournées entre La Rochelle et les Canaries me font toujours un drôle d'effet. C'est évident, j'aurais préféré montrer à tous ces gens une belle première étape. Je n'ai pas encore fait la paix avec ma chute au classement. Lorsque je « pète ma coche » dans la pétole, les réactions sont fortes et je suis bien forcé d'admettre que mes difficultés ajoutent de l'intensité à l'aventure. Au fond, si je m'étais acheté un beau petit bateau déjà fabriqué, que j'avais fait mes qualifications en parfait contrôle puis, en bout de ligne, une course sans aucune faille, l'impact sur le public ne serait pas le même.

Enfin, nous coupons la ligne d'arrivée au Brésil, *Dingo* et moi, sous les applaudissements d'un millier de personnes. J'en frissonne : « Merde, Damien, rends-toi compte ! Tu as réussi à terminer la Mini-Transat, en milieu de classement, avec un super bateau construit de tes mains, et tout ça à seulement 22 ans. » Je ne me lance pas souvent d'éloges, mais là je suis fier de moi.

J'invite Évangéline à venir me rejoindre sur scène. Je n'ai pas souvent parlé de sa persévérance et sa détermination. Mais, croyez-moi, il fallait en avoir pour endurer un con de petit frère aux humeurs changeantes. Souvent fatigué ou impatient. Je me rappelle de ses fameuses questions : « Es-tu stressé ? » ou encore « Qu'est ce que tu fais ? » Plusieurs fois, je n'ai pas eu le goût de répondre à la caméra, mais c'était important pour elle. Ce soir, je lui lève mon chapeau. Elle a fait d'énormes sacrifices pour capter les hauts et les bas du projet. J'ai eu mon paparazzi collé aux fesses durant plusieurs mois en Europe. En plus de son rôle de *cameragirl*-réalisatrice, elle était là pour me supporter moralement dans les coups durs. Je lui décerne donc une autre médaille : celle de super sœurette !

Mes parents sont dans la salle et je les remercie en silence. J'espère qu'ils sont conscients que ces applaudissements sont aussi pour eux. Quelle belle façon pour nous tous de terminer ce projet !

Cinéma vérité (Carl)

Dans une vingtaine de minutes, Damien va monter sur la scène de l'Olympia et faire sa présentation. Entre-temps, je ne reste pas en place deux minutes. Et ce n'est pas la nervosité qui me tiraille ; il y en a suffisamment dans la loge où l'apprenti conférencier répète son texte. Je suis plutôt en proie à une excitation, celle de vouloir capter sous tous ses angles cette belle soirée qui se prépare. Mon va-et-vient m'amène à m'accouder quelques instants au bar situé au fond du hall d'entrée. Je regarde les gens rentrer à pleine porte. Le gérant vient me jaser en passant ; il y a longtemps qu'il n'avait vu la place affichée complet. Il m'avoue ne rien connaître à la voile, mais n'en demeure pas moins surpris de cette affluence record. Vient ensuite l'éternelle question sur la hauteur des vagues... Pour faire contre-poids, je lui parle de cet effrayant calme plat que Damien a rencontré, ce qui a soulevé en lui la pire tempête de sa vie. « Et il a filmé ça. » lui dis-je en m'éloignant. « Tu devrais jeter un œil. »

Je poursuis ma ronde, grimpe au balcon en pensant que je devrai m'asseoir à un moment donné. Je serre quelques mains au passage : « Nous avons suivi son aventure dans La Presse, vous devez être fier de votre fils. » Ce serait tellement simple de répondre « oui » tout court. Mais non, triste de moi, les roues braquées face à l'attendrissement, j'admets tout au plus que « c'est un bon p'tit garçon, qu'il a bien du mérite... » Y aurait-il un solitaire en moi pour se sentir si démuni parmi la foule ? Je me connais pourtant. Aussi avais-je décidé dès la première représentation à Laval que je n'irais pas. C'est le côté gauche de mon cerveau qui l'a finalement emporté.

Décidément, la vue est bien meilleure d'ici, mais il monte d'en bas comme une marée sonore qui emplit la tête. Le bruit de plus de huit cents personnes qui jasent ou prennent leur siège me parvient comme une invitation. J'ai l'impression que je manquerais quelque chose et redescends aussitôt. Rendu derrière la scène, j'écarte le rideau et prends la véritable mesure de cette salle. Ce vieux théâtre des années vingt est un mammouth du genre. Vu de l'avant, le parterre s'étire si loin en profondeur que les dernières rangées semblent vouloir s'arrêter au milieu de la rue Sainte-Catherine. Quel contraste avec les amphithéâtres modernes qui rapprochent les spectateurs et créent une atmosphère plus conviviale ! J'espère que Damien n'en fera pas un stress supplémentaire. Mais cela devrait bien se passer. Les huit à dix minutes où il fait son introduction sont les plus ardues. Ensuite, lorsqu'il commente son vidéo, il me fait penser à un prestidigitateur qui subjugue son public en sortant des images de sa manche.

Je suis doublement heureux pour lui ce soir. De un, il a fait sa Mini-Transat et aujourd'hui, autre exercice périlleux, il apprend à la communiquer. Je devrais préciser qu'il le fait cette fois de vive voix, ayant vécu l'expérience de l'écrit à travers sa série de chroniques pour La Presse. Au départ, rien de tout cela n'était évident, autant les heures passées à se torturer les méninges pour pondre un texte que ce trac fou qui le ronge maintenant face à l'éventualité de prendre la parole en public. Mais il a vite compris l'importance de ces deux réalités ; s'il se violentait le moindrement, elles allaient lui permettre d'atteindre plus rapidement ses objectifs, c'est-à-dire progresser dans son expérience de coureur tout en favorisant le développement de la course au large, et pourquoi pas d'une classe de 6,50 mètres au Québec. L'apprentissage de la communication est un must aujourd'hui si on veut obtenir de la visibilité, ce qui va de pair avec le financement d'un projet.

J'en connais d'autres, notamment du côté de l'organisation, qui doivent se réjouir de ces trois soirées qui s'annoncent comme un franc succès. Une supplémentaire est même prévue à Longueuil dans un mois. Pourtant, lorsque je me suis présenté au bureau des Grands Explorateurs, il y a deux ans, je ne cherchais nullement à inscrire Damien dans une tournée de cinéconférences. Je ne rêvais pas en couleurs. J'étais le gérant d'affaires improvisé, un vendeur de publicité, sans don particulier mais qui croyait en son produit. J'avais pensé à cette société le plus naturellement du monde, m'étant dit que si elle vendait de l'aventure, elle serait peut-être prête à en acheter un peu, sous forme de visibilité. Dans mon attaché-case, j'avais quelques espaces à 5 000 $ où elle pourrait afficher son logo.

Surtout, j'arrivais au bon moment. Deux ans plus tôt, d'un strict point de vue technique, mon chien était mort. Les documents en vidéo numérique relevaient encore de la science-fiction au royaume interdit du film 16 mm. Cette nouvelle technologie n'avait pas encore rejoint les Grands Explorateurs. La table était mise maintenant et tout ce beau monde en appétit n'attendait plus que le livreur. Au lieu de la classique pizza, du rituel poulet barbecue ou des mets chinois, je m'amenais en proposant une savoureuse assiette de fruits de mer.

Je tombais bien, les responsables voulaient varier leur programmation, ajouter ici et là une touche de vécu et de contenu québécois, s'il s'en trouvait. Depuis quelque temps d'ailleurs, ils n'étaient pas exempts de critiques sur l'abondance de matériel européen offert à leur public. L'explication se trouve dans le concept même de leurs activités. Le principe de l'auteur qui s'amène avec son film sans bande sonore sous le bras et le commente chaque soir n'est pas dans nos habitudes. Cette façon de faire s'est développée surtout en France où la demande a créé ce type de production. Pas étonnant alors que la majorité de ces chasseurs d'images, revenant d'un tournage dans différentes parties du monde, se retrouvent sur la scène québécoise. N'empêche qu'en général la formule plaît au public. Depuis leur structuration définitive en 1973 jusqu'à aujourd'hui, le nombre d'abonnés est passé de 474 à plus de 44 000.

Si la direction a eu le flair, elle a aussi pris le risque et c'est tout à son honneur. Car au moment où Damien a signé pour ces trois séances d'essai, rien ne garantissait qu'il allait se qualifier et prendre le départ. Le problème toutefois n'était pas sans issu. Avec la somme d'images tournées par Évangéline, un scénario B aurait pu tenir la route, mais il aurait manqué la partie en direct de sa course, non la moindre d'après les réactions obtenues jusqu'à présent.

Finalement, je me poste debout au fond de la salle quand le spectacle commence. Je compare son introduction à la partie sans filet d'un numéro de voltige. Pour Damien, c'est une prouesse de s'exprimer devant tant de monde et il s'en tire honorablement. Et place à l'image.

Dès le départ, ces longs glissements sur l'eau se changent subitement en craquements. Un ignoble individu près de moi a sorti son sac de chips et s'en met à pleine bouche. C'est tout bonnement scandaleux et je m'attends à ce que quelqu'un autour lui demande d'arrêter ce bruyant exercice de mâchoire. Sinon, je me fâche et lui montre combien je pèse en piétinant ses croustilles. Enfin, des têtes se tournent et lancent des regards mauvais. Ouf! il a compris et libre à moi maintenant de rejoindre les blancs sillages de *Dingo*.

Je revois certaines scènes pour la dixième fois depuis les premières versions du montage et elles me remuent toujours autant. Quand nous avons confié une caméra à Damien, c'était s'en remettre à la grâce de Dieu. Nous savions pertinemment que sa course passait en premier et qu'en aucun cas il ne devait hésiter entre deux choix : exécuter une manœuvre ou préparer une prise de vue. Une course en solitaire est éprouvante physiquement, surtout dans le mauvais temps, et on ne trouve pas toujours la force ou la motivation pour filmer. J'en sais quelque chose. À notre retour de voyage à bord de la *V'limeuse*, il y avait de nombreux blancs photographiques dans notre collection de diapositives. On pouvait, sans beaucoup se tromper, imaginer les fois où il y avait eu force 8 au large ou celles où je n'avais pas le moral. Chez Damien, c'est tout le contraire. Il doit posséder le gène du showbiz. Lorsque ça ne va pas, il sort la Sony et lui raconte tout. Et avec une franchise qui crève l'écran.

Au-delà des rires qui fusent de la salle ou des moments d'émotion qui la contiennent, je remarque le formidable passage du temps à travers le déroulement du film. Nous savions que Damien avait changé au cours des deux dernières années. Dans la réalité, il ne nous est pas apparu différent du jour au lendemain. Mais dans cette forme accélérée d'une heure trente, l'effet est plus saisissant. De toutes les lumières qui viennent éclairer son visage depuis la construction de son mini jusqu'à la ligne d'arrivée, celle du défi relevé lui va certainement le mieux.

Épilogue

La parole aux jeunes (Damien)

Plus d'un an s'est écoulé depuis mon arrivée au Brésil. Pourtant je baigne dans ma course comme jamais. Je la revis plusieurs fois par semaine à travers mes conférences. Ces derniers mois, j'ai fait avec mes images ce qu'un entraîneur sportif fait après une compétition. Analyser, encore et encore, mes forces et mes faiblesses. Je sais qu'en général, la prudence a occupé une place importante durant ma course. Je voulais terminer et performer à la fois, et je crois avoir réussi. J'aurais pu pousser davantage mais, mentalement, je n'étais pas prêt à aller chercher quelques positions au risque de casser et de faire une croix sur l'épreuve.

Maintenant je peux regarder mes images avec un certain recul et je ne pense plus qu'à une chose : remettre ça !

Depuis le temps que j'avais envie de partager mon expérience avec les jeunes, je suis servi. J'ai rencontré 7 000 étudiants cet hiver, de niveau primaire et secondaire. Et j'ai adoré mon expérience. Les réactions pendant et après le film m'ont prouvé que la course au large touche les jeunes de tous les âges. Ils sont fascinés par la mer et curieux des détails techniques de la vie à bord. Le côté humain les passionne aussi, comme la solitude, la peur, les hallucinations, etc.

Aujourd'hui, ils sont deux cent cinquante adolescents, de 14 à 16 ans, assis devant moi dans l'auditorium. Le film est terminé et la période des questions commence :

– Damien, qu'est-ce que tu faisais quand t'avais plus rien à faire ?

– J'écoutais de la musique et je m'étais apporté une revue...

Rires...

– Non ! Non ! C'était une revue de voile...

Rires encore plus forts. Puis quelqu'un me pose la question classique :

– Comment faisais-tu pour aller à la toilette ?

Je comprends que ça les intrigue, surtout après avoir vu l'intérieur de *Dingo*.

– Selon vous, est-ce que je pouvais me permettre d'avoir une toilette à bord ?

La majorité répondent « non » et ils ont raison. Je leur explique alors que la légèreté est très importante à bord de tout bateau de course et conclus :

– Je vous laisse imaginer la suite...

Je les entends chuchoter et rigoler pendant quelques secondes, avant qu'un autre étudiant lève sa main et me demande qu'elle a été ma pire hallucination.

– C'était lors de ma deuxième course de qualification. J'ai cru, durant une bonne partie de la nuit, que je me trouvais à la barre d'un autre bateau, celui d'un copain. Une sensation très particulière.

Ensuite je leur explique que non, je n'ai pas eu de prix en argent en arrivant au Brésil. J'ai consacré toute cette énergie pendant deux ans dans le seul but d'apprendre, comme d'autres vont à l'université.

Après vingt minutes d'échanges, nous devons mettre fin à la rencontre. En regagnant ma voiture avec Évangéline, je pense à ce que Jacques Pettigrew m'a dit un jour : « Si ton exemple ne déclenche qu'une seule autre passion chez nos jeunes, nous aurons accompli quelque chose. »

Il serait sûrement heureux, tout comme je l'ai été, de lire les messages que plusieurs jeunes m'ont envoyés par la suite. En voici quelques extraits :

> « Cher Damien, je trouve que c'est vraiment extraordinaire ce que tu as fait ! Ça a dû être dur... Quand je pense à passer un mois toute seule... Mais tu as montré beaucoup de persévérance, c'est bien pour les jeunes, ça nous donne le goût d'essayer et de poursuivre nos rêves ! Il faut continuer à parler de ton voyage, il faut qu'on comprenne que dans la vie, rien n'est facile ! Et c'est pour ça qu'il faut aller de l'avant ! Je crois que toute ma classe a vraiment aimé le film que ta sœur a fait, c'est super que ta famille t'ait soutenu tout au long de ton aventure. »

« Votre exploit est incroyable et personnellement j'ai trouvé votre film fabuleux. Tout le monde se pose la question, comment fait-il pour être aussi patient pour voyager en mer tout seul au milieu de l'océan ? Ce que j'ai trouvé extraordinaire c'est que vous voyagez depuis que vous êtes tout petit avec votre famille et que plus vieux vous décidez de partir tout seul sur un voilier magnifique et que le voilier est contrôlé par une personne et la personne c'est vous et, en un seul mot, vous êtes vraiment autonome comme personne. Je ne sais pas si vous pensez comme moi, mais les dauphins qui étaient à côté de votre bateau vous portaient chance d'après mon impression. » Olivier

« Ce grand voyage que tu as fait devait être très difficile. C'est aussi une aventure pas comme les autres. Cela me donne l'envie de participer un jour à une compétition comme celle-là. Il y a bien des gens qui pensent que traverser l'Atlantique tout seul est une absurdité. Mais si c'est vraiment ça que le cœur veut, alors c'est ça que tout l'humain veut. » Gabriel

« J'ai vraiment aimé ce que vous aviez fait. Le film était excellent, surtout lorsqu'il y avait des *dolphins*. Moi et mes amis on a aimé lorsque vous avez montré la mer toute belle et *blue...* » Moustafa

« J'ai adoré ta présentation. Ça doit être dur de penser à tout, tout le temps. Enfin, j'ai trouvé le film très amusant à des moments comme quand les dauphins te suivaient, et ça doit être vraiment dur de ne pas dormir pendant 48 heures. Moi, je ne ferai jamais du solitaire parce que je n'aime pas être seul, sauf quand je dors. » Julien

« La voile est un sport que j'aime beaucoup, même si je ne le pratique pas. La solitude est toujours le problème en solitaire, mais la mer, les vagues, le vent qui souffle dans la voile, tout ça doit être tellement passionnant ! » Cassandra

« J'ai trouvé intéressant la façon dont vous avez construit votre voilier, même très intéressant. Auparavant, je ne m'intéressais pas beaucoup à la mer et aux bateaux mais votre vidéo m'a fascinée. J'ai été impressionnée par votre âge : un jeune homme comme vous, faire une si longue traversée ! Laisser sa famille, ses amis, etc., ce n'est pas facile, pour partir à l'aventure pour aussi longtemps ! » Yvette

« J'ai aimé bien des choses. Lorsque vous disiez ce que vous ressentiez pendant la nuit, seul sur l'océan, quelques fois vous entendiez les voix de votre famille et quelque fois vous aviez des hallucinations. Le film était passionnant. Moi aussi, peut-être, je participerai à une course en voilier, en mer. » Katherine

« Le courage et la persévérance que tu as eu du début à la fin sont énormes et tu dois en être fier. Même quand c'était difficile, tu as continué ton rêve, ce qui est super. Je dois aussi te dire que tu as accompli mon rêve de voir des dauphins de près. Eh bien, moi aussi je poursuivrai le mien jusqu'au bout. » Patricia

Et pour finir, cette lettre de Carole Forgues, directrice-adjointe du Centre Gabrielle-Roy :

« Courage, engagement, responsabilité, confiance en soi, réalisation de ses rêves ; tels sont les échos qui se sont propagés dans la cafétéria du centre Gabrielle-Roy, suite à la conférence donnée par le jeune navigateur québécois Damien De Pas. Le jeune conférencier a littéralement emporté ses 200 spectateurs car ceux-ci lui ont fait le cadeau d'une ovation debout.
Laissons la parole à Raziye, étudiante, dont le commentaire résume bien l'impact de la visite de Damien chez nous : "J'ai aimé la conférence de Damien parce qu'il m'a donné le courage d'être debout dans la vie. Cette rencontre m'a permis d'être persévérante pour chaque projet que je commence."»

Appendice

Rivière De Pas (Carl)

« Pourquoi vos enfants ne portent-ils pas vos noms ? » nous demande-t-on souvent. Effectivement, ils auraient dû porter l'un de nos noms de famille, soit le mien, soit celui de Dominique, ou les deux à la fois si on veut faire la part égale dans l'attribution de l'identité parentale. Dans notre cas, l'agencement Mailhot-Manny ou l'inverse paraissait bien lourd. À cette époque pourtant où nous cherchions à nommer Évangéline, née en août 1975, rien dans la loi n'interdisait aux parents de donner à leur enfant un nom différent du leur.

Vingt-six ans plus tard, je ne me souviens plus comment cette information nous était venue aux oreilles, mais elle ne pouvait tomber mieux. L'affaire se régla tout de même devant le juge. Notre lignée porterait dorénavant le nom de De Pas.

L'intention était louable, direz-vous, mais alors comment en êtes-vous venus à dénicher un nom pareil, à consonance étrangère, pas aussi joli et familier que Labelle, Lafleur ou Laliberté, et qui plus est, n'a l'air d'exister pour personne dans l'annuaire téléphonique de Montréal. À moins d'avoir une raison sérieuse pour justifier ce choix, où est l'avantage ?

Aucun à vrai dire, sauf que ce nom nous rappellerait à jamais un séjour privilégié qui allait poser la base de notre projet de vie à deux. Voici donc l'histoire de ce cours d'eau sauvage de la taïga québécoise qui a su conduire, il y a vingt-sept ans, notre canot vers la mer.

En se penchant sur une carte détaillée du Québec (1/50 000) et en regardant de près la région de Schefferville, on découvre qu'en sautant du train avec son canot, on peut, à quelques kilomètres de là, emprunter une série de lacs qui vous conduit au bout d'une semaine à la tête de la rivière De Pas*, l'objet de toute cette explication. Ensuite, il n'y a plus qu'à suivre le courant jusqu'à la baie d'Ungava. C'est une façon de parler, car elle ne fait pas à elle seule tout le trajet jusqu'à la mer. Au lac de la Hutte Sauvage, elle devient affluent et déverse ses eaux dans la rivière Georges, qui entame à son tour, à coup d'impétueux rapides, la descente finale vers le nord. Au total, le voyage jusqu'à la bourgade Inuit de Kangiqsualujjuaq prend un mois environ.

Soit dit en passant, il faut éviter de se présenter trop tôt dans cette région. En juin, les cours d'eau encore en crue augmentent considérablement le niveau de difficultés, sans compter que si on tombe à l'eau, le contact sera glacial. De même, il ne faut pas arriver trop tard là-haut, à l'embouchure de la Georges. Il peut y neiger dès le début septembre.

Reportons-nous sans plus tarder vers la mi-juillet 1974 où nous faisons nos premiers ronds dans l'eau du grand lac Attikamagen. Pour bagages : tente pour deux, sacs de couchage, matelas de mousse, gamelles, hache, une roulette de *duct tape*, un fusil de calibre 12 à un coup, de quoi écrire, deux avirons de secours, une ligne à pêche et un trident en guise de harpon. Nos vêtements se limitent à ce que nous avons sur le dos, plus un sous-vêtement pour la nuit. Nous apportons aussi deux imperméables de type poncho. Ils sont éventés mais cela échappe à notre attention. Côté alimentation, nous comptons garnir notre garde-manger en puisant à même la nature, poissons surtout et à l'occasion outardes et canards. Nos maigres provisions représentent un régime d'appoint : thé, farine de sarrasin et mélasse pour les petits-déjeuners, carrés de chocolat mi-sucré pour la pause du midi, soupe minestrone en sachets pour le repas du soir avec une poignée de riz. Le matériel qui doit être protégé de l'eau est contenu dans trois bidons étanches arrimés dans le canot. J'oubliais l'indispensable : quelques fioles de 6-12, la fameuse huile anti-moustiques de cette époque, et une gourde de cognac pour se réchauffer en cas de baignades forcées.

---

* La rivière De Pas s'appela longtemps la rivière du Loup. Comme il en existait plusieurs au Québec, un cartographe jugea bon, au cours des années quarante, de rendre hommage au sixième vice-roi de la Nouvelle-France, Isaac de Pas, marquis de Feuquières, nommé gouverneur du Canada en 1660. La lignée « de Pas de Feuquières » s'est éteinte au XVIIIe siècle.

Ma chienne Chicoutée se glisse au milieu de tout ça, sauf quand le canot est bâché. Elle s'installe alors sur le pont supérieur, au-dessus de tout et en recherche d'équilibre dans les passages agités.

Une semaine plus tard, notre promenade sur cette longue enfilade de lacs tire à sa fin. Chaud devant, les premiers rapides vont commencer à se mettre en travers de notre route. Nous donnons nos derniers coups d'avirons sur la surface calme du lac Jamin, au bout duquel un sourd grondement se fait entendre. Voici les premières marches d'un bel escalier nommé De Pas. L'estomac se cramponne déjà. C'est ma deuxième incursion dans ces lieux et je sais ce qui nous attend. À cet endroit, les eaux se dérobent soudainement à notre vue, virent à 90 degrés sur la gauche et s'engouffrent dans un passage étroit. Le dénivelé y est assez important, mais la trajectoire entre les roches affleurantes est encore plus hasardeuse. Si le canot accroche et se met en travers, ça sera un premier et bien mauvais baptême pour Dominique.

Nous nous arrêtons pour observer du haut de gros rochers le trou par lequel il faudra enfiler l'aiguille. Dominique ne bronche pas, elle s'en remet sans doute à mon expérience. Faire un portage ? L'idée m'effleure un instant mais je l'écarte aussitôt. Je ne me vois pas vider tout le contenu du canot, me l'envoyer ensuite sur la tête et chercher mon chemin dans ces touffes de conifères en remuant des nuages de moustiques. Il ne faut pas que cette descente se transforme en une corvée désagréable qui vienne briser tout l'attrait du risque, calculé il va de soi. « Ça devrait passer », que le type du haut de ses 36 ans fait à la fille de 17. Intérieurement : « Cette gamine ne cause pas beaucoup, mais qu'est-ce qu'elle commence à me parler. Surprenant comme ces longs silences me font du bien. » Nous retournons au canot, installons la bâche qui empêchera les paquets d'eau de le déséquilibrer, remontons nos jupettes jusque sous les bras… et que la route soit longue, à défaut d'être exempte de difficultés ! Cette rivière allait tellement nous ressembler.

Il y a une semaine seulement, Dominique n'avait jamais posé les pieds dans un canot. Encore moins possédait-elle des notions de ce qu'on attend d'un « avironneur » de proue. Heureusement, nous avons pu ces derniers jours esquisser quelques manœuvres en passant d'un lac à l'autre. Ils se forment de légers rapides dans ces courants de décharge, un bien mince apprentissage somme toute par rapport à ce qui s'en vient. Elle n'est pas là non plus pour passer un test. Nous sommes simplement bien chaque fois qu'on se retrouve, point à la ligne. Le reste ne nous appartient pas. Ce sera tout de même la première fois en dix-huit mois, date de notre rencontre, que nous partons d'un point pour tenter d'arriver à un autre en unissant nos efforts.

Par rapport à la rivière Georges, que tout Européen majeur et vacciné qualifierait de fleuve, selon leur ordre de grandeur, la De Pas est vraiment une rivière. Pas petite ni grosse, juste entre les deux. Rendu à la mi-été, son débit ne suffit pas à recouvrir entièrement son lit parsemé de grosses roches. Certaines sont visibles, la plupart se cachent et ne sont localisables qu'à la forme que prend la surface de l'eau. À moins d'être un expert ou un habitué du coin, il est recommandable de s'arrêter avant chacun des rapides et de repérer à pied les endroits de passage. Aussi, il est bon de se délier les jambes lorsqu'on passe beaucoup de temps assis dans un canot. Ensuite on prend plaisir à préparer une stratégie : « C'est bon... on n'aura qu'à garder le canot droit... et là, tu feras gaffe à ce caillou. De toute façon, je me mettrai debout de temps en temps pour mieux voir venir... Une fois qu'on se sera faufilés ici, on n'a pas le choix, on tire à gauche de toutes nos forces pour aller passer là où ça ne bouillonne plus... Où ça ? Complètement de l'autre bord... regarde bien l'eau devient lisse... il faut battre ce putain de courant qui va nous tirer de travers... Ça va être rock and roll, mais le steak de saumon en sera meilleur ce soir, que ça passe ou que ça casse ! »

Et nous passons sans la moindre égratignure. Nous franchissons d'autres passages délicats les jours suivants avec une adresse qui me laisse « bouche la bée », comme nous disons aujourd'hui pour rigoler. Je suis d'attaque, c'est vrai, mais, de ma position arrière, j'observe bien ma compagne et je crois détenir la clef de notre réussite. Tout se passe dans les oscillations de son bassin. Je m'explique. Dans les phases critiques où les mouvements d'eau viennent secouer le canot, nos corps cherchent à rétablir l'équilibre en jouant des hanches. Et là, parole de rouleur de mécanique, j'ai devant moi une véritable danseuse de houla-houp. « Merde ! Ça fonctionne votre truc. », dirait Daniel, mon pote de Normandie venu descendre la De Pas avec moi l'été précédent. Je lui répondrais en rigolant : « Hé, mec ! remballe ta marchandise et essaie plutôt de dire : Oh, vous les Canadiens, vous clanchez aux toasts ! »

Plus loin sur la rivière, à un moment où nous analysons à partir de la rive une section de rapide, je pointe du doigt l'endroit précis où nous avons été projetés à l'eau l'an dernier, le copain français et moi. Quelques minutes plus tard, le même remous nous happe et nous éjecte sans ménagement. Cela se passe très vite, mais j'ai le temps d'enregistrer ces quelques secondes qui ont précédé la baignade. Le canot file sur le haut d'un engouffrement d'eau. Tout à coup, l'énorme billot se met à rouler sous les pieds et le canot est aspiré latéralement, avec force. Je me vois tomber sur le côté comme une automobile au bas d'un fossé peu profond. Un choc sous mon siège puis… des milliers de bulles.

En émergeant, je repère tout de suite Dominique qui, comme moi, cherche à regagner la rive avant que le rapide ne nous entraîne plus loin. Je ne vois pas Chicoutée, mais je ne m'inquiète pas trop pour elle. J'attrape un aviron qui flotte tout près, continue de me débattre pour ne pas être collé sur de grosses pierres. Enfin, je prends pied et tout le monde est sauf. Maintenant, où est passé notre Grumman ? Continue-t-il seul sa route ou le retrouverons-nous écrasé quelque part. Non, il est plus bas, immobilisé à l'envers sur les cailloux de la rive. Les trois gros contenants étanches, en augmentant de quatre ou cinq fois son volume de flottabilité, l'ont maintenu très haut sur l'eau, ce qui l'a fait passer sans encombre par-dessus les derniers obstacles.

Nullement ébranlés, nous nous passons le cognac en attendant d'aller lever le camp pour nous sécher. J'aurais dû m'en douter, l'alcool me tombe dans les jambes et j'ai toute la misère du monde à me balancer mon 17 pieds sur la tête et à le transporter jusqu'à la fin du rapide. Les pertes sont minimes : une casquette, quelques poissons. Le canot a pris un coup sur la quille arrière, sous mon siège, un véritable coup de masse à voir l'enfoncement du métal épais. Les rivets ont tenu. Du solide, cet aluminium. Avec un canot en fibre de verre, j'aurais pris des éclats plein le derrière.

Ce sera notre seule perte de contrôle en un mois de canotage. Je raconterai plus loin comment et par quel miracle nous nous sommes sortis d'une situation bien pire sur la Georges.

Entre-temps, nous voilà à mi-parcours sur la De Pas et, pour la deuxième fois, nous devons interrompre notre descente. Nous sommes trempés des pieds à la tête. Des raisons climatiques, plus sévères qu'un dessalage, nous y obligent. Nous venons de partir ce matin-là quand survient un violent orage. Nos impers résistent comme des passoires et bientôt nous grelettons sous les trombes d'eau. Dans ce climat subarctique, c'est comme se retrouver tout nu sous une douche froide. De toute manière, ils nous faut arrêter, la foudre explose si près que nous pouvons griller sur nos sièges d'une minute à l'autre. Exactement comme si nous étions assis sur une chaise électrique, avec deux fameux conducteurs, l'aluminium et l'eau. Nous en aurons la preuve deux jours plus tard en reprenant notre route ; à moins de trois cents mètres de notre campement, une grande portion de territoire a pris feu et fume encore.

Pour le moment, il n'y a que le cognac qui réussisse à partir un petit feu au creux de nos estomacs. Enfin sous la tente, nous disparaissons dans nos sacs en écoutant le vent et la pluie battre notre abri de toile. Nous sommes étrangement bien. Je me demande si le vrai repos ne remonte pas à la position du foetus. J'ai l'impression réconfortante, avec cette toile légère au-dessus de nos têtes, de respirer sous une membrane perméable. Mère nature est là, dehors, et nous, formes embryonnaires de compagnons de route, devrions bientôt faire notre apparition dans un monde nouveau.

Étendu près de Dominique, la pensée tournée vers cette chevauchée de nuages en furie, j'entends presque les vers de ce poème anglais* : « En un combat douteux dans les plaines du ciel, d'innombrables esprits armés osèrent détester son règne, me préférant… »

Amplifiée par l'effet d'éloignement, cette puissance libérée nous isole davantage, neutralisant nos dernières poches de résistance. Nous nous sentons encore plus coupés du monde, lequel, plus au sud, dresse ses préjugés. Ici, c'est un combat naturel. S'il y a des coups, ils sont annoncés par le grondement lointain d'un rapide, ils sont francs, pas distribués par derrière.

Pendant trente-six heures, nous restons cloîtrés comme des bienheureux. Nous n'avons guère parlé, mais suffisamment compris que la vie suit imperturbablement son cours en nous réclamant des enfants pour perpétuer son énergie. N'est-elle pas comme une rivière qui doit s'alimenter de ruisseaux afin de ne pas s'assécher ?

Ce que nous accomplissons depuis deux semaines peut paraître routinier. Réveil à cinq heures, préparation du feu et du mélange à crêpes, petit-déjeuner, démontage de la tente, chargement du canot et à huit heures nous sommes sur l'eau. Vers midi, courte halte et

---

* *Le Paradis perdu*, poème épique de John Milton, 1663.

348

casse-croûte léger. Nous avalons quelques bouchées de poisson froid quand il en reste de la veille, mais ordinairement nos galettes consistantes du matin nous permettent de tenir le coup jusqu'au soir. L'arrêt de mi-journée est notre pause chocolat, ce petit remontant énergétique que nous accompagnons parfois d'une tasse de thé. Vers quatre heures de l'après-midi, nous commençons à scruter les berges afin d'établir le camp.

Avec nos 20 à 30 kilomètres engrangés chaque jour, ces soirées arrivent comme l'ultime récompense. Pour l'estomac d'abord, que nous avons dans les talons, pour le corps ensuite, qui prend ses aises autour du feu, source multifonctionnelle qui cuit, réchauffe, éloigne les moustiques, danse et hypnotise le regard. À 21 heures, nous regagnons la tente posée sur un tapis moelleux de lichen. Le froid nous enveloppe pour la nuit. Plus vif à mesure que nous gagnons vers le nord.

Pourtant, ces gestes répétitifs, vides de sens en apparence, nous conviennent parfaitement. Ils établissent une complicité, accréditent nos choix. Nous sommes venus ici pour avancer à la force de nos bras, pour nous coucher sur le sol, pour vivre autour du feu, pour nous défendre des moustiques et accepter en même temps leur présence, pour ramener nos agitations d'êtres civilisés à un ordre immuable, intouchable jusqu'à présent parce que hors d'atteinte de notre utilisation des espaces habitables.

Ce territoire, exclu de notre modernité, communique l'impression d'un plus grand éloignement, d'un meilleur refuge puisque les outardes viennent s'y reproduire. En vivant à son rythme, nous découvrons que le nôtre s'y apparente étrangement. Nos aspirations ont plus d'affinités avec cette terre qui laisse passer librement des troupeaux de milliers de caribous. La lueur de nos feux le soir, le bruit incessant de l'eau qui coule devant la tente et nous endort, l'imminence du froid, tout ça nous parle un langage venu du fond des temps. Dominique et moi, inconsciemment sans doute, prenons la mesure de notre vie commune sur cette longueur de rivière.

Deux semaines après être partis de Schefferville, nous sommes aux portes du lac de la Hutte Sauvage. Tout en long dans un axe nord-sud, il forme sur cent kilomètres le réservoir de la rivière Georges. Nous mettons trois jours à le traverser, chanceux de ne pas avoir buté sur ces forts vents du nord qui viennent parfois balayer sa surface.

Une fois rendus à la source de la Georges, notre surprise est totale quand s'annonce le premier rapide. Encore tenaillés par ce vieux réflexe du repérage préliminaire, nous nous rendons vite compte qu'il est à ranger aux oubliettes. Et de façon définitive. De la petite route de campagne, nous passons à l'autoroute à six voies. C'est large, ça roule bien, pas de travaux en vue, quelques gros dix-huit roues de temps en temps qui font des turbulences, mais on les aperçoit de loin, ce qui donne le temps de les passer sur la droite ou la gauche. La vitesse est bonne et la moyenne journalière quasiment doublée.

Il ne faut pas croire pour autant que la Georges est dépourvue de dangers. Même avant de nous y frotter comme un valeureux tandem de deux de pique, nous nous doutions très bien que la menace viendrait de ce débit très puissant. Si quelque chose venait le gêner le moindrement, alors là, il vaudrait mieux prendre la plus proche sortie. Tant que ces milliers de tonnes d'eau/seconde s'écoulent sur une grande largeur, cette puissance est répartie. Mais attention, s'il y a rétrécissement à deux ou trois voies, la même quantité de véhicules doit passer. Comme il n'y a pas d'embouteillages sur la Georges, tout le monde débranche son *cruise control* et écrase le champignon en essayant de passer en même temps. Évidemment, les risques de vous retrouver dans le fossé sont très grands.

Il se trouve quelques pourvoiries disséminées le long de la Georges et généralement les guides de pêche sont prêts à vous indiquer les sections difficiles, voire infranchissables, même pour ceux qui conduisent de gros canots à moteur de plus de vingt pieds, appelés *freight canoes*. Nous bénéficions de ces renseignements et bien sûr en tenons compte. Mais un malentendu s'est glissé quelque part, car ce matin nous nous présentons exactement là où il ne faut pas. Pris au dépourvu, tellement certains que rien de sérieux ne nous attend, nous n'avons même pas pris la peine d'enfiler nos vestes de sécurité.

Quand nous comprenons, il est trop tard. Plus moyen de regagner la rive tant le courant est fort. Nous sommes engagés dans ce resserrement important de la rivière dont on nous a beaucoup parlé, mais que nous avons mal situé sur notre carte. On surnomme ce passage redoutable « queue de cheval ». Nous parlons ici d'un cheval qui galope à toute allure, la queue tendue vers l'arrière. De la même manière, cette partie de la rivière forme comme un boyau dont le jet vous catapulte loin et fort. Surtout, elle est très arrondie et vous devez vous maintenir au centre, en son point le plus haut. Pris dans cette lancée, notre canot doit rester sur une trajectoire limitée à la largeur d'un trottoir dont les flancs glissants vous assurent une sortie de route décoiffante.

Devant l'imminence du danger, je me mets à beugler ma colère. Je ne vais pas mourir sans invoquer les saints du ciel. Le vacarme assourdissant de l'eau commence à inquiéter ma chienne, incapable, la pauvre, de s'agripper à quoi que ce soit. Je dois hurler quelques horreurs pour qu'elle reste couchée. Pendant ce temps, je joue désespérément de l'aviron pour garder le canot bien droit, ignorant que le pire reste à venir.

À la sortie de l'entonnoir, cette glissade d'eau se met à rebondir furieusement et lève des rouleaux si énormes qu'aujourd'hui encore, je me dis que les esprits qui hantaient ces parages, devant tant de témérité, nous ont soulevés gentiment au-dessus de ces grandes mâchoires vertes, prêtes à nous avaler, pour nous porter en lieu sûr. Je ne vois pas autre chose.

À moins que notre canot, telle une flèche d'aluminium, ait frappé le monstre cabré en pleine poitrine. Un coup magistral qui réduisit instantanément ce gardien d'un autre monde en une descente de lit au pelage bien lisse.

De l'autre côté des rapides, la rivière s'étalait maintenant au soleil, large, répandant ses eaux en frises scintillantes de lumière. Très haut dans un ciel azur, un gros cumulo-nimbus se tenait immobile comme une garniture de crème fouettée. Un loup solitaire promena sa dégaine, loin là-bas sur la berge. Ce qui brûlait en nous s'apaisa soudain.

La nature, dans sa langue sourde et viscérale, venait de nous communiquer un message. Nous avions franchi le dernier obstacle qui confirmait notre force. Devant, le champ était libre : nous pouvions continuer à emmagasiner des milles ensemble. Au bout de la rivière, il y avait la mer. Et la silhouette de la *V'limeuse* apparaissait déjà dans les vapeurs glacées de la baie d'Ungava.

ANNEXES

CARACTÉRISTIQUES DE DINGO

Architecte : Pierre Rolland (France)
Année du plan : 1999

Longueur : 6,50 mètres
Largeur : 3 mètres
Bout-dehors : 3,50 mètres
Tirant d'eau : 2 mètres
Tirant d'air : 12 mètres
Déplacement lège : 750 kilos
Déplacement en charge : 1 050 kilos
Lest : 350 kilos
Surface de voilure au près : 43 mètres carrés
Surface de voilure au portant : 110 mètres carrés
Quille pendulaire
2 dérives assymétriques
2 safrans sur tableau arrière
Ballasts d'inertie : 200 litres chacun

REMERCIEMENTS

À tous ceux et celles qui ont manifesté leur enthousiasme et m'ont apporté leurs encouragements tout au long de cette aventure...

À mes partenaires et commanditaires :
Simon Phaneuf, mon associé dans *Océan Énergie Inc.*,
Jacques Pettigrew, président de *CinéGroupe*,
Hugo Lépine, *Atlantix Innovations Marines*,
Jean-Pascal Schroeder, *ATC*,
Jean Saintonge de *Voiles Saintonge*,
Guy Gosselin et l'équipe de *Marina Gosselin*,
Robert Verville et Fred Daoust, *Peinture Internationale*,
Andrée Lapointe, directrice des *Grands Explorateurs*,
Jean-Pierre Lavoie et le *Club Nautique de Gaspé*,
Louise Lynn, *Canada Maritime*,
Yannick Marzin, *NKE Marine Electronics*,
Walter Timmerman, distributeur des produits *Raymarine*,
Guy Cotten, vêtements de mer *Guy Cotten*,
Gilles Couët, président de *Chlorophylle*,
Jacques Castonguay, *Compagnie Batteries Commerciales*,
Michel Côté, p.d.g., *Hexco Inc.*,
Jean-Guy Dumoulin, p.d.g. du *Groupe Dumoulin*,
Pierre Périgny, *Équipe Service*,
Andy Hillmer, *Fonderie d'aluminium et Modèlerie Ltée*,
M. Lefrançois, *Modèlerie de Montréal*,
Renaud-Bray, avenue du Parc,
Gilles Pontbriand, *Cinélande*
Francis Parent, *Automatech*,
Richard Mailloux, *LettrArt*,
Ghislain Grandisson, *Canadian Tire*,
Institut Maritime du Québec,
Énergie Matrix, *Lyosan*, *iWeb-Hosting.com*...

À ceux qui ont participé à la naissance de *Dingo* au Québec :
Stan Michalski, Martin Routhier, Alexandre Quertenmont,
Louis Roy, Mario Sévigny, Justin Roy et tous les autres qui m'ont
donné un coup de main durant la construction...

355

Aux « amis du projet » :
Marie-Anne Manny et Gilles Manny,
Daniel Paradis, Mario Bertrand,
Isabelle et Robert de l'*Auberge McGowan*, à Georgeville,
Jean-Yves Paquet, Normand Bachand, Gilles Pontbriand,
Patrick Daigneault, Jean-Pierre Delwasse, Denise Braën,
Ernest Prégent, Stan Michalski, Robert Blondin, Émilie Leclerc-Mailhot,
Gérard Hamel, René Grignon, Sylvio Côté, Alain Cossette,
Guy Boudreau, Françoise Bégin, la *CONAM*,
Huguette Mailhot-Duclos, Grégoire Perron, Louise Mailhot,
Mario Carrara, Pierre Z. Patenaude, Nathalie Gilman,
François Côté et Carmen Bourassa,
Lucette De Gagné, René Veilleux, Henri Biner,
Jacques et Marie-José Cholet, Conrad Larivière,
Jean Mailhot, Guy Boulanger (*Navtours inc.*),
Michel Trudel (*Locations Michel Trudel inc.*),
Escadrille des Mille-Îles,
Loraine Paradis, Louis Dallaire, Jean Meunier,
Melville L. Rothman, Danielle Proulx, Josée Longpré,
Marcel Laperrière, Martin Routhier et Lyne Précourt...

À ceux qui ont facilité mon séjour en Bretagne :
Philippe Guillomet de Voiles Océan,
Ollivier Bordeau, parrain de *Dingo*,
et son équipe du chantier Latitude 48° 24'
Nicole et Jean-Claude Fleury,
Catherine et Hervé Lalanne,
Guillaume Caudal et
Éric Lamy...

Mention spéciale à :
Marc Doré, responsable des projets spéciaux à La Presse
et François-Xavier Bertrand, pour les magnifiques dessins 3D...

À ma famille,
cette bande de joyeux lurons, toujours présente,
active à mes côtés depuis le début de l'aventure
puis à travers l'écriture et l'édition de ce livre...

À vous tous, un immense merci !

Table des matières

Chapitre III : La course

Chapitre IV : L'aventure par l'image

Épilogue : La parole aux jeunes (Damien)

Appendice : La rivière De Pas (Carl)

Annexe :

Cartes, mise en pages
et typographie : Dominique Manny
Dessins 3D : François Xavier Bertrand

Le premier tirage de cet ouvrage
composé en Garamond léger
corps 11,2 sur 13
a été achevé d'imprimer en avril 2003
sur papier Windsor
sur les presses de l'Imprimerie Gagné
à Louiseville, Québec